HARTMUT G. GROSSMANN

Gesellschafterdarlehen bei Insolvenz

Hamburger Rechtsstudien
herausgegeben von Mitgliedern des
Fachsbereichs Rechtswissenschaft der Universität Hamburg
Heft 67

Gesellschafterdarlehen bei Insolvenz

Amerikanische Erfahrungen zum Gläubigerschutz

Von

Dr. Hartmut G. Grossmann, LL. M.

DUNCKER & HUMBLOT / BERLIN

Gedruckt mit Unterstützung der Universität Hamburg

Gedruckt 1978 bei Buchdruckerei Bruno Luck, Berlin 65
Printed in Germany
ISBN 3 428 04191 7

Inhaltsverzeichnis

Abkürzungsverzeichnis

A.	=	Atlantic Reporter
A. 2d	=	Atlantic Reporter Second Series
a. A.	=	anderer Ansicht
ABA	=	American Bar Association
ABA-ALI Model Bus.Corp.Act	=	Model Business Corporation Act, herausgegeben von der American Bar Association und dem American Law Institute
AcP	=	Archiv für civilistische Praxis
a. F.	=	alte Fassung
aff'd	=	affirmed
AG	=	Aktiengesellschaft
AktG	=	Aktiengesetz
Ala.L.Rev.	=	Alabama Law Review
ALI	=	American Law Institute
Am.B.L.J.	=	American Bankruptcy Law Journal
Am.B.R.	=	American Bankruptcy Reports
Am.B.R. (NS)	=	American Bankruptcy Reports New Series
Amtl. Begr.	=	Amtliche Begründung
Anm.	=	Anmerkung
Ann.	=	Annotated
App.Cas.	=	Appeal Cases
Ariz.	=	Arizona
art.	=	article
BB	=	Betriebsberater
BCL	=	Business Corporation Law
Bd	=	Band
BFH	=	Bundesfinanzhof
BGB	=	Bürgerliches Gesetzbuch
BGBl.	=	Bundesgesetzblatt
BGHSt	=	Entscheidungen des Bundesgerichtshofs in Strafsachen
BGHZ	=	Entscheidungen des Bundesgerichtshofs in Zivilsachen
Boston U.L.Rev.	=	Boston University Law Review
BR-Drucks.	=	Bundesrats-Drucksache
Brooklyn L.Rev.	=	Brooklyn Law Review
BStBl.	=	Bundessteuerblatt
B.T.A.M.	=	Board of Tax Appeals, Memorandum Decisions
BT-Drucks.	=	Bundestags-Drucksache
Bus.Law.	=	Business Lawyer
BVerfG	=	Bundesverfassungsgericht
BVerfGE	=	Entscheidungen des Bundesverfassungsgerichts

Cal.	= California Reports
Cal. 2d	= California Reports Second Series
Cal.App. 2d	= California Appellate Reports Second Series
Cal.Civ.Code	= California Civil Code
Cal.Corp.Code	= California Corporations Code
CCH Bankr.L.Rep.	= Commerce Clearing House Bankruptcy Law Reports
cert.den.	= certiorari denied
Cir.	= Circuit
C.I.R.	= Commissioner of Internal Revenue
Civ.Code La.	= Civil Code of Lousiana
Col.L.Rev.	= Columbia Law Review
Colo.	= Colorado
Com.L.J.	= Commercial Law Journal
Comm'r	= Commissioner
Congr.	= Congress
Conn.	= Connecticut
Cornell L.Q.	= Cornell Law Quarterly
Ct.Ch.	= Court of Chancery
Ct.Cl.	= Court of Claims
D.	= District Court
DC	= District of Columbia
Del.Gen.Corp.Law	= Delaware General Corporation Law
ders.	= derselbe
Diss.	= Dissertation
DJZ	= Deutsche Juristenzeitung
E.	= Entwurf
E 38	= Entwurf eines GmbH-Gesetzes des Reichsjustizministeriums
ed.	= edition
F.	= Federal Reporter
F. 2d	= Federal Reporter Second Series
Fed.R.Civ.P.	= Federal Rules of Civil Procedure
Festschr.	= Festschrift
FG	= Finanzgericht
Fla.	= Florida
Fla.Gen.Corp.Law	= Florida General Corporation Law
Fn.	= Fußnote
Fordham L.Rev.	= Fordham Law Review
FR	= Finanz-Rundschau
F.Supp.	= Federal Reporter Supplement
Ga.	= Georgia
GA.	= Gesammelte Aufsätze
GmbH	= Gesellschaft mit beschränkter Haftung
GmbHG	= Gesetz über Gesellschaften mit beschränkter Haftung
GmbHR	= GmbH-Rundschau
Harv.L.Rev.	= Harvard Law Review
HGB	= Handelsgesetzbuch
Ill.	= Illinois (Reports)
Ill. 2d	= Illinois Reports Second Series
Ill.B.J.	= Illinois Bar Journal
I.R.C.	= Internal Revenue Code

J.	= Journal
Jb.	= Jahrbuch
J.Taxation	= Journal of Taxation
JW	= Juristische Wochenschrift
JZ	= Juristenzeitung
Kan.	= Kansas (Reports)
KG	= Kommanditgesellschaft
KGaA	= Kommanditgesellschaft auf Aktien
KO	= Konkursordnung
KTS	= Konkurs-, Treuhand- und Schiedsgerichtswesen
KVStG	= Kapitalverkehrsteuergesetz
Ky.	= Kentucky (Reports)
La.	= Louisiana (Reports)
Mass.	= Massachusetts (Reports)
Md.	= Maryland (Reports)
Minn.	= Minnesota (Reports)
Mo.	= Missouri (Reports)
Mont.	= Montana (Reports)
N.C.	= North Carolina (Reports)
N.E.	= North Eastern Reporter
N.E. 2d	= North Eastern Reporter Second Series
N.J.	= New Jersey (Reports)
NJW	= Neue Juristische Wochenschrift
Nw.U.L.Rev.	= Northwestern University Law Review
N.Y.	= New York (Reports)
N.Y.L.Rev. Comm'n Report	= New York Law Revision Commission Report
N.Y.U. Inst. on Fed.Tax.	= New York University Institute on Federal Taxation
Okl.	= Oklahoma (Reports)
Ore.	= Oregon (Reports)
P.	= Pacific Reporter
P. 2d	= Pacific Reporter Second Series
Penn.	= Pennsylvania (Reports)
P-H MemoTC	= Prentice Hall, Tax Court Memorandum Decisions
Rabels Z	= Zeitschrift für internationales und ausländisches Privatrecht, begründet von Rabel
Rdz	= Randziffer
RefE	= Referentenentwurf eines Gesetzes über Gesellschaften mit beschränkter Haftung
Ref.J.	= Journal of National Association of Referees in Bankruptcy
Reg.	= Regulation(s)
RegE	= Regierungsentwurf eines Gesetzes über Gesellschaften mit beschränkter Haftung, 1972
reh.den.	= rehearing denied
Rep.	= Report
Rev.	= Revision of the Statutes Revised
rev'd	= reversed
RFH	= Reichsfinanzhof

RG	= Reichsgericht
RGZ	= Entscheidungen des Reichsgerichts in Zivilsachen
Rspr.	= Rechtsprechung
RStBl.	= Reichssteuerblatt
S.Ct.	= Supreme Court
SEC	= Securities and Exchange Commission
So.	= Southern Reporter
Sp.	= Spalte
Stan.L.Rev.	= Stanford Law Review
Stat.	= Statute(s)
S.W.	= South Western Reporter
S.W. 2d	= South Western Reporter Second Series
TaxL.Rev.	= Tax Law Review
T.C.	= Tax Court
T.C.M.	= Tax Court, Memorandum Decisions
Temple L.Q.	= Temple Law Quarterly
Tenn.	= Tennessee (Reports)
Tul.L.Rev.	= Tulane Law Review
UCC	= Uniform Commercial Code
U.Chi.L.Rev.	= University of Chicago Law Review
U.C.L.A. L.Rev.	= University of California at Los Angeles Law Review
U.Fla.L.Rev.	= University of Florida Law Review
U. Ill.L.F.	= University of Illinois Law Forum
U.Richmond L.Rev.	= University of Richmond Law Review
U.S.	= United States Supreme Court Reporter
U.S.C.	= United States Code
U.S.C.A.	= United States Code Annotated
U.S.L.W.	= United States Law Week
U.S.T.C.	= United States Tax Court Reports
Va.	= Virginia (Reports)
Va.L.Rev.	= Virginia Law Review
Vand.L.Rev.	= Vanderbilt Law Review
Vol.	= Volume
Wash.	= Washington (Reports)
Wash.L.Rev. and State B.J.	= Washington Law Review and State Bar Journal
Wheat.	= Wheaton (U.S. 1816 - 1827)
Wis.	= Wisconsin (Reports)
WM	= Wertpapier-Mitteilungen
Wpg.	= Die Wirtschaftsprüfung
Wyo.	= Wyoming Reports
Yale L.J.	= Yale Law Journal
ZStW	= Zeitschrift für die Gesamte Staatswissenschaft

A. Einleitung

GmbH wie auch corporation sind mit eigener Rechtspersönlichkeit und allen typischerweise hiermit verbundenen Rechten und Pflichten ausgestattet[1]. Insofern ist in den Vereinigten Staaten wie in Deutschland die selbständige Verpflichtungsfähigkeit von GmbH bzw. corporation anerkannt. Gesellschaften können mit ihren Gesellschaftern grundsätzlich in Vertragsbeziehungen treten, u. a. auch von diesen Darlehen zur Finanzierung der Betriebstätigkeit oder zu anderen Zwecken aufnehmen[2]. Hieraus ergibt sich in Verbindung mit der Haftungsbeschränkung der Gesellschafter auf ihre Einlage in beiden Rechtsordnungen — vereinfacht — folgende typische Konfliktsituation zwischen Gesellschaftern und Drittgläubigern:

Die Gesellschafter statten ihre Gesellschaft im Verhältnis zu Geschäftsumfang und -risiken mit äußerst geringem Eigenkapital aus und finanzieren das Unternehmen weitgehend durch Darlehen, die sie der Gesellschaft gewähren. Im Konkurs der Gesellschaft berufen sich die Gesellschafter auf ihre Gläubigerrechte oder aber sie benutzen ihr insider-Wissen, um sich die Darlehensbeträge vor Konkurseröffnung zurückzahlen zu lassen[3].

Werden die Gesellschafterdarlehen vor Konkurseröffnung abgezogen und kommt eine Anfechtung[4] nicht in Betracht, oder führt eine Anfechtung nicht zum Erfolg, so vermindert sich die Quote der Drittgläubiger. Dies gilt entsprechend, wenn auch u. U. in weniger gravierendem Maße, sofern die Gesellschafterdarlehen im Konkursverfahren anerkannt werden. Wenn sich die Gesellschafter Sicherheiten haben einräumen lassen, kommt sogar vorzugsweise Befriedigung in Betracht.

---

[1] Vgl. z. B. § 13 Abs. 1 GmbHG; § 1 RegE; Lattin, S. 65 ff.; §§ 801, 802 Cal.Corp.Code; § 122 Del.Gen.Corp.Law; in re Knoke Co., 38 F. 2d 232 (9th Cor. 1930), cert.den. 282 U.S. 840 (1930).

[2] Vgl. z. B. Salomon v. A. Salomon & Co., Ltd. App.Cas. 22 (House of Lords, 1897); Arnold v. Phillips, 117 F. 2d 497 (5th Cir. 1941), cert.den. 313 U.S. 583 (1941); Goldstein v. Wolfson, 132 F. 2d 624 (2d Cir. 1943); in re Black Ranches, Inc., 362 F. 2d 19, 37 (8th Cir. 1966), cert.den. 385 U.S. 990 (1966).

[3] Teilweise werden Gesellschafterdarlehen auch als Druckmittel in Vergleichsverhandlungen benutzt. Vgl. hierzu Klausing, 1. Arbeitsbericht, S. 31 ff. Zum Hintergrund der Problematik im deutschen Recht auch Wüst, S. 6 ff.

[4] Vgl. §§ 29 ff. KO und die Anfechtungsvorschriften des Anfechtungsgesetzes bzw. 11 U.S.C.A. §§ 97, 107 im amerikanischen Konkursrecht.

Die Drittgläubiger werden sich in einem solchen Fall für übervorteilt halten, während sich die Gesellschafter auf ihre grundsätzlich anerkannten Gläubigerrechte berufen können.

Die sich aus dieser Konfliktsituation zwischen Drittgläubigern und Gesellschaftern, Gläubigerschutzgedanken und Prinzip der juristischen Person ergebenden Fragen sind im deutschen und amerikanischen Gesellschaftsrecht seit langem Gegenstand einer Vielzahl von Entscheidungen und lebhafter Diskussion. In Deutschland hat die Diskussion allerdings nicht zu einer Klärung des Problems geführt, das nach wie vor als außerordentlich umstritten angesehen werden muß. Die neuere Rechtsprechung, die in den wenigen bisher zu entscheidenden Fällen Gesellschafterdarlehen im Konkurs der Gesellschaft wie Eigenkapital behandelt hat, soweit die Darlehen zum Zwecke der Konkursabwendung an die Gesellschaft gewährt wurden, die Gesellschaft unterkapitalisiert war und ohne die Darlehen zahlungsunfähig geworden wäre[5], ist in der Literatur weitgehend auf Ablehnung gestoßen[6]. Die überwiegende Meinung im Schrifttum ordnet das Problem der Behandlung von Gesellschafterdarlehen vielmehr unter dem Gesichtspunkt des Haftungsdurchgriffs[7] oder allgemeiner deliktischer Haftung ein[8]. Die dabei vertretenen Ansichten weichen aber wiederum in ihrem theoretischen Ansatzpunkt, in den Voraussetzungen der Haftung und deren Ausgestaltung ganz erheblich voneinander ab. Im Rahmen der einzelnen Auffassungen sind viele Einzelfragen, etwa die Frage nach dem Schicksal von Sicherheiten, die für Gesellschafterdarlehen eingeräumt wurden, ungeklärt geblieben[9]. Insofern ist allgemein eine gesetzliche Lösung der Problematik von Gesellschafterdarlehen für notwendig erachtet worden[10]. Daher ist nun — wie bereits entsprechend im Regierungsentwurf

---

5 Grundlegend BGHZ 31, 258.

6 Ablehnend u. a. Schönle, Anm. GmbHR 1960, 64; Wolany, S. 67 ff.; Hofmann, NJW 1966, 1943; Ballerstedt, JZ 1960, 514; Dempewolf, DB 1961, 1011; Woeste, GmbHR 1968, 72; Sonnenberger, NJW 1969, 2034; Kamm, S. 126 - 128; Stauder, GmbHR 1968, 72; Friedrich, S. 71 ff.

7 Vgl. zum einen etwa die Ansichten, wonach ein Haftungsdurchgriff bei Unterkapitalisierung erfolgt: u. a. Erlinghagen, GmbHR 1962, 171; Wiedemann, S. 6, 17; Winkler, BB 1969, 1202, 1205; Reinhardt, Festschr. f. H. Lehmann, Bd. 2, S. 590 f.; Erman, KTS 1959, 128 ff.; zum anderen die subjektiven Durchgriffstheorien: u. a. Kamm, S. 132 ff.; Stauder, GmbHR 1968, 72 ff.; Wolany, S. 69; Sonnenberger, NJW 1969, 2036; Kamprad, S. 62 f.

8 Vgl. Hofmann, NJW 1966, 1946; Nölting, S. 67 ff.; Kühn, S. 128 ff.

9 Eine andere ungeklärte Frage ist ferner z. B., ob der Haftungsdurchgriff Herrschaftsmacht des fraglichen Gesellschafters in der Gesellschaft voraussetzt. Vgl. hierzu Winter, S. 74, 81, 92, 105.

10 Vgl. Amtl. Begründung zu §§ 32 a, 32 b des Regierungsentwurfs einer GmbH-Novelle BR-Drucks. 404/77; Kamprad, Verdeckte Stammeinlagen, S. 79; Kamm, S. 149; Geßler, GmbHR 1966, 108; ders. BB 1969, 589; Eder, GmbHR 1966, 138; Jaeger-Weber, KO, §§ 207, 208, Anm. 38; Schupp, JR 1964, 407 ff.; C. Fischer, S. 14, 117 f.; Erlingshagen, Festschr. f. Kaufmann, S. 140.

eines GmbH-Gesetzes von 1972[11] — eine eingehende Regelung dieser Frage in §§ 32 a, 32 b des Regierungsentwurfs einer GmbH-Novelle[12] vorgesehen worden. Die dabei vorgeschlagene Lösung ist aber auf erhebliche Kritik gestoßen[13] und dürfte wohl nicht als das letzte Wort des Gesetzgebers zu dieser Frage angesehen werden.

Anders als in Deutschland hat sich in den Vereinigten Staaten eine weitgehend gefestigte Rechtsprechung zur Behandlung von Gesellschafterdarlehen herausgebildet, die reiches Anschauungsmaterial für das deutsche Recht im Hinblick auf eine mögliche Lösung der Problematik und aller dabei auftretenden Einzelfragen bietet. Diese Rechtsprechung und das amerikanische Schrifttum hierzu sollen im folgenden eingehend dargestellt und gewürdigt werden. Dabei soll sich die Erörterung auch auf Detailprobleme erstrecken, um die praktischen Auswirkungen des amerikanischen Rechts, das sich — dies sei hier vorangeschickt — bei der Behandlung von Gesellschafterdarlehen sehr weiter Generalklauseln bedient, in vollem Umfang zu verdeutlichen.

Obgleich Anlaß der Untersuchung die Lösung der Gesellschafterdarlehensproblematik im deutschen Recht ist, so ist die vorliegende Arbeit doch bewußt vorwiegend auslandsrechtlich und nicht rechtsvergleichend konzipiert worden. Dies hat folgende Gründe: Das Problem der Behandlung von Gesellschafterdarlehen bedarf, wie erwähnt, der Regelung durch den Gesetzgeber. Insofern liegt der Schwerpunkt der Auseinandersetzung in Deutschland nunmehr auf der rechtspolitischen Ebene. Hier liegt bereits eine Vielzahl von Reformvorschlägen vor, die den Spielraum weitgehend ausgelotet haben, wobei sich bisher allerdings auch in diesem Rahmen nicht einmal annähernd Einigkeit hat erzielen lassen. Angesichts dieser Gegebenheiten bietet es sich an, einen Blick auf das amerikanische Recht zu werfen, das dasselbe Problem zu bewältigen hat und hierbei einen Erfahrungsvorsprung besitzt, und die Erkenntnisse und Erfahrungen des amerikanischen Rechts für das deutsche zu verwerten. Darüber hinaus würde eine eingehende rechtsvergleichende Untersuchung ohnehin durch die Zersplitterung der in Deutschland vertretenen Ansichten, insbesondere des theoretischen Anknüpfungspunktes — Sonderbehandlung im Konkurs einerseits, Haftungsdurchgriff andererseits —, stark erschwert werden und würde den Umfang dieser Arbeit bei weitem sprengen.

---

[11] §§ 49, 50, BT-Drucks. VI/3088, 1972; siehe früher §§ 36, 37 E 38; §§ 47, 48 RefE.

[12] BR-Drucks. 404/77; Deutler, GmbHR 1977, 73, 75.

[13] Vgl. u. a. (z. T. zum RefE) Meßmer, BB 1970, 1057 f.; Arbeitskreis GmbH-Reform, S. 19; Erlinghagen, Festschr. f. Kaufmann, S. 138 ff.; Kamprad, GmbHR 1969, 173; ders. GmbHR 1975, 54; Centrale f. GmbH, Zwischenbilanz, S. 5; Lutter, S. 77; Friedrich, S. 108; Winter, G., S. 229; Immenga, S. 416; Wiedemann, S. 43; zustimmend demgegenüber Ulmer in Hachenburg, GmbHG, Anh. zu § 30 Anm. 4.

Sachlich beschränkt sich die Arbeit auf Fragen des Gesellschafterdarlehens, um so alle hierbei typischerweise auftretenden Probleme bis in Einzelfragen erörtern zu können. Die Probleme des Haftungsdurchgriffs und — allgemein — der Grenzen der juristischen Person konnten insofern nicht in die Untersuchung miteinbezogen werden. Dabei wird keinesfalls verkannt, daß vor allem die Fälle des Haftungsdurchgriffs im amerikanischen Recht (disregard of the legal entity) in Rechtsprechung und Literatur nur selten vom Problem der Behandlung von Gesellschafterdarlehen ausdrücklich unterschieden werden[14]. Dies ist verständlich, da sich die Fälle des „disregard of the legal entity" hinsichtlich der Voraussetzungen nicht immer scharf von denen bei der Sonderbehandlung von Gesellschafterdarlehen trennen lassen. Letzteres gilt vor allem im Verhältnis zu jenen progressiveren Auffassungen in Rechtsprechung und Literatur, die bei der Frage des Durchgriffs weniger auf subjektive Unrechtselemente und formelle Gesichtspunkte[15], sondern überwiegend auf Finanzierungsaspekte wie Unterkapitalisierung abstellen[16]. Zwischen der Problemstellung bei Gesellschafterdarlehen und derjenigen beim Haftungsdurchgriff besteht jedoch ein grundlegender systematischer und praktischer Unterschied, der sich in den verschiedenen Rechtsfolgen niederschlägt[17]: Beim Haftungsdurchgriff wird die selbständige Rechtspersönlichkeit der corporation gänzlich durchbrochen und den Drittgläubigern vollständiger Rückgriff auf das Vermögen der Gesellschafter gewährt; bei der Gesellschafterdarlehensproblematik geht es im wesentlichen nur um die Frage, ob dem fraglichen Gesellschafter die Gläubigerstellung bezüglich der von ihm gewährten Darlehen abgesprochen wird[18]. Dieser Unterschied recht-

[14] Vgl. aber Kronstein, RabelsZ, Bd. 21, S. 456 ff. (1956); siehe ferner Arnold v. Phillips, 117 F. 2d 497, 502 (5th Cir. 1941), cert.den. 313 U.S. 583 (1941): "We do not think a case is presented where the corporate entity ought to be disregarded as being a sham, a mere obstacle to justice, or instrument of fraud."

[15] Zu erwähnen sind u. a. Vermögensvermischung, Betrug, Mißachtung von Formalien des gesellschaftlichen Entscheidungsprozesses. Vgl. Lattin, Jennings, Buxbaum, insbes. S. 154.

[16] Vgl. hierzu u. a. Minton v. Cavaney, 56 Cal. 2d 576, 364 P. 2d 473 (1961), wo Chief Justice Traynor von der Haftung derjenigen spricht, die der Gesellschaft unzureichendes Eigenkapital zuführen und gleichzeitig aktiv an der Geschäftsführung beteiligt sind.

[17] Latty, S. 142, hat diesen Unterschied folgendermaßen charakterisiert: "The one (subordination of claim) restricts the principle of limited liability ...; the latter (disregard of the legal entity) nearly abrogates it." Drobnig, S. 70, hat diesen Unterschied im deutschen Recht terminologisch als beschränkten und unbeschränkten Haftungsdurchgriff auszudrücken versucht.

[18] Dies gilt, gleich, ob das Darlehen in Geld oder Sachen besteht. a. A. Immenga, S. 373, nach dessen Ansicht im amerikanischen Recht bei Sachfinanzierung nur der unbeschränkte Haftungsdurchgriff in Betracht kommt. Vgl. zur Frage der Sachfinanzierung näher unten D 2 a cc (b).

fertigt es auch sachlich, die Frage des Haftungsdurchgriffs in der vorliegenden Arbeit auszuklammern[19].

Die Problematik von Gesellschafterdarlehen tritt im amerikanischen Recht typischerweise bei sog. close corporations auf, bei Gesellschaften, die in ihrer rechtstatsächlich vorherrschenden Form der deutschen GmbH vergleichbar sind[20]. Zwar kann die Frage der Behandlung von Gesellschafterdarlehen auch bei Darlehen des limited partner an die limited partnership[21] oder bei corporations, die nicht als close corporations zu charakterisieren sind, auftreten. Diese Fälle haben jedoch keine größere praktische Bedeutung erlangt. Deshalb ist darauf verzichtet worden, Gesellschafterdarlehen bei diesen Gesellschaften besonders zu berücksichtigen, zumal hiermit vermieden wird, daß Unterschiede im Hinblick auf Interessenlage sowie rechtlichen und faktischen Zusammenhang der Problematik vom Kern der Fragestellung ablenken und die Darstellung erschweren. Daß somit die Untersuchung im wesentlichen die close corporation betrifft, ist aus dem Blickwinkel des deutschen Rechts auch deshalb angebracht, weil der Hauptproblemfall der Gesellschafterdarlehen im deutschen Recht bei der GmbH liegt[22].

Die folgende Untersuchung bezieht sich in erster Linie auf den Konkursfall nach dem bundesstaatlichen Bankruptcy Act. Zwar kann sich

[19] Dieser systematische Unterschied wird auch praktisch deutlich, wenn — wie im Regelfall — die außenstehenden Ansprüche den Wert des Gesellschaftsvermögens übersteigen. Hier wird die Nichtanerkennung des Gesellschafterdarlehens den Umfang des dem Zugriff der Drittgläubiger unterliegenden Vermögens in gewissem, oftmals nicht allzu erheblichem Maße erweitern. Beim (unbeschränkten) Durchgriff auf das Gesellschaftsvermögen werden die Drittgläubiger vielfach zu einem weit größeren Ausmaß oder gar vollständig Befriedigung erlangen.

[20] Eine präzise Definition der close corporation, die für den gesamten amerikanischen Rechtskreis Gültigkeit hat, gibt es nicht. Der Normalfall dieser Gesellschaft läßt sich aber — abgesehen einmal von Unterschieden der bisher spärlichen einzelstaatlichen Regelungen — wie folgt charakterisieren: 1. close corporations bestehen vorwiegend aus wenigen, aktiv im Management der Gesellschaft tätigen Mitgliedern, 2. die Gesellschaftsanteile verbleiben vielfach wegen des geringen Anlageinteresses Dritter und aufgrund von Übertragungsbeschränkungen im Kreis der Gesellschafter, 3. Anteile von close corporations werden meist nicht an der Börse oder im Freiverkehr gehandelt. Vgl. näher Symposium, 52 Nw.U.L.Rev. 345 - 347 (1957); O'Neal, § 1; Haskell, 21 Ala.L.Rev. 287 ff. (1969); Behrens in Hachenburg, GmbHG, Bd. 1, Allg. Einl. Rdn. 651 ff.
Die GmbH ist in ihrer rechtstatsächlich weit überwiegenden Form personenbezogen und weist weitgehend vergleichbare Merkmale auf. Vgl. im einzelnen Geßler, GmbHR 1966, 102, 104 (Umfrage des Bundesjustizministeriums); H. Winter, GmbHR 1969, 145 ff., insbes. 147 (Umfrage der Centrale für GmbH); Limbach, S. 41 ff., 70 f.

[21] Diese Gesellschaftsform ist der deutschen KG grob vergleichbar.

[22] Aus ähnlichen Erwägungen sollen Probleme, die auf Besonderheiten von Einmanngesellschaften, verbundenen oder abhängigen Unternehmen beschränkt sind, nicht behandelt werden. Vgl. zu diesen Problemen Latty, S. 142 ff.

auch im Rahmen von Insolvenzverfahren der amerikanischen Einzelstaaten bzw. im Rahmen der Gesellschaftsauflösung das Problem der Behandlung von Gesellschafterdarlehen stellen[23]. Die in diesen, praktisch weit weniger bedeutsamen, Fällen entwickelten Grundsätze stimmen aber im wesentlichen mit denen im Konkurs nach dem Bankruptcy Act überein[24]. Daher ist davon abgesehen worden, diese Fälle gesondert zu betrachten, zumal auf diese Weise Unterschiede der jeweiligen einzelstaatlichen Regelungen von vornherein außer Betracht bleiben können. Entscheidungen zu Insolvenzverfahren bzw. zur Gesellschaftsauflösung sind jedoch mitberücksichtigt worden, soweit sie Aufschluß für die Behandlung von Gesellschafterdarlehen im Konkursfall geben.

In der folgenden Untersuchung ist in erheblichem Maße auf die reichhaltige amerikanische Steuerrechtsprechung zurückgegriffen worden. Zwar unterscheiden sich Gesellschafts- und Steuerrecht erheblich, was Zweck[25], Interessenlage, Haftungsfolgen, gesetzliche Grundlagen und Anlaß der Beurteilung anbelangt[26]. Steuerrechtliche Entscheidungen sind jedoch im Einzelfall geeignet — wie noch näher zu begründen sein wird[27] —, Aufschluß über handelsrechtliche Fragen zu geben, und sind insoweit berücksichtigt worden. Dies gilt insbesondere für die Frage der Unterkapitalisierung, dem Schlüsselbegriff für die Behandlung von Gesellschafterdarlehen.

---

[23] Daß die Auflösung der Gesellschaft deren Verbindlichkeiten nicht erlöschen läßt, ist im amerikanischen Recht heute allgemein anerkannt. Vgl. z. B. Ballentine, S. 722; Lattin, S. 642. Grundsätzlich sind bei Gesellschaftsauflösung die Gläubiger zu befriedigen, bevor die Gesellschafter den ihnen zustehenden Teil des Gesellschaftsvermögens erhalten dürfen. Vgl. z. B. Lattin, S. 642; Fla.Gen.Corp.Law, § 608.29 (3). Sofern das Gesellschaftsvermögen zur vollständigen Befriedigung der Gläubiger nicht ausreicht, ist nur anteilige Befriedigung möglich. Gläubiger sind berechtigt, ihre Ansprüche in jeder gesetzlich vorgesehenen Weise oder auf der Grundlage von equity-Grundsätzen durchzusetzen. Neuere Gesetze der Einzelstaaten schreiben zudem gewisse Verfahren zur Regelung der Verbindlichkeiten vor, die dem Konkursverfahren ähnlich sind. Vgl. z. B. § 4608 Cal.Corp.Code; §§ 281, 295, 296 Del.Gen.Corp.Law.

[24] Dies wird beispielhaft durch die Tatsache belegt, daß der U.S. Supreme Court in seiner grundlegenden Entscheidung Pepper v. Litton, 308 U.S. 295, 310 (1939), für die Frage der Nachordnung von Gesellschafterdarlehen bei nomineller Kapitalisierung auf das Urteil Albert Richards Co. v. The Mayfair, 191 N.E. 430 (S.Ct.Mass. 1934), verwies, das ein einzelstaatliches Insolvenz- und Auflösungsverfahren betraf.

[25] Vgl. hierzu im deutschen Recht u. a. Wiedemann, S. 31; Friedrich, S. 43.

[26] Zu den wichtigsten steuerrechtlichen Fragen im amerikanischen Recht: für alle Plumb, 26 TaxL.Rev. 369, 371 ff. (1971).

[27] Vgl. D 2 a u. D 2 a bb.

B. Terminologie

Die zentralen Begriffe der vorliegenden Arbeit sind „Darlehen" und „Einlage" im deutschen bzw. die korrespondierenden Begriffe „loan" und „capital" im amerikanischen Recht. Dies folgt — wie bereits in der Einleitung angedeutet[1] — aus der unterschiedlichen Behandlung der der Gesellschaft zur Finanzierung gewährten Mittel im deutschen wie im amerikanischen Konkursverfahren, je nachdem, ob es sich um ein Darlehen (loan) oder eine Einlage (capital) des Gesellschafters handelt[2]: Bei einer Einlage (capital) ist der Gesellschafter erst nach allen Gesellschaftsgläubigern, und zwar gegenüber etwaigen Mitgesellschaftern im Verhältnis seiner Einlage, zu befriedigen. Im Falle eines Darlehens (loan) dagegen stehen dem Gesellschafter die gleichen Rechte zu wie jedem außenstehenden Gläubiger, d. h. er hat zumindest Anspruch auf die Konkursquote.

Die genannten Schlüsselbegriffe, also „Darlehen" und „loan" einerseits, „Einlage" und „capital" andererseits, sollen im folgenden inhaltlich bestimmt, miteinander verglichen und sodann gegeneinander abgegrenzt werden. Dies ist insofern notwendig, als juristische Terminologie ihre Prägung im Rahmen der jeweiligen Rechtsordnung erfährt und daher die Identität der Sinngehalte anscheinend korrespondierender Rechtsbegriffe nicht ohne weiteres vorausgesetzt werden kann[3]. Im übrigen ist die folgende Charakterisierung und Abgrenzung — dies sei hier vorausgeschickt — für das Verständnis der im amerikanischen Recht bei der Behandlung von Gesellschafterdarlehen verwendeten Kriterien von Bedeutung.

1. Loan und Darlehen

a) Loan

Der Begriff loan bezeichnet in erster Linie die Übertragung von Geld von einer Person (lender) auf eine andere Person (borrower) unter der Verpflichtung der letzteren, eine gleiche Summe zu einem zukünftigen

---

[1] Vgl. oben A.

[2] Siehe für das deutsche Recht statt aller: Böhle-Stamschräder, § 207 KO, Anm. 5; für das amerikanische Recht vgl. Collier, II 57.14, S. 214 ff.

[3] Siehe auch Drobnig, Methodenfragen, Festschr. f. Rheinstein, S. 221, 232.

Zeitpunkt mit oder ohne Zinsen zurückzuzahlen[4]. Darüber hinaus wird dieser Begriff jedoch auch mit anderen Sinngehalten verwendet. So bestehen beim loan for consumption die gewährten Gegenstände nicht in Geld[5]. Ein loan for exchange bezeichnet eine Vereinbarung, bei der der lender einen Gegenstand unentgeltlich an den borrower übergibt, wobei dieser verpflichtet ist, einen gleichartigen Gegenstand zu einem späteren Zeitpunkt zurückzugewähren[6]. Das loan for use schließlich bezeichnet die unentgeltliche Gewähr eines Gegenstandes zur Benutzung. Der borrower ist dabei verpflichtet, denselben Gegenstand zurückzugewähren[7].

Alle soeben genannten Formen des loan können für einen bestimmten Zeitraum oder auf unbestimmte Zeit geschlossen werden bzw. die Laufzeit kann in das Ermessen des lender gestellt werden. Außerdem setzen alle Arten des loan — abgesehen vom loan for use — eine Übertragung des Eigentums am gewährten Gegenstand auf den Empfänger voraus[8]. Eine weitere Gemeinsamkeit ist die unbedingte Verpflichtung des Empfängers, den gewährten bzw. einen gleichartigen Gegenstand zurückzugewähren[9].

b) Darlehen

Der Begriff Darlehen i. S. d. § 607 wird allgemein als Übertragung von Geld oder vertretbaren Sachen gem. § 91 BGB unter der Verpflichtung definiert, Gegenstände gleicher Art, Güte und Menge zurückzuerstatten[10]. Soweit ein Zeitpunkt für die Rückerstattung nicht vereinbart worden ist, hängt die Fälligkeit im wesentlichen von der Kündigung des Gläubigers oder Schuldners ab[11]. Bei den Handelsgesellschaften, zu denen auch die GmbH zählt[12], besteht außerdem kraft Gesetzes eine Verpflichtung zur Zahlung von Zinsen[13].

---

4 Vgl. u. a. Pratt v. Robert S. Odell & Co., 122 P. 2d 684, 689 (Cal.Ct.App. 1942); Eisenhardt v. Schmidt, 98 A 2d 698, 700 (Sup.Ct.N.J. 1953); First Nat. Bank & Trust Co. of Tulsa v. Jones, 53 F.Supp. 842 f. (W.D.Okl. 1943); siehe auch Sec. 1912 Cal.Civ.Code.

5 Vgl. z. B. Civ.Code La. art. 2910.

6 Siehe z. B. Sec. 1902 Cal.Civ.Code.

7 Vgl. Slack v. Bryan, 184 S.W. 2d 873, 876 (Ct.App.Ky. 1945).

8 Sec. 1884 Cal.Civ.Code.

9 Siehe z. B. Sec. 1885 Cal.Civ.Code.

10 Der Begriff wird in § 607 BGB vorausgesetzt. Auf Streitfragen wie um die Natur des Darlehens kommt es in diesem Zusammenhang nicht an; vgl. hierzu z. B. Palandt-Putzo, § 607 Anm. 1.

11 Vgl. § 608 Abs. 1 u. 3 BGB.

12 § 13 Abs. 3 GmbHG.

13 §§ 3, 6, 353, 354 HGB.

c) Vergleich

Der deutsche Begriff Darlehen umfaßt weitgehend alle Formen des loan mit Ausnahme des loan for use, dem praktisch das Institut der Leihe gem. § 598 BGB vergleichbar ist. Da aber Gesellschafter im Regelfall nur Investitionen mit Rendite in Erwägung ziehen, ist das loan for use im Rahmen der zu untersuchenden Problematik praktisch ohne Bedeutung geblieben. Insofern kann hier davon ausgegangen werden, daß sich die Begriffe loan und Darlehen im wesentlichen entsprechen.

2. Capital und Einlage

a) Capital

Der Begriff capital wird im amerikanischen Recht unterschiedlich verwandt[14]. Im weiteren Sinne bezeichnet er jegliche Geld- und sonstigen Mittel, die der corporation zur Ausübung ihrer Geschäftstätigkeit dienen[15]. Im engeren Sinne, oftmals als „capital stock" unterschieden, kennzeichnet capital nur diejenigen Mittel, die von den Gesellschaftern als Grundlage der Gesellschaftstätigkeit und zur Deckung der Verpflichtungen eingebracht werden[16]. Die letztere Definition des Begriffs ist hier vorwiegend von Bedeutung.

Durch die Einbringung der Mittel als „capital stock" werden die Mitgliedschaftsrechte, also insbesondere Gewinnbeteiligungs- und Kontrollrechte, erworben[17].

b) Einlage

Als Einlage werden im deutschen Recht solche Mittel verstanden, die der Gesellschaft von den Gesellschaftern zur Durchführung ihrer Geschäftstätigkeit vollständig übertragen worden sind[18]. Die Begriffe Einlage und capital im engeren Sinne stimmen also überein.

Mit der Übernahme der Einlage erwirbt der Gesellschafter entsprechend dem amerikanischen Recht seine gesamten Mitgliedschaftsrechte, d. h. seinen Geschäftsanteil[19].

---

14 Siehe hierzu auch Latty, S. 133 ff.

15 Vgl. u. a. Smith v. Dana, 60 A. 117, 121, 77 Conn. 543 (S.Ct.Conn. 1905); Williams v. McGowan, 58 F.Supp. 692, 694 f. (W.D.N.Y. 1944); Rathborne v. Collector of Revenue, 196 La. 795, 200 So. 149, 153, 154 (1941).

16 Vgl. z. B. Tri-State Developers, Inc. v. Moore, 343 S.W. 2d 812, 815 (Ct.App.Ky. 1961); United Grocers, Ltd. v. United States, 186 F.Supp. 724, 726 (N.D.Cal. 1960); Person & Riegel Co. v. Lipps, 67 A. 1081, 1083 f. (S.Ct.Penn. 1907).

17 Vgl. u. a. Henn, S. 289 ff.

18 Vgl. u. a. RG DJZ 1912, 221.

19 Statt aller Baumbach-Hueck, § 3 Anm. 6 sowie § 14 Anm. 1 A; siehe auch § 14 GmbHG.

3. Abgrenzung

Somit sind die Hauptunterscheidungsmerkmale von loan bzw. Darlehen gegenüber capital bzw. Einlage die unbedingte Rückerstattungspflicht sowie die zeitliche Begrenzung der Nutzungsbefugnis. Capital bzw. Einlage zeichnen sich dagegen durch die uneingeschränkte Übertragung der Mittel und deren Nutzung bei gemeinsamer Zwecksetzung aus[20], wobei aufgrund der Übertragung der Mittel Mitgliedschaftsrechte in der Gesellschaft erworben werden.

Die Unterscheidung der jeweiligen Begriffspaare anhand der soeben genannten Merkmale erscheint auf den ersten Blick klar und eindeutig. In der Praxis hat sich die Abgrenzung jedoch als äußerst schwierig erwiesen. Dies beruht darauf, daß die Institute des Darlehens (loan) und der Einlage (capital) sehr weit gefaßt sind und eine Vielzahl von unterschiedlichen Rechtsbeziehungen umfassen. Insofern verschwimmen vielfach die Grenzen von Darlehen (loan) und Einlage (capital) im Tatsächlichen. So kann im Einzelfall ein Gläubiger zur Sicherung seines Rückzahlungsanspruchs u. U. mehr Einfluß auf die Geschäftsführung der Gesellschaft nehmen als ein mit Mitgliedschaftsrechten ausgestatteter Gesellschafter[21]. Auch läßt sich ein Darlehen (loan) durch Vereinbarung mit praktisch allen Rechten verknüpfen, die typisch für eine Mitgliedschaft sind. Ferner können die Rückzahlungschancen eines Gläubigers bei einer unklugen Kreditgewährung tatsächlich gesehen ebenso gering sein wie die Erwartungen eines Gesellschafters, seinen Anteil am Unternehmen zurückzuerlangen. Insofern ist die Abgrenzung von Darlehen (loan) und Einlage (capital) praktisch sehr häufig ein subtiler und schwieriger Gewichtungsprozeß.

---

[20] Vgl. u. a. BGHZ 25, 174; First Nat. Bank & Trust Co. of Tulsa v. Jones, 53 F.Supp. 842, 843 (W.D.Okl. 1943).

[21] Ein anschauliches Beispiel für Abgrenzungsprobleme unter diesem Aspekt ist Bordo Products v. U.S., 476 F. 2d 1312 (Ct.Cl. 1973).

C. Motive für die Finanzierung mittels Gesellschafterdarlehen[1]

Schon seit langem spielen Gesellschafterdarlehen in den Vereinigten Staaten (wie auch in Deutschland) als Finanzierungsmittel eine bedeutende Rolle. Dies läßt sich bereits an der Anzahl der zu dieser Problematik ergangenen Entscheidungen ablesen[2]. Neben der Möglichkeit das Haftungsrisiko der Gesellschafter zu vermindern, kann die Finanzierung mittels Gesellschafterdarlehen vor allem im Vergleich zu Kapitalerhöhungen erhebliche Vorteile mit sich bringen.

1. Flexibilität der Finanzierung

Vielfach lassen sich die für zukünftige Geschäftsoperationen benötigten Finanzmittel in der Anfangsphase der Gesellschaft nach der Gründung bzw. bei der Gründung selbst nur schwer übersehen. Entsteht bei späterer Erweiterung des Geschäftsbetriebes weiterer Kapitalbedarf, so läßt sich dieser mittels Gesellschafterdarlehen auf informelle und einfache Weise decken. Dagegen sind bei der Kapitalerhöhung verhältnismäßig starre Formalitäten zu beachten[3]. Besteht nach Rückzahlung des Darlehens kein zusätzlicher Finanzbedarf, so erübrigt sich eine Kapitalherabsetzung. Grundsätzlich kann die Gesellschaft also die Finanzierung leichter an die jeweils gegebenen Umstände anpassen. Gerade für kleinere Unternehmen, die typischerweise die Rechtsform der GmbH bzw. der close corporation wählen[4], liegt in der Informalität und Flexibilität der Finanzierung durch Gesellschafterdarlehen ein besonderer Vorzug.

---

[1] Da hinreichende Übereinstimmung der vorstehend charakterisierten Termini festgestellt werden konnte, sollen im folgenden zur Vereinfachung nur die deutschen Begriffe verwendet werden.

[2] Für den deutschen Bereich vgl. O. Schmidt, Tabellen 6 und 8 (bereits 1934).

[3] Vgl. u. a. sec. 4600 ff. Cal.Corp.Code; sec. 242 ff. Del.Gen.Corp.Law; §§ 55 ff. GmbHG; die Vorteile der Finanzierung in Form von Gesellschafterdarlehen zeigen sich besonders deutlich, wenn Sachmittel zugeführt werden (vgl. demgegenüber z. B. §§ 155 Abs. 1 RegE, 56 Abs. 1 GmbHG zur Kapitalerhöhung mittels Sacheinlagen). Im Fall der Gründung durch Sacheinlagen wäre nach Maßgabe des RegE u. a. eine Gründungsprüfung durchzuführen (vgl. § 15 RegE; s. daneben §§ 11, 14, 18, 19 RegE).

[4] Vgl. die Nachweise auf S. 7 Fn. 1; Behrens in Hachenburg, GmbHG, Bd. 1, Allg. Einl. Rdn. 651.

2. Stabilität der Machtverhältnisse

Ein weiterer Vorteil der Finanzierung in Form von Gesellschafterdarlehen liegt darin, daß im Grundsatz die Stimmrechtsverhältnisse in der Gesellschaft unberührt bleiben, während dies bei formeller Kapitalerhöhung in aller Regel nur auf komplizierterem Weg möglich ist, wenn etwa alle Gesellschafter ihre Einlagen proportional erhöhen oder aber unterschiedliche Aktienarten ausgegeben werden.

Im Vergleich zur Finanzierung durch außenstehende Kreditgeber, insbesondere Banken, sind Gesellschafterdarlehen insofern vorteilhaft, als bei dieser Finanzierungsweise die Einflußnahme Außenstehender auf die Geschäftspolitik bzw. die Verwendung der Kredite vermieden wird[5].

3. Eigeninteresse der Gesellschafter

Gesellschafter sind vielfach bereit, ihrer Gesellschaft Kredite zu Konditionen zu gewähren, insbesondere im Hinblick auf Laufzeit, Zinsgestaltung und Gestellung von Sicherheiten, wie sie auf dem Kapitalmarkt nicht erhältlich sind. Dies gilt vor allem für den Fall, daß sich das Unternehmen in erheblichen wirtschaftlichen Schwierigkeiten befindet[6]. Dies erklärt sich daraus, daß der Geschäftsanteil für den Gesellschafter häufig eine dauerhafte Einkommensquelle darstellt, die die an sich ungünstigen Darlehensbedingungen durch den Gewinnanteil kompensiert. Außerdem erhöhen die meist starken Innenbeziehungen der Gesellschafter der close corporation[7] und insider-Kenntnisse die Kreditbereitschaft der Gesellschafter.

---

[5] Ein solches Einflußnahmerecht wird dritten Kreditgebern traditionellerweise zugestanden. Vgl. auch Galbraith, S. 54; Wilbert E. Moore, S. 227: "... creditors are likely to take a keen, and indeed rather insistent interest in company policies and may well interfere with certain aspects of management." Außerdem sind Kreditinstitute bei kleineren Unternehmen, wie der Mehrzahl der Gesellschaften m.b.H. und close corporations, wegen der zumeist weniger verwickelten und vorwiegend von wenigen Personen beherrschten Willensbildung in stärkerem Umfang in der Lage, Eingriffe in den Entscheidungsprozeß über die Verwendung der Kredite vorzunehmen, als bei großen Unternehmen mit komplizierter Technostruktur. Vgl. hierzu eingehend Galbraith, S. 92 f.

[6] Vgl. auch Small v. Williams, 313 F. 2d 39, 42 (4th Cir. 1963): "... when a closely held corporation is unable to obtain the credit it needs from banks, its own stockholders, their families and friends, are the most logical source of the needed funds."

[7] Dies gilt auch für die GmbH. Vgl. näher die in A Fn. 20 aufgeführten Nachweise.

4. Steuervorteile

Steuerliche Erwägungen spielen eine wichtige Rolle bei der Frage, ob die Finanzierung der Gesellschaft in Form von Gesellschafterdarlehen oder einer Kapitalerhöhung erfolgen soll[8].

Wenn die corporation dem Gesellschafter Zinsen auf ein von ihm gewährtes Darlehen zahlt, sind die steuerlichen Belastungen des Gesellschafters in der Regel etwas stärker, als wenn er von der corporation eine Dividende erhalten hätte[9]. Dagegen ergeben sich für diesen Fall auf seiten der corporation vergleichsweise höhere Steuervergünstigungen[10]. Zahlt die corporation andererseits dem Gesellschafter eine Dividende, so kann diese nicht als Betriebsausgabe abgesetzt werden, und der ausgeschüttete Dividendenbetrag wird vor Ausschüttung bereits mit Körperschaftssteuer belegt, d. h. es kommt zur sog. Doppelbesteuerung[11]. Die Entscheidung zugunsten der steuerlichen Interessen der Gesellschaft, d. h. in der Regel zugunsten der Finanzierung durch Gesellschafterdarlehen, wird dabei durch folgende Umstände bestimmt: Wie erwähnt, stellt die close corporation für ihre Gesellschafter vielfach die wesentliche Einkommensquelle dar. Typisch ist hierbei die Selbstorganschaft[12], d. h. die meisten oder alle Gesellschafter sind persönlich in der Geschäftsführung tätig[13]. Insofern besteht in diesen Fällen eine weitgehende Interessenidentität von Gesellschafter und corporation, die oft den Ausschlag zugunsten der insgesamt überwiegenden Steuervorteile der corporation gibt[14].

---

[8] Es können hier nur Grundzüge dargestellt werden. Zu Einzelheiten dieses „debt financing" vgl. u. a. Semmel, 48 Col.L.Rev. 202 (1948); De Stefano, 18 Fordham L. Rev. 251, 253 (1949); Kessler, § 29.06, S. 82 (1972 Supplement); Berens, 26 Bus.Law. 1527 f. (1971); O'Neal, Vol. 1, § 2.09; ausführlich auch Plumb, 26 Tax L.Rev. 369, 371 - 404 (1971).

[9] Vgl. auch die in Note, 55 Col.L.Rev. 1054 (1955) sowie Note, 22 Stan.L.Rev. 847, 848 f. (1971) aufgeführten Beispiele.

[10] Vgl. Section 163 (a) Internal Revenue Code.

[11] Vgl. z. B. Kessler, § 19.06, S. 82 (1972 Supplement). Dies galt auch in Deutschland bis zur Reform des Körperschaftssteuerrechts v. 31. 8. 1976 BGBl., Teil I, Nr. 2597).

[12] Vgl. auch Behrens in Hachenburg, GmbHG, Bd. 1, Allg. Einl. Rdn. 655.

[13] Siehe Symposium, 52 Nw.U.L.Rev. 345, 346 (1957). Dabei erfolgt die Ausschüttung von Gewinnen vielfach auf dem Wege über Geschäftsführergehälter; vgl. Kessler, oben Fn. 11, a.a.O.

[14] Zudem ist u. U. für einen Gläubiger ein weitaus höherer Steuerabzug möglich, wenn die Gesellschaft unter Verlust liquidiert wird (Section 166 I.R.C.), als für einen Gesellschafter. Allerdings hat die Rechtsprechung in jüngerer Zeit die Möglichkeit dieser sog. „bad-debt"-Abschreibungen bei close corporations weitgehend eingeschränkt. Vgl. vor allem Whipple v. Commissioner, 373 U.S. 193 (1963); siehe auch United States v. Generes, 405 U.S. 93 (1972).

D. Die Behandlung von Gesellschafterdarlehen

1. Hintergrund der Problemstellung: Das amerikanische Konkursrecht

Vor der eigentlichen Untersuchung und Darstellung des amerikanischen Rechts zur Behandlung von Gesellschafterdarlehen soll ein kurzer Überblick über den Hintergrund dieser Problemstellung, insbesondere die einschlägigen Rechtsquellen und die sachliche Zuständigkeit der Gerichte, gegeben werden.

Der Eintritt des Konkurses der corporation stellt den für den kreditgebenden Gesellschafter einschneidendsten Testfall dar, in dem insbesondere auch der zuvor nur latente Interessenkonflikt mit Drittgläubigern akut wird. Das Konkursverfahren richtet sich nach dem Federal Bankruptcy Act vom 1. Juli 1898[1]. Sec. 2 a[2] dieses Gesetzes räumt den Konkursgerichten ausschließliche Zuständigkeit[3] ein, soweit es zur Rechtsprechung auf der Grundlage des Bankruptcy Act erforderlich ist, und ermächtigt die Gerichte ausdrücklich, Ansprüche anzuerkennen (allowance) oder Ansprüche zu verwerfen (disallowance), bzw. anerkannte oder verworfene Ansprüche von neuem zu überprüfen und dann die zuvor gefällte Entscheidung zu bestätigen oder aufzuheben. Somit ist grundsätzlich Bundesrecht einschlägig. Jedoch ist der Umfang der Bundeskompetenz nicht unstreitig. Die letztere Problematik soll im folgenden zunächst angeschnitten werden, woran sich die Untersuchung der einzelnen Befugnisse der Bankruptcy Courts anschließen wird.

a) Das einschlägige Recht

Sec. 1 des Bankruptcy Act[4] definiert als Gläubiger, wem ein im Konkursverfahren beweisfähiger Anspruch („debt, demand or claim provable in bankruptcy“) zusteht. Hieran anknüpfend enthält Sec. 63[5] eine Enumeration der beweisfähigen Ansprüche. Sec. 57 d[6] wiederum sieht

---

[1] 11 U.S.C.

[2] 11 U.S.C. § 11.

[3] „original jurisdiction“; auf die Mehrdeutigkeit des Begriffs der jurisdiction sei an dieser Stelle hingewiesen; vgl. hierzu Ehrenzweig, Louisell, Jurisdiction.

[4] 11 U.S.C. § 1.

[5] 11 U.S.C. § 103.

[6] 11 U.S.C. § 93.

vor, daß ein entsprechend bewiesener Anspruch unter Erfüllung gewisser Voraussetzungen anzuerkennen ist. Der Bankruptcy Act umfaßt jedoch nicht die Grundlagen der Ansprüche, sondern setzt deren Bestehen bzw. Nichtbestehen nach anderem, d. h. einzelstaatlichem Recht voraus[7]. Falls also ein Anspruch nach einzelstaatlichem Recht nicht besteht, ist eine Anerkennung im Konkursverfahren nicht möglich[8]. Insoweit ist einzelstaatliches Recht vorrangig. Beweisfähigkeit und Anerkennung von Ansprüchen, Einziehung und Verteilung der Konkursmasse sind dagegen abschließend im Bankruptcy Act geregelt. Die ausschließliche Zuständigkeit liegt insoweit bei den Bundesgerichten[9].

Darüber hinaus ist seit langem anerkannt, daß die Rangfolge der geltend gemachten Ansprüche nach Bundes-, nicht nach einzelstaatlichem Recht zu beurteilen ist[10], da die Rangfolge die Frage des Bestehens bzw. Nichtbestehens nicht berührt. Insofern besteht auch insoweit Übereinstimmung, als die Konkursgerichte durch die Anerkennung eines Anspruchs durch ein einzelstaatliches Gericht[11] nicht an der Nachordnung (subordination) des Anspruchs gehindert sind[12]. Abgrenzungsprobleme, die an dieser Stelle nicht ausführlich behandelt werden können, sind jedoch insbesondere im Zusammenhang mit Fragen der Rechtskraft aufgetreten[13].

Als Richtlinie ist somit festzuhalten, daß sich das Bestehen oder Nichtbestehen eines Anspruchs vorrangig nach einzelstaatlichem Recht bemißt, während Fragen, die mit der Behandlung von Ansprüchen im Konkurs zusammenhängen, dem Federal Bankruptcy Act unterliegen.

---

[7] Vgl. u. a. In re Falk, 83 F.Supp. 817, 820 (S.D.N.Y. 1949); In re Calton Crescent, Inc., 80 F.Supp. 822, 824 (S.D.N.Y. 1948); Vanston Comm. v. Green, 329 U.S. 156, 157 (1946) (concurring opinion); In re Lico Manufacturing Co., 201 F.Supp. 899, 903 (D.Conn. 1961); Arnold v. Phillips, 117 F. 2d 497, 500, 501 (5th Cir. 1941), cert.den. 313 U.S. 583 (1941).

[8] Vgl. hierzu In re Morrison, 261 F. 355 (7th Cir. 1919); wohl ebenso, wenn auch mißverständlich, Vanston Comm. v. Green, 329 U.S. 156, 167 (1946) (concurring opinion).

[9] Dabei ist auch der sog. referee umfaßt; vgl. u. a. Mac Donald v. Plymouth County Trust Co., 286 U.S. 263, 265 ff. (1932).

[10] Vgl. u. a. Prudence Realization Corp. v. Geist, 316 U.S. 89 (1941).

[11] Vgl. Heiser v. Woodruff, 327 U.S. 726, 732 (1946); In re Bell Tone Records, 86 F.Supp. 806 (D.N.J. 1949).

[12] Vgl. auch Sec. 63 Bankruptcy Act, 11 U.S.C. § 103.

[13] Insbesondere die Frage, ob die Bankruptcy Courts die Rechtmäßigkeit eines von einem einzelstaatlichen Gericht anerkannten Anspruches überprüfen darf, ist stark umstritten; für eine derartige Befugnis: Pepper v. Litton, 308 U.S. 295 (1939); anscheinend a. A. Heiser v. Woodruff, 327 U.S. 726 (1946); vgl. zu diesen und weiteren Fragen Herzog, Zweibel, 15 Vand.L.Rev. 83, 89 (1961).

b) Die grundsätzlichen Möglichkeiten der Behandlung von Gesellschafterdarlehen

Im wesentlichen haben sich in der Konkursrechtsprechung folgende Alternativen der Behandlung von Gesellschafterdarlehen herausgebildet[14]:

1. Das Gericht kann den Anspruch uneingeschränkt anerkennen,
2. es kann den Anspruch im Grundsatz anerkennen und die Frage einer etwaigen Nachordnung in der Rangfolge (subordination) bis zum Zeitpunkt der Verteilungsanordnung aufschieben,
3. es kann den Anspruch anerkennen, jedoch gleichzeitig hinsichtlich der Rangfolge qualifizieren bzw. die Teilnahme an der Verteilung aufschieben,
4. es kann den Anspruch verwerfen, jedoch gleichzeitig die Zurückstellung eines Teils des gemeinschuldnerischen Vermögens bei ausreichender Masse anordnen,
5. das Gericht kann den Anspruch uneingeschränkt verwerfen.

Rechtliche Grundlage und Bedeutung der aufgeführten Alternativen sollen im folgenden erläutert werden.

aa) Disallowance und allowance

Wie bereits angedeutet[15], gewährt Sec. 2 a[16] des Bankruptcy Act den Gerichten ausdrückliche Ermächtigung, Ansprüche anzuerkennen (allowance) bzw. zu verwerfen (disallowance). Die rechtliche Bedeutung der Begriffe allowance und disallowance und ihre Abgrenzung ist in den Entscheidungen allerdings nicht immer klar und eindeutig.

Disallowance bedeutet, daß der Anspruch vollständig verworfen und dem Anspruchsteller die Gläubigerstellung im Konkurs in jeder Beziehung aberkannt wird[17]. Entsprechend dieser einschneidenden Folge hat disallowance im Grundsatz dann zu erfolgen, wenn ein Anspruch faktisch oder rechtlich keine Grundlage besitzt, nicht existent oder rechtswidrig ist.

Allowance bezeichnet die uneingeschränkte Anerkennung des Anspruchs und aller damit normalerweise im Konkurs verbundenen Gläu-

---

[14] Vgl. hierzu im einzelnen Collier, II 57.14, S. 214 ff.; vgl. u. a. auch Boyum v. Johnson, 127 F. 2d 491 (8th Cir. 1942); Goldie v. Cox, 130 F. 2d 695, 708 (8th Cir. 1942).

[15] Siehe oben D 1 a.

[16] 11 U.S.C. § 11.

[17] Vgl. Herzog, Zweibel, 15 Vand.L.Rev. 85 (1961); Riemer, 73 Com.L.J. 273, 274 (1968).

bigerrechte, vor allem quotenmäßiger Beteiligung an der Konkursmasse[18].

Allowance und disallowance sind allerdings nicht durchgängig in diesem Sinne verstanden worden. So haben Konkursgerichte bestehende Ansprüche von vornherein verworfen, da die betreffenden Ansprüche zumindest in der Rangfolge nachgeordnet worden wären, nach Befriedigung aller vorrangigen Gläubiger aber praktisch Masse nicht mehr vorhanden gewesen wäre[19]. In der bedeutenden Entscheidung Pepper v. Litton[20] wurde zudem festgestellt, daß im Einzelfall Billigkeitserwägungen[21] disallowance von (bestehenden) Ansprüchen rechtfertigen könnten.

bb) Anwendung von equity-Grundsätzen

Wie angedeutet, sind nur allowance und disallowance ausdrücklich im Bankruptcy Act geregelt. Es ist allerdings im amerikanischen Konkursrecht seit langem allgemein anerkannt, daß die Befugnisse der Konkursgerichte nicht insoweit beschränkt sind. Vielmehr bestimmen sich die Befugnisse der Konkursgerichte — soweit nichts anderweitiges im Bankruptcy Act bestimmt ist[22] — nach den Grundsätzen des equity-Rechts[23].

In diesem Rahmen sind die Konkursgerichte im wesentlichen zu jeglicher Entscheidung befugt, die sie nach den Umständen des Einzelfalles als fair erachten[24].

Die equity-Befugnisse der Konkursgerichte werden überwiegend auf Sec. 2 a[25] des Bankruptcy Act gestützt, wonach die Gerichte zu „jurisdiction at law and *in equity*" ermächtigt sind[26]. Teilweise wird auch

---

[18] Dies setzt naturgemäß voraus, daß nur eine Art von Gläubigern gegeben ist; vgl. zur allowance im einzelnen Collier, II 57.14, S. 221.

[19] Vgl. McDonnel v. Sampsell, 193 F. 2d 954 (9th Cir. 1952); Columbia Gas & Elec. Corp. v. U.S., 151 F. 2d 461, 470 (6th Cir. 1945); Goldie v. Cox, 130 F. 2d 695 (8th Cir. 1942).

[20] Vgl. 308 U.S. 295, 310 (1939); zustimmend Collier, Nr. 57.14, S. 214; kritisch Herzog & Zweibel, 15 Vand.L.Rev. 83, 86 (1961).

[21] Vgl. hierzu unten D 1 b bb (a).

[22] Siehe u. a. American United Mutual Life Insurance Co. v. Avon Park, 311 U.S. 138, 145 (1940).

[23] Vgl. z. B. Pepper v. Litton, 308 U.S. 295, 304 ff. (1939); Local Loan Co. v. Hunt, 292 U.S. 234 (1934).

[24] Vgl. hierzu auch Pepper v. Litton, 308 U.S. 295, (1939) „the courts will sift the circumstances surrounding any claim to see that injustice is not done in the administration of the bankrupt estate". Dabei wird es in Rechtsprechung und Literatur nicht als verfassungsrechtlich problematisch angesehen, daß die Konkursgerichte mit equity-Regeln in Ansprüche eingreifen, für deren Rechtsgrund einzelstaatliches Recht maßgeblich ist.

[25] 11 U.S.C. § 11.

[26] Vgl. u. a. Pepper v. Litton, 308 U.S. 295, 303, 304 (1939).

Bezug auf Sec. 2 a (7)[27] genommen[28]. Nach dieser Vorschrift sind die Konkursgerichte zur Einziehung, Versilberung und Verteilung des gemeinschuldnerischen Vermögens sowie zur Entscheidung von Streitigkeiten, die hiermit im Zusammenhang stehen, befugt. Entscheidungen haben sich vielfach auch auf Sec. 57 k[29] berufen, wonach stattgegebene Ansprüche aus wichtigem Grunde von neuem überprüft werden können und das zunächst gefällte Urteil je nach Billigkeit ganz oder teilweise bestätigt oder aber aufgehoben werden kann. Wenn aber ein zuvor anerkannter Anspruch auf der Grundlage von Billigkeitserwägungen überprüfbar ist — so das Gericht in Pepper v. Litton[30] — sind Billigkeitserwägungen auch notwendig bei der Erstentscheidung zulässig.

Die amerikanischen Konkursgerichte machen von ihren equity-Befugnissen in weitem Umfang Gebrauch[31]. Auf der Grundlage allgemeiner equity-Prinzipien ist dabei primäres Ziel der Gerichte, daß die Verteilung der Konkursmasse in fairer Weise erfolgt und nicht durch betrügerisches und sonstiges Fehlverhalten, formelle und dogmatisch-technische Erwägungen beeinträchtigt wird[32].

(a) Nachordnung von Ansprüchen (subordination)

Eine der wesentlichen equity-Befugnisse der Konkursgerichte ist die subordination, d. h. die Zurücksetzung des Gläubigers in der Rangfolge gegenüber den allgemeinen Gläubigern[33].

Grundsätzlich setzt subordination einen beweisbaren und rechtmäßigen Anspruch voraus[34]. Eine derartige Verfügung des Gerichts beinhaltet lediglich eine auf Billigkeitserwägungen basierende Anpassung der

27 11 U.S.C. § 11.

28 Vgl. z. B. Searle v. Mechanics Loan & Trust. 249 F. 942 (9th Cir. 1918); vereinzelt wird auch die Estoppel-Doktrin herangezogen.

29 11 U.S.C. § 93.

30 Vgl. 308 U.S. 295, 305 (1939).

31 Beispiele: Das Gericht verhinderte betrügerische Einschätzung des Vermögens in Cross v. Georgia Iron & Coal Co., 250 F. 438 (5th Cir. 1918); Gericht erzwang die Ausfertigung der Übertragungsurkunde zur Erlangung von Eigentum durch den Gemeinschuldner, Dearborn Elec. Light & Power Co. v. Jones, 299 F. 432 (8th Cir. 1924); Gericht untersagte Gläubiger, einen Anspruch vor den einzelstaatlichen Gerichten zu verfolgen, Local Loan Co. v. Hunt, 292 U.S. 234 (1934). Kritisch gegenüber dem von den Gerichten gemachten Gebrauch von den equity-Befugnissen, Note, 67 Col.L.Rev. 583 (1967).

32 Vgl. z. B. Harris v. M.F. Shafer Co., 10 F. 2d 350 (8th Cir. 1925); In re Brown, 24 F.Supp. 166 (N.D.Ala. 1938); In re Broynton, 24 F.Supp. 267 (W.D. Wash. 1938).

33 Vgl. hierzu generell Herzog & Zweibel, 15 Vand.L.Rev. 83, 85 (1961).

34 Vgl. Herzog & Zweibel, 15 Vand.L.Rev. 83, 86 (1961).

35 Siehe In re Kansas City Journal-Post Co., 144 F. 2d 791 (8th Cir. 1944).

Gläubigerrangfolge und ordnet die Verteilung der Masse[35]. Daher vermindert ein nachgeordneter Anspruch auch nicht die Gesamtverpflichtungen des Schuldners und ist bei der Feststellung, ob der Schuldner insolvent ist oder war, mit einzubeziehen[36].

Grundsätzlich bleibt der Inhaber eines nachgeordneten Anspruchs an sich Gläubiger[37] und behält insofern — abgesehen vom Recht, pari passu mit den anderen Gläubigern an der Verteilung der Masse teilzunehmen — alle mit dieser Stellung verbundenen Rechte[38].

(b) Postponement

Postponement bedeutet, daß ein Anspruch zwar im Grundsatz anerkannt, die Befriedigung im Rahmen des Konkursverfahrens jedoch auf einen späteren Zeitpunkt verschoben wird[39]. Dies setzt naturgemäß voraus, daß der Anspruch an sich besteht. Im übrigen gilt hier das zur ‚subordination' Gesagte entsprechend.

(c) Ergebnis

Die wichtigsten Verfügungen der amerikanischen Konkursgerichte sind also allowance, disallowance, subordination und postponement. Die Konkursgerichte sind darüber hinaus nach equity-Grundsätzen zu jeglichen Verfügungen befugt, die sie nach den Umständen des Einzelfalles für billig erachten[40].

2. Die Behandlung von Gesellschafterdarlehen

In den Entscheidungen der Konkursgerichte finden sich nur in den seltensten Fällen grundsätzliche Aussagen zur Behandlung von Gesellschafterdarlehen[1]. Meist wird das jeweilige Ergebnis nur auf allgemeine Billigkeitserwägungen gestützt[2], wobei in der Regel eine objektive

---

36 Vgl. In re Ultimite Corp., 207 F. 2d 427 (2d Cir. 1953).

37 Vgl. u. a. Goldstein v. Wolfson, 132 F. 2d 634 (2d Cir. 1943); Schwartz v. Mills, 192 F. 2d 727 (2d Cir. 1951).

38 Vgl. In re Hemlab, Inc., CCH Bankr.L.Rep. Nr. 60232 (1961).

39 Vgl. auch Collier, Nr. 57.14, S. 216.

40 Vgl. u. a. auch In re Los Angeles Lumber Products Co., Ltd., 47 AmB (NS) 688, 46 F.Supp. 77, 92 (S.D.Cal. 1941).

1 Hierauf wird zutreffend auch in Symposium, 52 Nw.U.L.Rev. auf S. 368 (1957) hingewiesen; siehe auch Herzog & Zweibel, 15 Vand.L.Rev. 83, 93 ff. (1961).

2 Vgl. etwa die in Pepper v. Litton, 308 U.S. 295 (1939) genannten „rules of fair play and good conscience". Siehe u. a. Costello v. Fazio, 256 F. 2d 903, 910 (9th Cir. 1958); Braddy v. Randolph, 352 F. 2d 80, 84 (4th Cir. 1965); Goldie v. Cox, 130 F. 2d 695, 709 (8th Cir. 1942) (dissenting opinion). Andere Gerichte stellen darauf ab, ob „inequitable conduct" vorliegt, siehe z. B. Comstock v. Group of Investors, 335 U.S. 211 (1948); Frasher v. Robinson, 458 F. 2d 492, 493 (9th Cir. 1942).

Würdigung der Interessen Platz greift[3]. Vielfach wird auch darauf abgestellt, ob die Darlehensgewährung ein „arm's length bargain" war[4]. Analysiert man das Entscheidungsmaterial jedoch näher daraufhin, welche Umstände die Gerichte im einzelnen als erheblich erachten, so ergibt sich, daß entscheidender Ausgangspunkt für die Behandlung von Gesellschafterdarlehen folgende Frage ist:

Ist die betreffende finanzielle Zuwendung nach Wesen und Inhalt der Transaktion in *tatsächlicher* Hinsicht[5] als Einlage oder aber als Darlehen zu charakterisieren[6]?

Die Form der Transaktion ist dabei nicht entscheidend. Unter Anwendung von equity-Grundsätzen kommt es auf die tatsächlich-wirtschaftliche Substanz an[7].

Soweit die Zuwendungen vom Gericht in tatsächlicher Hinsicht als Einlage gewertet werden, ist vorwiegend auf subordination des Gesellschafterdarlehens erkannt worden[8]. Vollständige Nachordnung ist jedoch nicht automatische Folge. So haben einzelne Gerichte aufgrund

---

3 Siehe hierzu z. B. In re Dean and Jean Fashions, Inc., 329 F.Supp. 663, 669 (W.D.Okl. 1971); vgl. auch eingehend Loiseaux, 38 Ref. J. 4, 7 (1964); so wird z. B. in V. Lower's Gambrinus Brewery Co., 167 F. 2d 318 (2d Cir. 1948), Unterkapitalisierung als „inequitable", d. h. objektiv unfair und unbillig erachtet. Näher hierzu unten D 2 a aa (a). Vgl. aber die ältere Entscheidung Theriot v. Plane, 126 F. 2d 1015 (2d Cir. 1942).

4 Vgl. u. a. Spach v. Bryant, 309 F.2d 886 (5th Cir. 1962); Boyum v. Johnson, 127 F. 2d 491, 494 (8th Cir. 1942); L & M Realty Corp. v. Leo, 309 F. 2d 886 (5th Cir. 1962); auch Pepper v. Litton, S. 306 f.

5 Die Beurteilung als tatsächliche Frage zieht auch prozessuale Folgen nach sich. Nach Bankruptcy Rule 810, U.S.C. 11, Appendix, Supplement III 1974, S. 247, 311 (früher General Order in Bankruptcy No. 47, 28 U.S.C.A.) sind Tatsachenfeststellungen des Referee nur aufhebbar, wenn sie „clearly erroneous" sind. Vgl. hierzu z. B. Wages v. Weiner, 381 F. 2d 667 (5th Cir. 1967); In re Eastern Erectors, Inc., 346 F.Supp. 293 (E.D.Penn. 1972), aff'd 485 F. 2d 679 (2d Cir. 1973); Costello v. Fazio, 256 F. 2d 903 (9th Cir. 1958). Ähnlich im Steuerrecht: Auch hier ist die Entscheidung des trial court nur aufhebbar, soweit „clearly erroneous". Vgl. Fed.R.Civ.P. 52 (a). Siehe hierzu für viele United States v. United States Gypsum Co., 333 U.S. 364, 395 (1968).

6 Vgl. u. a. Arnold v. Phillips, 117 F. 2d 497 (5th Cir. 1941), cert.den. 313 U.S. 583 (1941); In re Eastern Erectors, inc., oben Fn. 5; In re Madeleine, Inc., 164 F. 2d 419 (2d Cir. 1947); Goldstein v. Wolfson, 132 F. 2d 624, 626 (2d Cir. 1943); International Tel. & Tel. Corp. v. Holton, 247 F. 2d 178, 182 (4th Cir. 1957); siehe auch Herzog & Zweibel, 15 Vand.L.Rev. 83, 93 ff.; Loiseaux, 38 Ref.J. 4, 7 (1964), der außerdem — allerdings im Zusammenhang mit der Erörterung von vertraglichem Rangrücktritt (siehe hierzu D 2 a bb (f)) — ausführt: "if the claimant treats this transaction as a capital contribution in fact, surely the bankruptcy court should do likewise."

7 Siehe hierzu D 1 b bb (a) u. D 2 a bb (a), ferner International Tel. & Tel. Corp. v. Holton, 247 F. 2d 178, 182 (4th Cir. 1957); Goldstein v. Wolfson, 132 F. 2d 624, 626 (2d Cir. 1943) für alle.

8 Vgl. u. a. Taylor v. Standard Gas & Elec. Co., 306 U.S. 307, 315 - 323 (1939); Pepper v. Litton, 308 U.S. 295, 311 (1939); Albert Richards Co. v. The Mayfair, 287 Mass. 280, 191 N.E. 430 (1934).

besonderer Umstände[9] Gesellschafteransprüche gleichrangig mit Drittgläubigerforderungen anerkannt[10]. In anderen Fällen ist nur teilweise Nachordnung erfolgt[11]. Andererseits finden sich Entscheidungen mit vollständiger oder teilweiser disallowance[12]. Darüber hinaus ist darauf hinzuweisen, daß oftmals Fehlverhalten der Gesellschafter oder der Gesellschaft — wenn auch an sich nicht für die Frage der Beurteilung der finanziellen Zuwendungen des Gesellschafters entscheidend — in die Entscheidungen der Konkursgerichte hineinspielt[13]. Insofern lassen sich keine in jedem Falle sicheren Regeln aufstellen. Im Grundsatz ist jedoch festzuhalten, daß das Gesellschafterdarlehen regelmäßig zumindest nachgeordnet wird, soweit es in tatsächlicher Hinsicht als Einlage beurteilt wird.

a) Die einschlägigen Grundsätze

Welche Maßstäbe für die Abgrenzung von Einlage und Darlehen im Tatsächlichen entscheidend sind, wird in der Rechtsprechung nur selten ausdrücklich hervorgehoben. Feste, allgemein anwendbare Regeln bestehen nicht. Entscheidend für die Beurteilung der Gesellschafterdarlehen sind stets die jeweiligen Umstände des Einzelfalles[14]. Die Rechtsprechung hat jedoch gewisse Testfragen und allgemeinere Grundsätze herausgebildet, die im folgenden behandelt werden sollen.

In diesem Zusammenhang erweist sich der Rückgriff auf steuerrechtliche Entscheidungen als besonders nützlich[15]. Der unterschiedliche Hin-

---

[9] Siehe hierzu D 2 a dd (c).

[10] Vgl. u. a. Spach v. Bryant, 309 F. 2d 886 (5th Cir. 1962).

[11] Vgl. u. a. In re Elec. Power & Light Corp., 176 F. 2d 687 (2d Cir. 1949).

[12] Siehe Braddy v. Randolph, 352 F. 2d 80 (4th Cir. 1965); Goldie v. Cox, 130 F. 2d 695 (8th Cir. 1942); In re Burntside Lodge, 7 F.Supp. 785 (D.Minn. 1934); Weyerhaeuser Co. v. Clark's Material Supply Co., Inc., 413 P. 2d 180 (S.Ct.Idaho 1966); Arnold v. Phillips, 117 F. 2d 497 (1941), cert.den. 313 U.S. 583 (1941); siehe auch Loiseaux, 38 Ref.J. S. 4 (1964), der allein disallowance als zulässig ansieht, soweit Gesellschafterdarlehen tatsächlich als Eigenkapital beurteilt werden. Der Gesellschafter sei hier nämlich überhaupt nicht Gläubiger. Anderenfalls wäre der Gläubiger u. a. immer noch auf der Gläubigerversammlung stimmberechtigt. Vgl. hierzu Schwartz v. Mills, 192 F. 2d 727 (2d Cir. 1950). Im praktischen Ergebnis schlägt sich allerdings der Unterschied zwischen subordination und disallowance meist nicht nieder (so auch Loiseaux).

[13] Vgl. u. a. Costello v. Fazio, 256 F. 2d 903, 910 (9th Cir. 1958); Taylor v. Standard Gas & Electric Co., 306 U.S. 307 (1939).

[14] Vgl. z. B. Herman v. Mobile Homes Corp., 26 N.W. 2d 757 (S.Ct.Mich. 1947); In re Ultimite Corp., 207 F. 2d 427 (2d Cir. 1953).

[15] Vgl. auch In the matter of Eastern Erectors, Inc., 346 F.Supp. 293, 295 (E.D.Penn. 1972), aff'd 485 F. 2d 679 (2d Cir. 1973): "While apparently being a novel issue in a bankruptcy context, this debt-equity issue has been extensively litigated under the Internal Revenue Act ... we find the analysis made in these various debt-equity cases helpful in deciding the issue presented."

tergrund von Steuer- und Konkurs- bzw. Gesellschaftsrecht schadet in diesem begrenzten Rahmen nicht. Die entscheidende Ausgangsfrage ist im Konkurs- und Steuerrecht dieselbe, nämlich, ob Gesellschafterdarlehen in tatsächlicher Hinsicht als Einlage oder Darlehen zu charakterisieren sind[16]. Ferner stimmen die anwendbaren Grundsätze und Kriterien im Steuer- und Konkursrecht überein[17]. Dies spiegelt sich auch darin wider, daß Konkursgerichte sich vielfach auf steuerrechtliche Entscheidungen, Steuergerichte sich auf Konkursurteile stützen[18]. Im übrigen sind die anwendbaren Kriterien im steuerrechtlichen Bereich schärfer umrissen worden[19]. Das steuerrechtliche Entscheidungsmaterial ist außerdem um ein Vielfaches reichhaltiger[20].

aa) Unterkapitalisierung

Die Konkursgerichte bewerten Gesellschafterdarlehen regelmäßig als Einlagen, wenn die in Frage stehende Gesellschaft unterkapitalisiert ist[21]. Dies gilt zumindest, soweit andere Umstände ebenfalls auf eine Einlage hindeuten[22]. Einige ältere Entscheidungen hatten demgegen-

[16] Vgl. Herzog-Zweibel, 15 Vand.L.Rev. auf S. 94 (1961); Gleick, 16 Bus.Law. 611, 620 (1961); vgl. auch § 166 I.R.C. (c); siehe ferner Jewell Ridge Coal Corp. v. Comm'r, 318 F. 2d 695, 699 (4th Cir. 1963). Die Tatsache, daß Steuergerichte als Ausgangspunkt vielfach die Frage stellen, ob eine „bona fide debtor-creditor relationship" beabsichtigt war, berührt die prinzipielle Identität des Abgrenzungsproblems nicht. a. A. Note, 55 Col.L.Rev. (1955) auf S. 1058 Fn. 33; Symposium, 52 Nw.U.L.Rev. (1957) auf S. 372.

[17] Vgl. u. a. Kraft Foods Co. v. Comm'r, 232 F. 2d 118, 125 (2d Cir. 1956) („each of these factual situations [in bankruptcy] has its tax counterpart"); Plumb, 26 TaxL.Rev. 369, 430 (1971); Immenga, S. 379 (hinsichtlich der Bestimmung der Unterkapitalisierung). Die Steuerentscheidung, Rowan v. United States, 219 F. 2d 51 (5th Cir. 1955), die bei der Feststellung der Unterkapitalisierung eine andere Betrachtungsweise als im Gesellschaftsrecht anwenden wollte, ist vereinzelt geblieben.

[18] Siehe z. B. United States v. Weissman, 219 F. 2d 837 f. (2d Cir. 1955); Spach v. Bryant, 309 F. 2d 886, 889 (5th Cir. 1962); Kraft Foods Co. v. Comm'r, 232 F. 2d 118, 119, 125 (2d Cir. 1956); Bijou — Pensacola Corp. v. United States, 172 F.Supp. 309 (N.D. Fla. 1959); Jewell Ridge Coal Corp. v. United States, 318 F. 2d 695, 699 (4th Cir. 1963).

[19] So auch Herzog-Zweibel, 15 Vand.L.Rev. auf S. 94 (1961).

[20] Caplin, N.Y.U. 117th Inst. on Fed.Tax. 771, 813 (1959), zählt etwa 100 Urteile zur debt-equity-Frage zwischen 1954 u. 1958. Hickman, 44 Taxes 883, 885 (1966) kommt auf 73 Entscheidungen für den Zeitraum von 1963 - 1966. Holzman, 47 Taxes 4 (1969) zitiert ca. 100 Entscheidungen, von denen ein Großteil auf die Jahre 1967 - 1968 entfällt.

[21] So u. a. L & M Realty Corp. v. Leo, 249 F. 2d 668 (5th Cir. 1962); Intern. Tel. & Tel. Corp. v. Holton, 247 F. 2d 178 (4th Cir. 1957); In re Regency, Inc., 96 F.Supp. 535 (D.N.J. 1951); Costello v. Fazio, 256 F. 2d 903 (9th Cir. 1958). Vgl. hierzu auch Krotinger, 42 Col.L.Rev. 1129 (1942); Symposium, 52 Nw. U.L.Rev. 368 (1957); Rembar, 39 Col.L.Rev. 915 (1939); Loiseaux, 38 Ref.J., S. 4 - 6 (1964); Clark, 90 Harv.L.Rev. 505, 534 (1977). Die Unterkapitalisierung führt also regelmäßig zur Nachordnung des Gesellschafterdarlehens. Entsprechend im deutschen Recht § 49 RegE und § 32 a des Regierungsentwurfs einer GmbH-Novelle v. 1977. Einschränkender die Rechtsprechung des BGH (u. a. BGHZ 31, 258).

über nur auf die extremen Fälle der rein nominellen Kapitalisierung abgestellt[23].

(a) Begründung des Kriteriums

Im allgemeinen finden sich keine Ausführungen zur Begründung dieses Kriteriums[24]. Eine Ausnahme stellt der Fall V. Loewer's Gambrinus Brewery Co. dar. Richter Learned Hand führte in dieser Entscheidung in seiner concurring opinion im wesentlichen folgendes aus[25]:

Im allgemeinen trügen Gläubiger wie Gesellschafter einen Teil des Geschäftsrisikos. Das Risiko des Gesellschafters sei jedoch größer. Dafür erhalte er aber die Unternehmensgewinne, wenn die Gesellschaft erfolgreich sei. Demgegenüber seien dritte Kreditgeber auf ihren Zinsanspruch beschränkt. Andererseits seien sie aber im Konkurs der Gesellschaft berechtigt, vor den Gesellschaftern befriedigt zu werden. Sei die Gesellschaft jedoch unterkapitalisiert, so beeinträchtigten die Gesellschafter diese Interessen- und Risikoverteilung und wälzten einen Teil des von ihnen zu tragenden Geschäftsrisikos auf die Drittgläubiger ab.

Die (beherrschenden bzw. kontrollierenden)[26] Gesellschafter könnten nämlich einerseits ihre Kontrollmacht benutzen, um die Geschäftsgewinne einzustreichen, andererseits setzten sie sich nur allgemeinen Gläubigerrisiken aus. Dies sei im Verhältnis zu dritten Gläubigern unbillig[27].

---

22 Siehe auch In re Eastern Erectors, Inc., 346 F.Supp. 293, 295 (E.D.Penn. 1972), aff'd 485 F. 2d 679 (2d Cir. 1973), wo die Auffassung des Referee in der Erstentscheidung, Unterkapitalisierung an sich reiche für subordination aus, als „overbroad“ bezeichnet wird. Vgl. ferner In re Brunner Air Compressor Corp., 187 F.Supp. 256, 262 (N.D.N.Y. 1968); In re Branding Iron Steak House, Bank.L.Rep. (CCH), No. 65, 983 (5th Cir., 24. 5. 1976); siehe auch die steuerrechtliche Entscheidung Rowan v. United States, 219 F. 2d 151 (5th Cir. 1955).

23 Dies geht zurück auf ein Diktum von Justice Douglas in Pepper v. Litton, 308 U.S. 295 (1939), wo allerdings die Frage der Unterkapitalisierung nicht zu entscheiden war. Vgl. ferner auch Brown v. Freedman, 125 F. 2d 151, 156 (1st Cir. 1942), wo im Anschluß an Pepper v. Litton ebenfalls nur auf „purely nominal capitalization“ abgestellt wird.

24 Vgl. hierzu grundsätzlich — allerding im Rahmen der Frage der Durchgriffshaftung — Note, 47 Temple L.Q. 321, 339 ff. (1974).

25 167 F. 2d 318 (2d Cir. 1948). Vgl. u. a. auch In the Matter of Sterling House, Inc., 356 F.Supp. 1114, 1116 f. (W.D.Va., 1973), wo die wesentlichen Ausführungen von Richter Learned Hand wörtlich zitiert sind. Soweit in V. Loewer's Gambrinus Brewery allerdings Gedanken anklingen, die auf generelle Nachordnung von Gesellschafterdarlehen bzw. auf ausnahmslose Nachordnung bei Unterkapitalisierung hindeuten, hat sich die spätere Rechtsprechung diesem Urteil nicht angeschlossen. Vgl. u. a. Comstock v. Group of Institutional Investors, 335 U.S. 211, 230 (1948).

26 Vgl. hierzu D 2 a ee.

27 Auch die Rechtsprechung im deutschen Recht geht davon aus, daß das aus der Unterkapitalisierung fließende — atypische — Risiko nicht von den

In der Steuerrechtsprechung, wo das Abgrenzungskriterium der Unterkapitalisierung ebenfalls allgemein anerkannt ist[28], findet sich heute vorwiegend folgende Begründung[29], die grundsätzlich auch auf das Konkursrecht übertragbar sein könnte:

Die Ausstattung mit Eigenkapital indiziere, inwieweit die Gesellschafter tatsächlich mit einer Rückzahlung der fraglichen Darlehen rechneten[30]. Das Eigenkapital stelle nämlich ein Polster gegen Verluste und Wertminderungen von Gesellschaftseigentum dar. Sei das Eigenkapital gering, so erhöhe sich das Risiko für die Unternehmung[31], somit möglicherweise auch für den Kreditgeber Dabei könne im Einzelfall das durch die Unterkapitalisierung bedingte Risiko derart sein, daß die Gesellschafter vernünftigerweise nicht mit einer Rückzahlung des Darlehens rechnen könnten. Mangele es jedoch tatsächlich an der Rückzahlungserwartung, so habe das Darlehen faktisch Eigenkapitalfunktion, d. h. es stelle eine Einlage dar.

Darlehen und Einlage werden also anhand des Risikos der Kreditvergabe abgegrenzt, wobei die Höhe des Eigenkapitals Gradmesser des Risikos ist.

Die dargestellten Begründungen des Kriteriums der Unterkapitalisierung unterscheiden sich deutlich. Einerseits wird auf Risikoabwälzung und Billigkeitsgesichtspunkte, andererseits auf das Risiko der Kreditvergabe abgestellt. Beide Ansätze lassen sich allerdings bis zu einem gewissen Grade harmonisieren.

Auch die steuerrechtliche Begründung geht nämlich von einer Risikoerhöhung der Kreditgeber einer unterkapitalisierten Gesellschaft aus. Ferner könnte man die Nachordnung von Gesellschafterdarlehen im

---

Drittgläubigern zu tragen sei (vgl. BGH WM 1972, 74). Zustimmend Geßler, BB 1971, 168; Lutter, S. 68; Westermann, S. 29; Wüst, S. 17.

28 Vgl. für alle Montclair, Inc. v. Comm'r, 318 F. 2d 38 (5th Cir. 1963).

29 Siehe u. a. Barnes Theatre Ticket Service, Inc., 26 T.C.M. 1290, 1295 (1967); Ackerson v. United States, 277 F.Supp. 475, 477 (W.D.Ky. 1967); Northeastern Consolidated Co. v. United States, 279 F.Supp. 592, 595 (N.D.Ill. 1967), aff'd, 406 F. 2d 76 (7th Cir. 1969) cert.den. 396 U.S. 819 (1969). Siehe eingehend hierzu auch Plumb, 26 TaxL.Rev. 369, 507 ff., insbes. S. 512 f. Vgl. in diesem Zusammenhang auch die Konkursentscheidung In re Eastern Erectors, Inc., 346 F.Supp. 293, 295 (E.D.Penn. 1972), aff'd 485 F. 2d 679 (2d Cir. 1973), wo auf die Steuerrechtsprechung Bezug genommen wird. Siehe auch Loiseaux, 38 Ref.J. 4, 7 (1964).

30 Vgl. zum Abgrenzungskriterium der Rückzahlungserwartung D 2 a bb (c). Siehe ferner D 2 a aa (b) (cc) zum Verschuldungsgrad.

31 Bereits die betriebswirtschaftliche Untersuchung von Lyon, S. 64 - 67 (1916!) kam — vereinfacht — zum Ergebnis, daß bei extensiver Fremdfinanzierung eine rückläufige Geschäftsentwicklung zu einem überproportionalen Sinken der Nettoeinkünfte führt. Bei extensiver Fremdfinanzierung sind also das Unternehmen an sich sowie die Kapitaldienstfähigkeit im allgemeinen stärker gefährdet.

Hinblick auf equity-Grundsätze wie folgt begründen: Es ist unbillig, daß Gesellschafterdarlehen, deren Rückzahlung von den Gesellschaftern praktisch nicht erwartet wird, die insofern also Eigenkapitalfunktion besitzen, den Anspruch dritter Gläubiger schmälern; wenn die Gesellschafter dem Darlehen selbst wirtschaftlich Einlagecharakter beimessen, sollten sie vom Gericht hieran festgehalten werden und sich nicht auf die formelle Bezeichnung der Mittel als Darlehen berufen dürfen.

Wie angedeutet, läßt sich allerdings der Standpunkt der Konkursgerichte zur Begründung des Abgrenzungskriteriums nicht näher bestimmen, da sich prinzipielle Aussagen — dies gilt auch für das Schrifttum — im wesentlichen nicht finden.

(b) Bestimmungskriterien

Im Grundsatz ist eine Gesellschaft für unterkapitalisiert gehalten worden, wenn die Eigenkapitalausstattung vom Standpunkt eines vorsichtigen („reasonably prudent") Dritten mit einer allgemeinen Kenntnis des Unternehmens und seiner Geschäftsrisiken als unangemessen gelten muß[32].

Über einen derart weiten und für die konkrete Rechtsanwendung im Einzelfall wenig ergiebigen Grundsatz hinaus sind von Rechtsprechung und Lehre jedoch keine sicheren Kriterien entwickelt worden, an denen sich die Frage der Angemessenheit der Kapitalausstattung eindeutig entscheiden ließe[33]. Vielmehr bemißt sich diese Frage jeweils ausschließlich nach den Umständen des Einzelfalles[34], wobei im Rahmen der Beweiserhebung und Beweiswürdigung vielfach Sachverständige eingeschaltet werden[35].

Nur in krassen Ausnahmefällen ist dabei die Unterkapitalisierung offensichtlich. So war der Gemeinschuldner in International Tel. & Tel. Corp. v. Holton[36] mit einem Eigenkapital von $ 1.500,— ausgestattet,

---

[32] Vgl. Lattin, S. 77, 78; vgl. auch Rembar, 39 Col.L.Rev. 915 (1939): "The capital is inadequate if from the point of view of a businessman or a financial analyst, it is not sufficient to run a business of that size and nature." Ähnlich die allgemeine Definition der Unterkapitalisierung im deutschen Recht. Vgl. für alle BGHZ 31, 258, 268. Ebenso die deutsche betriebswirtschaftliche Literatur. Siehe u. a. Fettel, S. 30.

[33] Siehe auch Lattin, Jennings, Buxbaum, S. 152: "... Of course, there are no abstract tests and definite formulae." Siehe auch Riemer, 73 Com.L.J. 273, 275 (1968).

[34] Vgl. auch Latty, 136 f.: "What is inadequate capital is ... not subject to a test which can be applied to each and every situation."

[35] So z. B. in Costello v. Fazio, 256 F. 2d 903 (9th Cir. 1958); In the Matter of Lumber, Inc., 124 F.Supp. 302 (D.Ore. 1954); siehe auch Loiseaux, 38 Ref.J. auf S. 6 (1964).

[36] 247 F. 2d 178 (4th Cir. 1957); vgl. auch Braddy v. Randolph, 352 F. 2d 80, 82 (4th Cir. 1965).

einer Summe, die noch nicht einmal die Gründungskosten deckte. Demgegenüber belief sich die Verschuldung der Gesellschaft auf $ 565.000,—.

Abgesehen von solchen Ausnahmefällen, können den Entscheidungen nur allgemeine Prinzipien und Testfragen zur Ermittlung der Angemessenheit des Kapitals entnommen werden. Angesichts der Rechtsunsicherheit in der hier relevanten Frage wird den Gesellschaftern, Gründern und Geschäftsführern im Schrifttum meist angeraten, so viele von den folgenden Testkriterien wie möglich zu erfüllen[37].

(aa) Vergleich mit Unternehmen gleicher Art und Größe

Als ein — wenn auch nicht ausschließlicher — Maßstab für die Angemessenheit der Eigenkapitalausstattung ist in der konkursrechtlichen Literatur teilweise ein Vergleich zwischen der fraglichen Gesellschaft und Unternehmen vergleichbarer Art und Größe vorgeschlagen worden[38].

Die Rechtsprechung hat ein solches Kriterium nicht ausdrücklich anerkannt, jedoch — vor allem in steuerrechtlichen Entscheidungen — vielfach Bezug auf Finanzierungsgewohnheiten, Eigenarten und Bedürfnisse der Branche genommen[39]. Dabei haben die Gerichte indessen nicht verkannt, daß innerhalb einer Branche das notwendige Eigenkapital je nach Art des geplanten Geschäftsbetriebs sehr unterschiedlich sein kann[40].

Vor allem im Schrifttum ist darauf hingewiesen worden, daß der Maßstab der Branchenüblichkeit bzw. der Vergleichbarkeit der Kapitalisierung im Verhältnis zu ähnlichen Unternehmen mit erheblichen

[37] So z. B. Symposium, 52 Nw.U.L.Rev. S. 369 (1957).

[38] Vgl. Rembar, 39 Col.L.Rev. 915 (1939); Krotinger, 42 Col.L.Rev. 1128, 1129 (1942); einschränkend Symposium, 52 Nw.U.L.Rev. 369 (1957); siehe auch Latty, S. 136: "Conceivably, the law might allow, without penalty, such non-capital contributions as would be available to similar corporations in similar circumstances through the ordinary commercial and financial channels, unaided by any bolstering from the proprietary interests." Vgl. auch Formel bei Clary, 47 Taxes 682, 692 f. (1969). Dieser Maßstab wurde auch in Deutschland im Rahmen des nunmehr gestrichenen § 3 KVStG von der Rechtsprechung als Indiz verwendet. Vgl. u. a. BFH 98, 59. Aus der steuerrechtlichen Literatur siehe u. a. Kamprad FR 1970, 446 f. Auf dem Branchenvergleich beruht auch der handelsrechtliche Reformvorschlag von Winter, S. 122.

[39] Aus der Steuerrechtsprechung vgl. z. B. Scotland Mills, Inc., 24 T.C.M. 265, 273 (1965), wo das Gericht Sachverständige zur Frage hörte, ob die Gesellschaft nach den Maßstäben der Branche angemessen kapitalisiert sei; vgl. ferner Michael Cohen, 3 T.C.M. 236, 238 (1944), aff'd 148 F. 2d 336 (2d Cir. 1945); Murphy Logging Co. v. U.S., 239 F.Supp. 794, 797 (D.Ore. 1965), rev'd, 378 F. 2d 222 (9th Cir. 1967); John Lizak, Inc., 28 T.C.M. 804, 808 (1969); Liflans Corp. v. United States, 390 F. 2d, 965, 971 (Ct.Cl. 1968); Mulder Bros., Inc., 26 T.C.M. 217, 228 (1967); Tomlinson v. 1661 Corp., 377 F. 2d 291, 299 n. 18 (5th Cir. 1967); Fin Hay Realty Co. v. U.S., 398 F. 2d 694, 701 (dissenting opinion) (3d Cir. 1968); W. H. Treuschel, 29 T.C. 433, 439 (1957); Bijou — Pensacola Corp. v. U.S., 172 F.Supp. 309 (N.D.Fla. 1959).

Anwendungsschwierigkeiten verbunden sein kann. Zwar komme der Tatsache, daß vergleichbare Unternehmen mit höherer Eigenkapitalausstattung — anders als die fragliche Gesellschaft — nicht in finanzielle Schwierigkeiten gerieten, durchaus Indizfunktion zu[41]; möglicherweise gebe es im Einzelfall wirklich vergleichbare Unternehmen aber nicht. Soweit ein außerbetrieblicher Vergleich möglich sei, bestehe die Schwierigkeit, zu ermitteln, ob das Bezugsunternehmen gesund finanziert sei[42]. Auch sei der Erfolg eines Unternehmens nicht allein von der Kapitalstruktur, sondern daneben von anderen Faktoren, wie den Fähigkeiten der Unternehmensleitung, abhängig. Insgesamt eigne sich daher ein Vergleich mit ähnlichen Unternehmen nur als grober Anhaltspunkt für die Kapitalstruktur bei der Gesellschaftsgründung.

Die Bedenken gegenüber dem Branchenvergleich bzw. dem Vergleich mit ähnlichen Unternehmen sind begründet. Ein solcher Maßstab kann zwar durchaus gewissen Aufschluß über die Angemessenheit der Kapitalstruktur einer Gesellschaft geben und u. U. in gewissen Branchen auch praktikabel sein. Einer allgemeinen oder alleinigen Verwendung dieses Kriteriums stehen jedoch vor allem erhebliche praktische Bedenken entgegen. So besteht bereits die Schwierigkeit, Daten über ähnliche Unternehmen zu erlangen, zumal nur sehr wenige close corporations ihre finanziellen Interna offenlegen[43]. Soweit statistisches Material vorliegt, kann es durchaus problematisch sein, im Wesentlichen vergleichbare Unternehmen zu bestimmen, dabei aber auch die Besonderheiten der fraglichen Gesellschaft angemessen zu berücksichtigen. Bei mehreren unterschiedlichen statistischen Erhebungen fragt es sich, welche maßgeblich sein sollen. Die praktische Durchführung des Vergleichs anhand betriebsinterner Unterlagen kann dabei erheblich durch Unterschiede in Bewertung und Rechnungswesen erschwert werden. Ferner entsteht die Frage, welche Abweichungen von der idealen Sollgröße zulässig sein sollen.

Außerdem sind auch andere Faktoren — nicht allein die Höhe der Eigenmittel — für die Frage der Kapitalisierung von Bedeutung. Letztlich entscheidend im Hinblick auf eine Gefährdung der Gläubiger ist nämlich nicht so sehr die Kapitalstruktur, isoliert betrachtet, sondern die Ertragslage der Gesellschaft[44], die unter anderem sehr stark von

---

40 Vgl. aus der Steuerrechtsprechung Scotland Mills, Inc. 24 T.C.M. 265, 272 (1965); Security Finance & Loan Co v. Koehler, 210 F.Supp. 603, 605 (D.Kan. 1962).

41 Vgl. Symposium, 52 Nw.U.L.Rev. 369, dort Fn. 17 (1957).

42 Das gleiche Argument bringt Kamm, S. 43, gegenüber der Anwendung des Branchenvergleichs in Deutschland vor.

43 Hierauf wird auch in Note, 22 Stan.L.Rev. 847, 854 (1970) hingewiesen.

44 Vgl. näher hierzu u. a. auch D 2 a bb (c). Auch in der modernen Betriebswirtschaftslehre wird bei der Beurteilung der Finanzstruktur vielfach

den Fähigkeiten der Unternehmensleitung, know-how und Geschäftsbeziehungen abhängt.

Schon insoweit wird dem Kriterium des Vergleichs mit ähnlichen Unternehmen bzw. mit Unternehmen der Branche in der Rechtsprechung zutreffend praktisch nur die Rolle eines Indizes für die Angemessenheit der Eigenkapitalausstattung eingeräumt. Diese Bewertung ist aber um so mehr — ausgeprägter noch im Handels- als im Steuerrecht — auch insofern angebracht, als die fraglichen Personen und Gesellschaften im Rahmen dieses Kriteriums selbst den Maßstab ihres Handelns setzen[45]. Die übliche Kapitalstruktur ist keineswegs notwendig mit „gesunder" bzw. „gebotener" Kapitalisierung gleichzusetzen[46]. Unseriöse Finanzierungsmethoden werden nicht dadurch angemessen, daß sie üblich sind oder vergleichbare Unternehmen entsprechend verfahren.

(bb) Möglichkeit der Kreditaufnahme von Dritten

Ein weiteres Testkriterium stellt darauf ab, ob die Gesellschaft die ihr tatsächlich vom Gesellschafter zugeführten Mittel auch von unabhängigen Dritten[47] hätte erhalten können[48]. Soweit dies nicht der Fall

---

mit einer Gegenüberstellung des Gewinns, der dabei zum cash flow erweitert wird, und langfristiger Verschuldung gearbeitet; vgl. hierzu Gutenberg, Finanzen, S. 225; auch Steffen, S. 208.

45 Vgl. hierzu auch Plumb, 26 TaxL.Rev. auf S. 508 (1971), der bestimmte steuerrechtliche Entscheidungen insofern kritisiert, als sie extrem hohe Verschuldungsgrade als branchenüblich rechtfertigen, obwohl diese Verschuldungsgrade wiederum maßgeblich auf Steuervorteile bei hoher Verschuldung zurückzuführen waren; vgl. ferner die Kritik Wiedemanns am Branchenvergleich im deutschen Recht, S. 31 f.

46 Dabei steht außer Zweifel, daß die Branchenverhältnisse und dabei z. B. auch die übliche Kapitalausstattung neben Faktoren wie den typischen Risiken und sonstigen Erfahrungswerten für die Beurteilung der Kapitalstruktur der fraglichen Gesellschaft durch das Gericht von Bedeutung sind. Es wird auch nicht verkannt, daß die Überzeugungen und Gewohnheiten, die sich unter den Kaufleuten einer bestimmten Branche gebildet haben, durchaus „normativ" wirken können (vgl. auch das Kriterium des „ordentlichen Kaufmanns" in § 49 RegE u. § 32 a Regierungsentwurf 1977). Die dargestellten Bedenken richten sich vielmehr gegen die ausschließliche und allgemeinverbindliche Anwendung des fraglichen Kriteriums.

47 Es wird vom „disinterested lender", teilweise auch von „informed outside sources" oder „outside lending institutions" gesprochen.

48 Vgl. im konkursrechtlichen Schrifttum: Rembar, 39 Col.L.Rev. 916 (1939); Krotinger, 42 Col.L.Rev. 1124, 1129, 1131 (1942); einschränkender Symposium, 52 Nw.U.L.Rev. 345 (1957); siehe hierzu im steuerrechtlichen Schrifttum: Schlesinger, 5 U.Fla.L.Rev. 374 (1952); Stone, 42 Tul.L.Rev. 251, 261 (1968); Hickman, 40 Taxes 974, 987 ff. (1962); Plumb, 26 TaxL.Rev. 369, 530 ff. (1971). Im deutschen Gesellschaftsrecht ist dieses Kriterium von Erlinghagen (GmbHR 1962, 184) zur Bestimmung der Angemessenheit der Kapitalisierung vorgeschlagen worden. Siehe auch Geßler, BB 1971, 668, sowie Fessler, S. 152. Die Rechtsprechung zum Kapitalverkehrsteuerrecht hat diesem Kriterium Indizfunktion zuerkannt, vgl. BFH 104, 148 (std. Rspr.).

ist, besteht ein Indiz für unzureichende Kapitalisierung der Gesellschaft[49].

Die Beurteilung der finanziellen Situation der Gesellschaft, die der Kreditvergabe durch Dritte zugrunde liegt, wird somit als Anhaltspunkt für die Frage der Angemessenheit der Kapitalstruktur gewertet. Durch diese Verlagerung des Beurteilungsstandpunktes auf einen Dritten soll eine Objektivierung der unternehmerischen Finanzierungsentscheidung bewirkt werden[50]. Daneben ist die Frage, ob Kredite von dritter Seite zur Verfügung standen, unter dem Aspekt der Liquidität bedeutsam; soweit genügend Fremdmittel zu angemessenen Bedingungen aufgenommen werden können, ist der Kapitaldienst regelmäßig nicht gefährdet.

Das hier fragliche Testkriterium ist von den Steuergerichten ausdrücklich anerkannt[51] und vielfach verwendet worden[52]. Im konkursrechtlichen Schrifttum ist die Kreditaufnahmemöglichkeit von dritter Seite an einer Stelle sogar als allein praktikabler Maßstab bezeichnet worden[53]. Demgegenüber haben die Konkursgerichte das hier fragliche

[49] Teilweise — das gilt vorwiegend für das Steuerrecht — wird die Kreditaufnahmemöglichkeit von Dritten allerdings nicht unmittelbar bzw. nicht ausdrücklich als Kriterium der Kapitalisierung gesehen, sondern generell als Maßstab zur Beantwortung der Ausgangsfrage der Abgrenzung von Eigenkapital und Darlehen nach der „realen Substanz" der Transaktion zwischen Gesellschaft und Gesellschafter benutzt. Dabei spielt dann allerdings wiederum die finanzielle Situation der Gesellschaft die entscheidende Rolle. Vgl. z. B. Plumb, 26 TaxL.Rev. 369, 530 (1971).

[50] Vgl. ebenso Rothenberg, 38 Brooklyn L.Rev. 95, 104 (1971); Plumb, 26 TaxL.Rev. 369, 530 (1971).

[51] Vgl. u. a. Montclair, Inc. v. Comm'r, 63-1 U.S.T.C. Nr. 9489, 318 F. 2d 38 (5th Cir. 1963); L. Lundgren et al v. Comm'r, 67-1 U.S.T.C. Nr. 9389 (1967); Berkowitz v. United States, 69-1 U.S.T.C. Nr. 9398, 411 F. 2d 818, 820 (5th Cir. 1969); Austin Village, Inc. v. U.S., 432 F. 2d 741, 745 (6th Cir. 1970).

[52] Vgl. z. B. Matthiessen v. Comm'r, 16 T.C. 781, 786, aff'd 194 F. 2d 659 (2d Cir. 1952); Sam Schnitzer, 13 T.C. 43 (1949), aff'd 183 F. 2d 70 (9th Cir. 1950), cert.den., 340 U.S. 911 (1951); Road Materials, Inc. v. C.I.R., 407 F. 2d 1121 (4th Cir. 1969); Silver Brand Clothes, Inc., Nr. 72,060 P-H MemoTC (1972); Gardens of Faith, Inc., 23 T.C.M. 1045, 1060 (1964), aff'd, 345 F. 2d 180 (4th Cir. 1964), cert.den. 382 U.S. 927 (1965); J. A. Maurer, Inc., 30 T.C. 1273, 1290 (1958); J. V. Reed, 14 T.C.M. 455, 460 (1955), aff'd, 242 F. 2d 334 (2d Cir. 1957); Northeastern Consolidated Co. v. U.S., 279 F.Supp. 592, 596 (N.D.Ill. 1967), aff'd, 406 F. 2d 76 (7th Cir. 1969), cert.den., 396 U.S. 819 (1969), sowie die in den folgenden Fußnoten aufgeführten Entscheidungen.

[53] Note, 47 Col.L.Rev. 800, 806 (1947). Siehe aber die Bedenken im konkurs- und steuerrechtlichen Schrifttum: Symposium, 52 Nw.U.L.Rev. 345 (1957); Plumb, 26 TaxL.Rev. 531 (1971); ALI, Income Tax Problems of Corporations and Shareholders, 410 (Report of Working Views of Staff, 1958); Schlesinger, 5 U.Fla.L.Rev. 355, 374 (1952); Note, 22 Stan.L.Rev. 854 f. (1970), nach dessen Autor sich Unternehmen zur eigenen Absicherung u. U. Erklärungen unabhängiger Dritter geben lassen könnten, worin die Kreditbereitschaft zu angemessenen Bedingungen zugesichert wird. Dann würde die Würdigung der Beziehungen des Dritten zur Gesellschaft akut, da der Dritte die Erklärung u. U. lediglich im Hinblick auf gute Geschäftsbeziehungen oder u. U.

Abgrenzungskriterium — soweit ersichtlich — bislang nicht ausdrücklich verwendet[54].

In den steuerrechtlichen Entscheidungen wird dem fraglichen Kriterium im einzelnen recht unterschiedliches Gewicht beigemessen. Neben vielen Urteilen, die der mangelnden Kreditaufnahmemöglichkeit ausschlaggebende Bedeutung bei der Bewertung von Darlehen als Einlagen beimaßen[55], finden sich etliche Entscheidungen, die hierin nur ein negatives Indiz sahen, das durch andere Momente neutralisiert wurde[56]. Vereinzelt sind erfolglose Kreditanträge aber nicht einmal als Indiz für Unterkapitalisierung, sondern geradezu als positiver Beweis dafür gewertet worden, daß die Gesellschafter tatsächlich intendierten, der Gesellschaft als Gläubiger gegenüberzutreten[57]. Andere Entscheidungen haben Gesellschafterdarlehen als solche anerkannt, obwohl kein unabhängiger Dritter den Kredit gewährt hätte[58].

Soweit der Gesellschaft tatsächlich Kredite von dritter Seite eingeräumt wurden, deren Bedingungen denen des Gesellschafterdarlehens in etwa entsprachen, ein Rangrücktritt des Gesellschafterkredites nicht vereinbart war und die Gesellschafter sich für den in Frage stehenden Drittkredit nicht verbürgt hatten, ist dies weitgehend als abschließender Beweis für den Darlehenscharakter der Gesellschafterdarlehen erachtet worden[59]. Wurde jedoch noch nicht einmal der Versuch unternommen,

---

eine für eine solche Erklärung zu entrichtende Bearbeitungsgebühr abgeben könnte. Vgl. zu diesem Problem auch John Lizak, Inc., 28 T.C.M. 804, 808 (1969), wo die Aussage der Bank, sie wäre zur Kreditvergabe bereit gewesen, als unglaubwürdig zurückgewiesen wurde; ferner Murphy Logging Co. v. United States, 239 F.Supp. 794, 797 (D.Ore. 1965), rev'd, 378 F. 2d 222 (9th Cir. 1967) („just another instance in which a bank officer stretched the truth for a good customer on facts that did not and probably would never occur").

54 Allerdings verweist das Konkursgericht In re Eastern Erectors, Inc., 346 F.Supp. 293, 295 (E.D.Penn. 1972), aff'd 485 F. 2d 679 (2d Cir. 1973) auf die steuerrechtlichen Testfragen, u. a. auch auf den „independent lender test".

55 Vgl. die in Fn. 49 aufgeführten Entscheidungen.

56 Vgl. für viele Tomlinson v. 1661 Corp., 377 F. 2d 291, 299 f. (5th Cir. 1967); Lundgren v. Comm'r, 376 F. 2d 623, 626 (9th Cir. 1967).

57 Austin Village, Inc. v. U.S., 296 F.Supp. 382, 394 (N.D. Ohio 1968), rev'd, 432 F. 2d 731 (6th Cir. 1970) („when the shareholders were required to advance funds to compensate for their inability to acquire permanent financing it would be reasonable for such advances to have been intended to be true loans"); Sherry Park, Inc. v. U.S., 64-2 U.S.T.C. Nr. 9681 (S.D.Fla. 1964).

58 Vgl. u. a. Lundgren v. Comm'r, 376 F. 2d 623, 626 (6th Cir. 1967); Jack Daniel Distillery v. United States, 379 F. 2d 569, 584 (Ct.Cl. 1967); Santa Anita Consolidated, Inc., 50 T.C. 536, 553 (1968). Diese Urteile berufen sich schlicht darauf, daß der Darlehenscharakter nicht dadurch negiert wird, daß Bankkredite nicht zu Verfügung standen.

59 Vgl. Jack Daniel Distillery v. U.S., 379 F. 2d 569, 582 (Ct.Cl. 1967); Haley v. U.S., 60-1 U.S.T.C. Nr. 9169 (D.Ore. 1959); Sylvan Makover, 26 T.C.M. 288, 294 (1967); Oak Motors, Inc., 23 T.C.M. 520, 522 f. (1964); Charles E. Curry, 43 T.C. 667, 681, 688 f. (1965).

Kredite von Dritten aufzunehmen, so sind Gesellschafterdarlehen meist als Eigenkapital behandelt worden[60].

Bei der Anwendung des fraglichen Kriteriums hat sich der Steuerrechtsprechung das grundsätzliche Problem gestellt, auf welche unabhängigen dritten Kreditgeber überhaupt abzustellen ist. Die Entscheidungen stimmen hierbei zwar insoweit überein, als die Kreditmöglichkeiten der Gesellschaft nicht in jedem Fall an den Bedingungen von Kreditinstituten zu messen sind[61]. Darüber hinaus ist die Rechtsprechung jedoch sehr uneinheitlich. Teilweise haben die Gerichte gesagt, daß Eigenkapital vorliegt, wenn kein verantwortungsbewußter Bankier oder Geschäftsmann einen derartigen Kredit gewährt hätte[62]. Überwiegend scheint die Steuerrechtsprechung aber dahin zu tendieren, auf den Standpunkt eines „reasonable man“[63] abzustellen, wohl um kleinere Unternehmen, die zwar an sich kreditwürdig sind, aber nur beschränkten Zugang zum Kapitalmarkt haben, nicht zu benachteiligen[64]. Dabei wird das Schwergewicht der Beurteilung nicht so sehr darauf gelegt, ob Kredite tatsächlich zur Verfügung standen, sondern ob das

---

60 Vgl. Martin M. Dittmar, 23 T.C. 789, 797 (1955).

61 Siehe z. B. Motel Co., 22 T.C.M. 825, 833 (1963), aff'd (andere Frage), 340 F. 2d 445 (2d Cir. 1965): "But it does seem to us that shareholders need not be as hardnosed as bankers, that is, that in some circumstances they make a bona fide loan where a banker would not." Bordo Products Co. v. U.S. 476 F. 2d 1312 (Ct.Cl. 1973); Charles E. Curry, 43 T.C. 667, 681 (1963); siehe jedoch O.H. Kruse Grain & Milling v. Comm'r, 279 F. 2d 123, 126 (9th Cir. 1960) („very few financial institutions would lend“); unbestritten ist jedenfalls, daß die Anerkennung von Gesellschafterdarlehen nicht stets und unbedingt ausgeschlossen ist, wenn Kredite von Kreditinstituten nicht zur Verfügung stehen; vgl. für viele American Processing & Sales Co. v. United States, 371 F. 2d 842, 852 (Ct.Cl. 1967); Jack Daniel Distillery v. U.S., 379 F. 2d 569, 584 (Ct.Cl. 1967); Lundgren v. C.I.R., 376 F. 2d 623 (9th Cir. 1967).

62 Vgl. Arlington Park Jockey Club v. Sauber, 164 F.Supp. 576, 586 (N.D.Ill. 1958), aff'd, 262 F. 2d 902 (7th Cir. 1959); siehe jedoch Wynnefield Heights, Inc., 25 T.C.M. 953, 960 (1966). Hierbei wird somit nicht allein auf die finanziellen Verhältnisse des Unternehmens abgestellt, sondern auch auf die Umstände wie die Gewährung von Sicherheiten, Laufzeit, Zinssatz usw., die zwar auch Ausdruck der Finanzlage der Gesellschaft sein können, aber nicht müssen; vgl. zur Vergleichbarkeit u. a. Northeastern Consolidated Co. v. United States, 406 F. 2d 76, 78 (7th Cir. 1969), cert.den., 396 U.S. 819 (1969); Foresun, Inc v. Comm'r, 348 F. 2d 1006, 1009 (6th Cir. 1965); Wood Preserving Corp. v. U.S., 347 F. 2d 117, 119 (4th Cir. 1965); O.H. Kruse Grain & Milling v. Comm'r, 279 F. 2d 123, 126 (9th Cir. 1960); Motel Corp., 54 T.C. 1433, 1438 (1970); John Lizak, Inc., 28 T.C.M. 804, 808 (1969); John Town, Inc., 46 T.C. 107, 131 (1966), aff'd, 67-1 U.S.T.C. Nr. 9462 (7th Cir. 1967); 2554 - 58 Creston Corp., 40 T.C. 932, 937 (1963); Swoby Corp., 9 T.C. 887, 894 f. (1947).

63 Vgl. auch Rothenberg, 38 Brooklyn L.Rev. 95, 103 f. (1971): "This is a specialized version of the reasonably prudent man test so well known to the law." Ferner Plumb, 26 TaxL.Rev. 369, 532 (1971); Hickman, 40 Taxes 974, 988 (1962); siehe aber Dillin v. U.S., 433 F. 2d 1097, 1110 (5th Cir. 1970) („lending institutions“).

64 Vgl. auch Plumb, oben Fn. 63, S. 531; ALI, Income Tax Problems of Corporations and Shareholders, 410 (Report of Working Views of Staff, 1958).

Gesellschafterdarlehen und seine Bedingungen mit den allgemeinen Grundsätzen und Anforderungen der Finanz- und Geschäftswelt in Einklang steht[65]. Auch hier ist die Rechtsprechung allerdings nicht ganz einheitlich.

Einige Gerichte vertreten die Auffassung, daß ein „Gesellschafter-Gläubiger" der Gesellschaft grundsätzlich günstigere Bedingungen offerieren könne, ohne daß hierdurch der Darlehenscharakter der Kredite beeinträchtigt werde[66]. Teilweise sind insofern Darlehen selbst dann anerkannt worden, wenn Kredite Dritter nur zu einem für die Gesellschaft kaum tragbaren Zinssatz zur Verfügung standen[67]. In anderen Urteilen wird demgegenüber ein erheblich strengerer Beurteilungsmaßstab angelegt[68].

Bei der Beurteilung von Kreditvergabebedingungen durch die Gerichte ist es in aller Regel von großer Bedeutung gewesen, ob Dritte auf einem Rangrücktritt der Gesellschafterforderungen[69], zusätzlichen nachrangigen Gesellschafterdarlehen[70] oder der Einräumung von Sicherheiten bestanden bzw. bestanden hätten[71]. Aber auch in dieser Frage ist die Rechtsprechung der Steuergerichte keineswegs einheitlich. So finden sich Entscheidungen, die Gesellschafterdarlehen trotz vertraglichen Rangrücktritts gegenüber Drittkrediten anerkannt haben[72]. Auch sind

---

[65] Siehe Nassau Lens Co. v. Comm'r, 308 F. 2d 39, 46 (2d Cir. 1962); Tomlinson v. 1661 Corp., 377 F. 2d 291, 299 f. (5th Cir. 1967).

[66] Vgl. C. M. Gooch Lumber Sales Co., 49 T.C. 649, 659 (1958) („where debtor and creditor are related, the lender might understandably offer more lenient terms than could be secured elsewhere"); vgl. auch Stapleton, 20 Tax Executive 6, 13 (1967).

[67] Tomlinson v. 1661 Corp., 377 F. 2d 291, 299 - 300 (5th Cir. 1967); Medical Tower, Inc. v. U.S., 69-1 U.S.T.C. Nr. 9305 (E.D.Va. 1969).

[68] McSorley's, Inc. v. U.S., 63-1 U.S.T.C. Nr. 9231 (D.Colo. 1962), aff'd, 323 F. 2d 900 (10th Circ. 1963) (Drittkredit bei Sicherheistsleistung und einem Zinssatz v. 12 % möglich, Gesellschafter verlangten 4 % ohne Sicherheit); Motel Corp., 54 T.C. 1433, 1438 (1970) (Dritte verlangten 13 - 14 %, Gesellschafter nahmen 5,5 % Zinsen); 2554 - 58 Creston Corp., 40 T.C. 932, 937 (1963) (Dritte verlangten 18 %, Gesellschafter nahmen 10 % Zinsen); vgl. ferner: S. P. Realty Co., 27 T.C.M. 764, 767 (1968); Curry v. U.S., 396 F. 2d 630, 634 (5th Cir.), cert.den., 393 U.S. 967 (1968).

[69] Tyler v. Tomlinson, 414 F. 2d 844, 848 (5th Cir. 1969); Affiliated Research, Inc. v. U.S., 351 F. 2d 646, 648 - 50 (Ct.Cl. 1965); P.M. Finance Corp. v. Comm'r, 302 F. 2d 786, 787 f. (3d Cir. 1962); Foresun, Inc. v. Comm'r, 348 F. 2d 1006, 1009 (6th Cir. 1965); hinsichtlich der Frage des Rangrücktritts als eigenständigem Abgrenzungskriterium siehe D 2 a bb (f).

[70] Harkins Bowling, Inc. v. Knox, 164 F.Supp. 801, 807 (D.Minn. 1958); Christie Coal & Coke Co., 28 T.C.M. 498, 521 (1969); Leonard Lundgren, 24 T.C.M. 1753, 1757 (1965), rev'd, 376 F. 2d 623 (9th Cir. 1967); George J. Schaefer, 24 T.C. 638, 643, 649 (1955).

[71] McSorley's, Inc. v. U.S., 63-1 U.S.T.C. Nr. 9231 (D.Colo. 1963), aff'd, 323 F. 2d 900 (10th Cir. 1963).

[72] Green Bay Structural Steel, Inc., 53 T.C. 451, 458 (1969); Alstate-Schuylkill Co., 28 T.C.M. 32, 34, 38 f. (1969); Daro Corp., 20 T.C.M. 1588, 1600 (1961).

Bankkredite selbst dann als Indiz für angemessene Eigenkapitalausstattung angesehen worden, wenn sie nur mittels Gesellschafterbürgschaft ermöglicht wurden[73]. Letztlich entscheidend sind in dieser Frage wiederum die Umstände des Einzelfalles, insbesondere die Gründe, auf die die Vereinbarung von Bürgschaften, Sicherheiten und Rangrücktritt zurückzuführen sind[74]. Besondere Schwierigkeiten hat den Steuergerichten die Abgrenzung von Eigenkapital und Darlehen anhand des hier fraglichen Kriteriums bereitet, wenn die Gesellschaft ihre Eigenmittel aufgrund starker Verluste verbraucht hatte und mittels Gesellschafterdarlehens versuchte, die Existenz des Unternehmens zu retten[75]. Außenstehende Dritte sind hier angesichts der finanziellen Lage des Unternehmens häufig nicht oder nur zu sehr ungünstigen Bedingungen zur Kreditvergabe bereit. Insofern könnte man meinen, daß die Zufuhr neuen Eigenkapitals regelmäßig geboten sei[76]. Die Gerichte haben hier jedoch faktisch das Kriterium der Kreditaufnahmemöglichkeit von dritter Seite aufgegeben[77] und meist auf die Absicht der Gesellschafter — schon fast in subjektivem Sinne — abgestellt[78], soweit nicht das Eigenkapital von Anbeginn unzureichend war[79]. Dies wird in Rowan

---

[73] Siehe hierzu auch Daytona Marine Supply Co. v. U.S., 61-2 U.S.T.C. Nr. 9523 S. 81, 218 (S.D.Fla. 1961); vgl. Irbco Corp., 25 T.C.M. 359, 367 (1966).

[74] Vgl. hierzu D 2 a bb (j) zum Kriterium der Sicherheitsleistung als eigenständigem Test. Vielfach verlangen z. B. Banken unabhängig von der jeweiligen Finanzlage eines Unternehmens routinemäßig Sicherheiten, so daß für diese Fälle hierin kein Indiz gegen den Darlehenscharakter des Gesellschafterkredites gesehen werden kann.

[75] Vielfach wird hier von sog. „salvage loans“ gesprochen; vgl. z. B. Plumb, 26 TaxL.Rev. 369, 535 (1971); siehe zu dieser Problematik auch Rothenberg, 38 Brooklyn L.Rev. 95 (1971).

[76] Vgl. Ray Alan van Clief, 1941 B.T.A.M. Nr. 41, 450, rev'd, 135 F. 2d 254, 255 f. (D.C.Cir. 1943).

[77] Jedenfalls geschieht das insoweit, als das erhöhte Risiko der Kreditgewährung nicht als (entscheidendes) Indiz gegen den Darlehenscharakter der Kredite gewertet wird.

[78] Siehe vor allem auch den konkursrechtlichen Fall Arnold v. Phillips, 117 F. 2d 497, 501 (5th Cir.), cert.den., 313 U.S. 583 (1941), auf den unter D 2 a aa (b) (dd) näher eingegangen wird; vgl. ferner die steuerrechtlichen Entscheidungen Austin Village, Inc. v. United States, 296 F.Supp. 382, 397 (N.D. Ohio 1968), rev'd, 432 F. 2d 741 (6th Cir. 1970); United Engineers & Constructors, Inc. v. Smith, 59-1 U.S.T.C. Nr. 9322 (E.D.Penn. 1959); Donald C. Niblock, 27 T.C.M. 1381, 1386 (1968), aff'd on another issue, 417 F. 2d 1185 (7th Cir. 1969); Fred A. Bihlmaier, 17 T.C. 620, 626 (1951); vgl. aber Samuel Abrams, 23 T.C.M. 1546, 1551 (1964); zu „intent“ als eigenständigem Abgrenzungskriterium siehe D 2 a bb (k).

[79] Wachovia Bank & Trust Co. v. United States, 288 F. 2d 750, 755 (4th Cir. 1961); Arlington Park Jockey Club v. Sauber, 262 F. 2d 902, 905 (7th Cir. 1959); Wood Preserving Corp. v. United States, 233 F.Supp 600, 605 f. (D.Md. 1964), aff'd, 347 F. 2d 117 (4th Cir. 1965); Fred I. Nystrom, Jr., 28 T.C.M. 1050, 1054 (1969); Martin M. Dittmar, 23 T.C. 789, 796 f. (1955); Erard A. Matthiessen, 16 T.C. 781, 786 (1951), aff'd, 194 F. 2d 659 (2d Cir. 1952).

v. United States[80] wie folgt begründet: "No stockholder could safely advance money to strengthen the faltering steps of his corporation if he must invest it in a way that is most disadvantageous to himself, both as relates to taxation and as to other creditors."

Auf dieser Grundlage hat man es als ausreichend erachtet, daß der Gläubiger-Gesellschafter hoffte, daß sich die Unternehmenslage stark verbessern würde[81], auch wenn diese Hoffnung nur auf blindem Optimismus beruhte[82].

Wenn die Chancen auf Gesundung des Unternehmens und somit auf Rückzahlung des Kredites jedoch praktisch nur noch spekulativ sind, ist allerdings die Grenze der Anerkennung von Darlehen meist erreicht[83]. Hier sind Ausnahmen nur noch anerkannt worden, wenn die in Frage stehenden Kredite dem Schutz von Gläubigerrechten dienten, d. h. die Verbesserung der Geschäftslage im Hinblick auf die Rückzahlung zeitlich früherer, meist größerer Darlehen ermöglichen sollten[84].

Die Probleme der Steuergerichte bei der Anwendung der Kreditbereitschaft Dritter als Abgrenzungskriterium basieren im Grundsatz vor allem auf der Unsicherheit in der Frage, auf welche „unabhängigen Dritten" eigentlich abzustellen ist. Ist die Beurteilung vom Standpunkt

---

80 219 F. 2d 51, 55 (5th Cir. 1955); vgl. auch American Processing & Sales Co. v. United States, 371 F. 2d 842, 856 (Ct.Cl. 1967) („where the borrower is insolvent it is more credible that the lender would loan rather than invest, for a creditor enjoys a certain priority"); Santa Anita Consolidated, Inc., 50 T.C. 536, 552 (1968).

81 Vgl. Ernest E. Dison, 24 T.C.M. 794, 796 (1955).

82 Vgl. Lucia Chase Ewing, 5 T.C.M. 908 (1946); Drown v. United States, 203 F.Supp. 514, 520 (S.D.Cal. 1962), rev'd on another issue, 328 F.Supp. 314 (9th Cir. 1964); siehe auch (enger): American Processing & Sales Co. v. United States, 371 F. 2d 842, 857 (Ct.Cl. 1967) (Gesellschafter konnten vernünftigerweise an den Erfolg glauben); Santa Anita Consolidated, Inc., 50 T.C. 536, 537, 543, 552 f. (1968) (Rückzahlung sollte durch cash flow erfolgen, wobei die Erwartungen der Gesellschafter auf extrem überhöhten Kundenschätzungen von Dritten basierten); Book Production Industries, Inc., 24 T.C.M. 339, 356 (1965) (Das Gericht meinte, die „vernünftigen Rückzahlungserwartungen" der Gesellschafter würden nicht durch Verluste und Zahlungsunfähigkeit, die ... vorübergehende Ursachen hätten, negiert).

83 United Engineers & Constructors, Inc. v. Smith, 59-1 U.S.T.C. Nr. 9322 (E.D.Pa. 1959); C.M. Gooch Lumber Sales Co., 49 T.C. 649, 658 f. (1968); Scotland Mills, Inc., 24 T.C.M. 265, 276 f. (1965); Wilfred J. Funk, 35 T.C. 42, 50 (1960); zur Frage, ob es ausreicht, daß der Gesellschafter hoffte, bei Auflösung und Abwicklung der Gesellschaft würden genügend Mittel zur Rückzahlung des Kredits zur Verfügung stehen, siehe Miles Production Co., 28 T.C.M. 1387, 1413 (1969) einerseits, United Engineers & Constructors, Inc. v. Smith, 59-1 U.S.T.C. Nr. 9322, S. 71, 746 (E.D.Pa. 1959) andererseits.

84 Ein interessantes Beispiel für diese Abgrenzung ist der Fall Bordo Products Co. v. United States, 476 F. 2d 1312 (Ct.Cl. 1973). Sofern die Kredite nur noch dazu dienten, die Unternehmenstätigkeit im Hinblick auf den Verkauf der Gesellschaft aufrechtzuerhalten (vgl. Newman E. Jones, Jr., 23 T.C.M. 1613, 1615 (1964), aff'd, 357 F. 2d 644 (6th Cir. 1966) oder anderweitig

jeglicher nicht rechtlich und/oder faktisch mit dem Unternehmen und seinen Gesellschaftern verbundenen Personen oder nur vom Standpunkt von Kreditinstituten vorzunehmen? Je nach dem für maßgeblich erachteten Ansatzpunkt ergeben sich erheblich voneinander abweichende Resultate, denn — wie das Gericht in C. M. Gooch Lumber Sales Co. sagte: "... different creditors invariably undertake different degrees of risk[85]." Von dieser Ausgangsentscheidung ist auch weitgehend abhängig, ob man die Bedingungen des Gesellschafterdarlehens solchen für vergleichbar erachtet, die ein Dritter der Gesellschaft eingeräumt hätte.

Man könnte daran denken, aus Praktikabilitätsgründen nur Kreditinstitute als potentielle dritte Kreditgeber heranzuziehen. Damit würden die Probleme vermieden, die sich aus dem grundsätzlich begrüßenswerten Bestreben der Steuergerichte ergeben haben, mit dem Abstellen auf den „reasonable man" einen Maßstab einzuführen, der auch für kleinere Unternehmen nicht unbillig ist und die Beurteilung der Kapitalisierungsfrage nicht durch gewisse Interessengegensätze verzerrt. Aber auch dann verbleibt immer noch eine Reihe von Schwierigkeiten, die vor allem mit der Eigenart der Kreditprüfung zusammenhängen. Zwar besitzen Banken regelmäßig umfangreiche Informationen sowohl hinsichtlich der wirtschaftlichen Gesamtlage als auch der speziellen Aussichten und Risiken des Wirtschaftszweiges des kreditnachsuchenden Unternehmens. Ferner kann von der Sachkunde der über die Kreditvergabe entscheidenden Personen ausgegangen werden[86]. Dennoch fließen in die Beurteilung der Kreditwürdigkeit erhebliche subjektive Elemente ein, insbesondere was die Einschätzung von Risiken und vor allem auch der persönlichen Fähigkeiten der Unternehmensleitung, von der die Ertragschancen des Unternehmens wesentlich abhängen, anbelangt. Insofern kann die Kreditvergabe möglicherweise aus Gründen abgelehnt werden, die nicht in der finanziellen Situation der Gesellschaft begründet sind.

Darüber hinaus sei abschließend erwähnt, daß selbst, wenn allein auf Kreditinstitute als dritte Kreditgeber abgestellt würde, praktische Anwendungsprobleme des hier fraglichen Kriteriums nicht gänzlich zu vermeiden wären. Das zeigt sich etwa, wenn ein Kreditinstitut einen

---

die Einlagen zu retten, haben die Gerichte die fraglichen Darlehen i. d. R. als Eigenkapital behandelt; vgl. Diamond Bros. Co. v. Comm'r, 322 F. 2d 725, 732 f. (3d Cir. 1963); Lloyd E. Mangrum, 19 T.C.M. 700, 703 (1960); Ben P. Gale, 15 T.C.M. 518, 525 (1956); Samuel T. Tauber, 11 T.C.M. 269, 274 (1952).

85 49 T.C. 649, 659 (1968).

86 Es sei allerdings darauf hingewiesen, daß besondere Probleme entstehen können, soweit die Banken nach veralteten Beleihungsgrundsätzen vorgehen. Siehe z. B. zur Kritik der Beleihungspraxis der deutschen Banken in der Betriebswirtschaftslehre, Lohmann, Wpg. 1959, 147; Sellien, S. 56 ff., 69.

Kreditantrag ablehnt, ein anderes diesem Antrag stattgibt. Welche Beurteilung durch welches Kreditinstitut ist hier maßgebend? Wenn im übrigen Kreditanträge überhaupt nicht gestellt wurden, ist die Beurteilung der Kapitalstruktur des jeweiligen Unternehmens auch von der Warte eines Kreditunternehmens rein hypothetisch.

Insofern kann das hier fragliche Abgrenzungskriterium nur in einigen besonderen Fallkonstellationen Aufschluß über die Angemessenheit der Kapitalstruktur geben[87]. Im Ergebnis ist es daher auch gerechtfertigt, daß die Kreditaufnahmemöglichkeit von dritter Seite im amerikanischen Recht stets nur als ein nicht abschließendes Indiz für die Kapitalisierung angesehen wird.

(cc) „Debt-Equity-Ratio"

(Verhältnis der Verbindlichkeiten zum Eigenkapital)

Als weiterer Maßstab für die Angemessenheit der Kapitalisierung dient das Verhältnis der Verbindlichkeiten zum Eigenkapital[88]. Dieses Kriterium ist allerdings im Konkursrecht verhältnismäßig selten[89], im Steuerrecht dagegen sehr häufig ausdrücklich aufgestellt worden, wobei zum besseren Verständnis der nachstehenden Untersuchung des amerikanischen Rechts zum „debt-equity-ratio" vorab bemerkt sei, daß das amerikanische Steuerrecht vom Grundsatz der Finanzierungsfreiheit ausgeht[90].

Dieses Kriterium geht zurück auf ein Diktum des Supreme Court in John Kelley v. Commissioner[91], das als Grundlage für eine Reihe von Entscheidungen der Untergerichte gedient hat[92]. Heute ist die sog.

---

87 Vgl. auch Rothenberg, 38 Brooklyn L.Rev. 95, 104 (1971).

88 Aus dem Schrifttum vgl. hierzu u. a.: Note, 55 Col.L.Rev. 1056 (1955); Goldstein, 16 TaxL.Rev. 1, 18 (1960); Schlesinger, 5 U.Fla.L.Rev. 355, 365 (1952); Stanford, 31 Taxes 231 (1953); Plumb, 26 TaxL.Rev. 369, 507 ff. (1971); ferner O'Neal, Vol. 1 § 2.10.

89 Vgl. aber Duberstein v. Werner, 256 F.Supp. 515, 519 (E.D.N.Y. 1966); In the Matter of Sterling House, Inc., 356 F.Supp. 1113, 1115 (W.D.Va. 1973). Vgl. ferner In re Eastern Erectors, Inc., 346 F.Supp. 293, 295 (E.D.Penn. 1972), aff'd 485 F. 2d 679 (2d Cir. 1973), wo das Konkursgericht auf die steuerrechtlichen Testfragen verweist. Siehe auch Latty, S. 135 f.:"What is objectionable is not the low capital, ... the objection is in the low ratio of capital to non-capital contributions — a double headed objection for it increases the hazard to creditors ... Possibly, then, the adequacy of capital is determined by a ratio of capital and non-capital contributions."; Loiseaux, 38 Ref.J., S. 5 (1964). Vgl. im deutschen Recht Maul, BB 1969, 307, 311.

90 Vgl. für alle: Estate of Herbert B. Miller v. Comm'r, 239 F. 2d 729, 734 (9th Cir. 1956): "We know of no rule which permits the commissioner to dictate what portion of a corporation's operation shall be provided for by equity financing rather than by debt."

91 326 U.S. 521 (1946).

92 Vgl. u. a. Road Materials v. Comm'r, 407 F. 2d 1121 (4th Cir. 1969); Green Bay Structural Steel, Inc., Nr. 53.44 P-H T.C. (1970); Pierce Estates, 16 T.C.

„debt-equity-ratio“ als Indiz für die Angemessenheit der Eigenkapitalausstattung — jedenfalls im Steuerrecht — allgemein anerkannt[93].

Hinter der „debt-equity-ratio“ steht der Gedanke, daß die Gefahr einer Beeinträchtigung der Gläubigerinteressen, vor allem bei überraschendem Geschäftsrückgang, um so größer ist, je höher der Verschuldungsgrad des Unternehmens liegt[94]. Dieser Maßstab ist also ganz vom Gläubigerschutzgedanken geprägt[95]. Eine gewisse Verwandtschaft zum Kriterium der Kreditaufnahmemöglichkeit von Dritten besteht insofern, als potentielle Kreditgeber bei zu hohem Verschuldungsgrad, d. h. zu hohem Risiko, nicht zur Kreditvergabe bereit sein werden[96].

Im folgenden soll zunächst dargestellt werden, wie die Gerichte den Verschuldungsgrad bestimmen, d. h. inwieweit Verbindlichkeiten und Vermögenswerte der Gesellschaft berücksichtigt und einander gegenübergestellt werden. Anschließend ist zu untersuchen, wie die Kapitalstruktur anhand dieses Kriteriums beurteilt wird.

1020 (1951); Isidor Dobkin, 15 T.C. 31 (1950); Alfred R. Bachrach, 18 T.C. 479, 485 (1952), aff'd, 205 F. 2d 151 (2d Cir. 1953); Swoby Corp., 9 T.C. 887, 893 (1947) (Diktum); Earle v. W.J. Jones & Son, 200 F. 2d 846, 851 (9th Cir. 1952).

93 Vgl. etwa Berkowitz v. United States, 69-1 U.S.T.C. Nr. 9398 (1969). Die debt-equity-ratio findet sich auch in dem durch den Tax Reform Act von 1969 eingeführten Sec. 385 I.R.C.

Zwischenzeitlich hatten einige Gerichte die Anwendung des ratio-Tests abgelehnt, soweit die Eigenkapitalhöhe nicht nur nominell war. Vgl. u. a. Utility-Trailer Mfg. Co. v. United States, 212 F.Supp. 773, 789 (S.D.Cal. 1962); Santa Anita Consolidated, Inc., 50 T.C. 536, 551 (1968); Arthur M. Rosenthal, 24 T.C.M. 1373, 1382 (1965); Evwalt Development Corp., 22 T.C.M. 220, 227 (1963). Der 5. Circuit hatte den ratio-Test lange Zeit sogar vollständig abgelehnt. Vgl. Rowan v. United States, 219 F. 2d 51, 54 f. (1955); Sun Properties, Inc. v. United States, 220 F. 2d 171, 175 (1955). Vgl. nun aber Tyler v. Tomlinson, 69-2 U.S.T.C. Nr. 9559, 414 F. 2d 844, 848 (1969); B.F. Curry et al v. United States, 396 F. 2d 630, 634, cert.den. 393 U.S. 967 (1968); United States v. Henderson, 375 F. 2d 36, 40 (1967); Montclair, Inc. v. Comm'r, 318 F. 2d 38, 40 (1963).

94 Ambassador Apartments, Inc., 50 T.C. 236, 245 (1968), aff'd, 406 F. 2d 288 (2d Cir. 1969); Northeastern Consolidated Co. v. United States, 279 F.Supp. 592, 595 (N.D.Ill. 1967), aff'd, 406 F. 2d (7th Cir.), cert.den., 396 U.S. 819 (1969); Gilbert v. Comm'r, 248 F. 2d 399, 407 (2d Cir. 1957); siehe auch Barnes Theatre Ticket Service, Inc., 26 T.C.M. 1290, 1295 (1967) („There must be a sufficient capital cushion to absorb a reasonable portion of the risk of funds.“); vgl. ferner Note, 55 Col.L.Rev. 1054, 1058 (1955); Plumb, 26 TaxL.Rev. S. 512 f. (1971). Siehe auch Lyon, S. 64 - 67 und hierzu oben Fn. 31.

95 Dies soll allerdings nicht heißen, daß nicht auch die Interessen der Gesellschaft bei der Ermittlung des „angemessenen“ Verhältnisses zu berücksichtigen sind.

96 Vgl. hierzu auch Plumb, 26 TaxL.Rev. auf S. 512 (1971), der den fraglichen Test mehr als Element im Rahmen der Prüfung, inwieweit die Rückzahlung des Kredites erwartet werden kann, ansieht. Siehe zu letzterem Kriterium D 2 a bb (c).

(aaa) Bestimmung des Verschuldungsgrades

Bei der Frage, inwieweit Verbindlichkeiten bzw. Vermögenswerte der Gesellschaft bei der Bestimmung des Verschuldensgrades zu berücksichtigen sind, ist im Hinblick auf die Ratio des Kriteriums auf den Standpunkt eines Drittgläubigers abzustellen[97].

(α) Verbindlichkeiten

Bei der Berechnung des Verschuldungsgrades hat die Rechtsprechung meist sämtliche Verbindlichkeiten der Gesellschaft, d. h. solche gegenüber Gesellschaftern als auch gegenüber Drittgläubigern, einbezogen[98]. Darüber hinaus sind auch zukünftige Geschäftsverbindlichkeiten mitberücksichtigt worden, soweit sie geplant waren bzw. sich bereits abzeichneten[99].

Vereinzelte Entscheidungen haben dagegen — meist ohne Begründung — nur auf die Verpflichtungen der Gesellschaft gegenüber Gesellschaftern abgestellt[100]. Es ist allerdings vielfach schwierig oder gar un-

---

[97] Siehe dazu auch Plumb, 26 TaxL.Rev. 369, 512 f. (1971); siehe auch u. a. Ambassador Apartments, Inc., 50 T.C. 236 (1968), aff'd, 406 F. 2d 288 (2d Cir. 1969) („one creditor's protection from the capital cushion will vary in inverse proportion to the amount of credit extended by others").

[98] Ambassador Apartments, Inc., oben Fn. 97; Tomlinson v. 1661 Corp., 377 F. 2d 291, 299 Fn. 18 (5th Cir. 1967); Lockwood Realty Corp., 17 T.C.M. 247, 251 (1958), aff'd, but rev'd on another issue, 264 F. 2d 241 (6th Cir. 1959); 241 Corp., 15 T.C.M. 901, 906 (1956), aff'd 242 F. 2d 759 (2d Cir.), cert.den., 354 U.S. 938 (1957); Isidor Dobkin, 15 T.C. 31, 33 (1950), aff'd 192 F. 2d 392 (2d Cir. 1951); 2554 - 58 Creston Corp., 40 T.C. 932, 937 (1963); Raleigh Properties, Inc., 21 T.C.M. 812, 819 (1962); Don T. Allen, 18 T.C.M. 1101, 1107 (1959), modified on other grounds, 283 F. 2d 785 (7th Cir. 1960); The Colony, Inc., 26 T.C. 30, 42 (1956), aff'd on another issue, 244 F. 2d 75 (6th Cir. 1957), rev'd, 357 U.S. 28 (1958); J. Terry Huffstutler, 12 T.C.M. 1422, 1427 (1957); Green Bay Structural Steel, Inc., Nr. 53.44 P-H TC (1970); Burr Oaks Corp., 43 T.C. 635 (1965), aff'd 365 F. 2d 24 (7th Cir. 1966); Berkowitz v. U.S., 69-1 U.S.T.C. Nr. 9398 (1969); auch Goldstein, 16 TaxL.Rev. 1, 19 (1960); Note, 55 Col.L.Rev. 1063 (1955); Plumb, 26 TaxL.Rev. S. 513 f., 514 Fn. 840 (1971); vgl. aber Diamond Bros. Co., 21 T.C.M. 696, 705 (1962), aff'd, 322 F. 2d 725 (3d Cir. 1963); sowie George L. Sogg, 9 T.C.M. 927, 931 (1950), aff'd, 194 F. 2d 540 (6th Cir. 1952) wo, ohne daß hierdurch das Ergebnis beeinflußt wurde, Gesellschafterdarlehen nicht miteinbezogen wurden.

[99] Vgl. u. a. Tyler v. Tomlinson, 414 F. 2d 844, 848 (5th Cir. 1969); Diamond Bros. v. Comm'r, 322 F. 2d 725, 731 (3d Cir. 1963); Sam Schnitzer, 13 T.C. 43, 61 (1949), aff'd 183 F. 2d 70 (9th Cir. 1950), cert.den. 340 U.S. 911 (1951); J. Terry Huffstutler, 12 T.C.M. 1422, 1427 (1957). Siehe auch Plumb, 26 TaxL.Rev. 369, 515 Fn. 843 (1971): "To ignore anticipated financing would place a premium on timing, since the ratio might appear deceptively reasonable when the shareholder makes his initial investment in debt and stock before the necessary additional financing is provided." Probleme bestehen hier u. a., wenn die Höhe der zukünftigen Verbindlichkeiten der weiteren Entwicklung oder dem Zufall überlassen bleibt. Siehe hierzu u. a. Gardens of Faith, Inc., 23 T.C.M. 1045, 1058 - 60 (1964), aff'd 345 F. 2d 180 (4th Cir.), cert.den. 382 U.S. 927 (1965).

[100] J.A. Maurer, Inc., 30 T.C. 1273 (1958); auch Rowan v. United States, 219 F. 2d 51, 55 (5th Cir. 1955); P.M. Finance Corp. v. Comm'r, 302 F. 2d 786,

möglich, den Entscheidungen zu entnehmen, welche Verbindlichkeiten berücksichtigt wurden[101].

Im Hinblick auf die Begründung des hier anstehenden Kriteriums unter dem Gesichtspunkt des Gläubigerschutzes kann hier nur auf die gesamten Verbindlichkeiten abgestellt werden. Für den (Dritt-)Gläubiger ist das Risiko um so höher, je höher die gesamte Fremdfinanzierung ist, da sämtliche weiteren Verbindlichkeiten den Umfang seines Anspruchs im Konkurs beeinflussen[102].

(β) Eigenkapital

Ganz überwiegend wird das Eigenkapital aufgrund des tatsächlichen Wertes aller Vermögensgegenstände des Unternehmens, gleichgültig, ob und wo diese im einzelnen in der Bilanz aufgeführt sind, ermittelt[103].

788 (3d Cir. 1962); Gloucester Ice & Cold Storage Co., 19 T.C.M. 1015, 1022 (1960), rev'd on other grounds, 298 F. 2d 183 (1st Cir. 1962); Leonard J. Erickson, 15 T.C.M. 1338, 1343 (1956); Kipsborough Realty Corp., 10 T.C.M. 932, 934 (1951); teilweise ist unzutreffenderweise in der Literatur allerdings behauptet worden, die Rechtsprechung berücksichtige nur Gesellschafterdarlehen; vgl. Ellis, 21 Vand.L.Rev. 196, 222 (1968); Gerver, 23 J.Taxation 28, 29 (1965); Weis, 40 Taxes 568, 576 (1962); Caplin, 117 N.Y.U. Inst. 771, 778 (1959); siehe ferner hierzu ALI, Income Tax Problems of Corporations and Shareholders 414 (Working Views of Staff, 1958); Schlesinger, 5 U.Fla.L.Rev. 355, 362 (vgl. aber S. 368) (1952); Stanford, 31 Taxes 231, 231 Fn. 1, 234 (1953); Clary, 47 Taxes 682, 692 (1969); gegen die Behauptung, die Rechtsprechung berücksichtigte bei den Verbindlichkeiten nur Gesellschafterdarlehen zu Recht, Plumb, 26 TaxL.Rev. S. 514, 514 Fn. 840, 841 (1971); siehe auch Goldstein, 16 TaxL.Rev. 1, 18 (1960). Ferner ist zu bedenken, daß bei der ganz überwiegenden Zahl der in dieser Fußnote zitierten Entscheidungen der Verschuldungsgrad in jedem Fall zu hoch gewesen wäre; vgl. auch Plumb, S. 515 Fn. 842.

101 Darauf weist auch Stone, 42 Tul.L.Rev. 251, 256 (1968) hin.

102 Zudem umfaßt die Gefahr für die Existenz des Unternehmens (damit mittelbar das Risiko des Forderungsausfalls der Gläubiger) das Nichtprolongationsrisiko aller Fremdkredite, was gerade für den Fall hoher und überraschender Verluste akut wird. Vgl. in diesem Zusammenhang auch Plumb, 26 TaxL.Rev. 513 f. Fn. 839 (1971), der meint, daß Fremdkredite, für die ein Rangrücktritt vereinbart wurde, im Rahmen der „debt-equity-ratio" wie Eigenkapital behandelt werden sollten. Siehe aber Plantation Patterns, Inc., 29 T.C.M. 817, 826 (1970).

103 Vgl. u. a. Kraft Foods Co. v. Comm'r, 232 F. 2d 118, 127 (2d Cir. 1956); New England Lime Co., 13 T.C. 799 (1949); Samuel Tauber, 24 T.C. 179 (1955); Green Bay Structural Steel, Inc., Nr. 53.44 P-H TC (1970); Earle v. W.J. Jones & Son, 200 F. 2d 846, 851 (9th Cir. 1952); Tyler v. Tomlinson 69-2 U.S.T.C. Nr. 9559, 414 F. 2d 844, 848 (5th Cir. 1969); Silver Brand Clothes, Inc. Nr. 72,060 P-H MemoTC (1972); Wilbur Security Co., 31 T.C. 938, 949 - 50 (1959), aff'd, 279 F. 2d 657 (9th Cir. 1960); Affiliated Research, Inc., v. United States, 351 F. 2d 646, 650 Fn. 8 (Ct.Cl. 1965). Bei der Berechnung des Verschuldungsgrades werden auch andere Gesellschafterdarlehen mit Eigenkapitalcharakter zum Eigenkapital gerechnet; hierdurch kann sich der Verschuldungsgrad auf ein angemessenes Maß verringern. Vgl. u. a. Motel Co., 22 T.C.M. 825, 833 - 34 (1963), aff'd on another issue, 340 F. 2d 445 (2d Cir. 1965); siehe auch die Konkursentscheidung Arnold v. Phillips, 117 F. 2d 497, 502 (5th Cir.), cert.den. 313 U.S. 583 (1941).

So besaß die fragliche Gesellschaft im BMC Mfg. Corporation[104] nur $ 300 in Vorzugs- und $ 2.500 in Stammaktien, während Schuldverschreibungen in Höhe von $ 250.000 ausgegeben worden waren. Die Gesellschaft hatte jedoch zum Zeitpunkt der Emission der Schuldverschreibungen[105] einen Gewinn von $ 116.000 erzielt. Insofern erachtete das Gericht die Gesellschaft trotz der geringen Höhe des eingezahlten Kapitals nicht als unterkapitalisiert.

Zum Eigenkapital in diesem Sinne sind u. a. auch gerechnet worden: Lizenzen, Konzessionen, goodwill[106], teilweise auch finanzielles Geschick und Kontakte der Geschäftsleitung[107]. Ferner sind Vermögenswerte berücksichtigt worden, die nicht in den Geschäftsbüchern aufgeführt waren[108]. Die Rechtsprechung hat u. a. auch Wertsteigerungen von Grundstücken[109], Verträgen und Verkaufsrechten[110] einschließlich der Gewinne, die aus den durch Darlehen finanzierten Geschäften zu erwarten waren, miteinbezogen[111].

---

104 B.M.C. Mfg. Corp., 11 T.C.M. 376, 378 (1952).

105 Genauer handelte es sich um den Zeitpunkt der zweiten Emission von Schuldverschreibungen; die Schuldverschreibungen waren in zwei getrennten Emissionen herausgeben worden.

106 Ainslee Perrault, 25 T.C. 439 (1955); Estate of Miller v. Comm'r, 239 F. 2d 729, 731, 733 (9th Cir. 1956); Kraft Foods Co. v. Comm'r, 232 F. 2d 118, 122, 127 (2d Cir. 1956); Ackerson v. United States, 277 F.Supp. 475, 477 (W.D.Ky. 1967); George A. Nye, 50 T.C. 203, 215 (1968).

107 Vgl. Murphy Logging Co. v. United States, 378 F. 2d 222, 224 (9th Cir. 1967); a. A. aber Plantation Patterns v. Comm'r, 462 F. 2d 712, 723 (1972), cert.den. 41 U.S.L.W. 3346, (U.S., 19. 12. 1972), No. 72 - 523; siehe auch Stanton H. Bryden, 18 T.C.M. 810, 814 (1959); Estate of Robert R. Gannon, 21 T.C. 1073 (1954); Ruth M. Cullen, 14 T.C. 368, 372 (1950); Howard B. Lawton, 6 T.C. 1093, 1100 (1946), rev'd on another issue, 164 F. 2d 380 (6th Cir. 1947); D.K. MacDonald, 3 T.C. 720, 727 (1944); wichtig ist hierbei, ob und in welcher Weise der Geschäftsführer an das Unternehmen gebunden ist und inwieweit der Arbeitsvertrag ein Wettbewerbsverbot vorsieht; vgl. auch Plumb, 26 TaxL.Rev. S. 518 (1971); Goldstein, 16 TaxL.Rev. 1, 19 (1960); siehe u. a. Dahme Associates v. United States, 71-1 U.S.T.C. Nr. 9170 (Ct.Cl. 1971).

108 Vgl. Amleto U. Salvadore, 22 T.C.M. 1718, 1720, 1722 Fn. 1 (1963); Maurice H. Brown, 18 T.C.M. 483, 484, 486 (1959); Ainslee Perrault, 25 T.C. 439, 450 f. (1955), aff'd, 244 F. 2d 408 (10th Cir. 1957); Sheldon Tauber, 24 T.C. 179, 181, 183 f. (1955); Haley v. United States, 60-1 U.S.T.C. Nr. 9169 (D.Ore. 1959); siehe aber Gloucester Ice & Storage Co., 19 T.C.M. 1015, 1022 (1960), rev'd on another issue, 298 F. 2d 183 (1st Cir. 1962).

109 Vgl. Fellinger v. United States, 238 F.Supp. 67, 73 (N.D.Ohio 1964), aff'd 363 F. 2d 826 (6th Cir. 1966); Cleveland Adolph Mayer Realty Corp., 6 T.C. 730, 741 (1946), rev'd on another issue, 160 F. 2d 1012 (6th Cir. 1947).

110 Earle v. W.J. Jones & Son, 200 F. 2d 965, 969 f. (Ct.Cl. 1968); Davidson Bldg. Co., 20 T.C.M. 1291, 1298 (1961).

111 Wenn die behaupteten Wertsteigerungen jedoch allzu plötzlich auftraten, sind die Gerichte allerdings meist sehr mißtrauisch gewesen. Vgl. z. B. Affiliated Research, Inc., v. United States, 351 F. 2d 646, 650 (Ct.Cl. 1965), es sei denn, die Gesellschafter konnten ihre Behauptungen auf Angebote, vgl. z. B. Liflans Corp. v. United States, 390 F. 2d 965, 968, 970 (Ct.Cl. 1968), oder Kreditgewährung Dritter, Paul F. Murphy, 21 T.C.M. 1161, 1162 f. (1962), stützen.

Unkörperliche Vermögensgegenstände, wie etwa goodwill, sind jedoch allgemein nur dann bei der Feststellung des Verschuldungsgrades berücksichtigt worden, wenn sie nicht nur einen potentiellen[112], sondern auch einen tatsächlichen Wert für die Gesellschaft darstellten[113]. Außerdem wird der Wert von unkörperlichen Gegenständen praktisch nicht in voller Höhe einberechnet. Meist wird nämlich davon ausgegangen, daß unkörperliche Vermögenswerte weniger Verbindlichkeiten „abzudecken" vermögen als körperliche Werte. Der Grund hierfür liegt darin, daß der Wert unkörperlicher Gegenstände häufig wechseln kann und im Falle des Zusammenbruchs des Unternehmens für die Gläubiger meist wenig realisierbare Sicherheit bietet[114].

Vereinzelte Entscheidungen haben demgegenüber ausschließlich die tatsächlich geleisteten Einlagen, nicht aber z. B. einen etwaig erzielten Gewinn berücksichtigt[115]. In der Literatur ist dem an einer Stelle mit folgender Begründung zugestimmt worden: Haftungsgrundlage aus der Sicht des Gläubigers könne das Gesellschaftsvermögen nur insoweit sein, als Ausschüttungen etwa als Dividende nicht möglich seien[116].

Die ganz herrschende Meinung überzeugt jedoch insofern, als ein Gläubiger erfahrungsgemäß im Hinblick auf die Sicherung seiner Ansprüche stets das gesamte Gesellschaftsvermögen in Betracht ziehen wird.

Nicht völlig unstreitig ist die Frage, ob der Marktwert oder der Buchwert der Vermögensgegenstände zugrunde zu legen ist, soweit

---

112 Affiliated Research, Inc. v. United States, oben Fn. 111; Arlington Foods Co. v. Comm'r, 232 F. 2d 118, 122, 127 (2d Cir. 1956); Ackerson v. United Park Jockey Club v. Sauber, 262 F. 2d 902, 903, 905 (7th Cir. 1959); Fred I. Nystrom, Jr., 28 T.C.M. 1050, 1054 (1969) (Kauf des good will eines Unternehmens, das Verluste machte).

113 Estate of Miller v. Comm'r, 239 F. 2d 729, 731, 733 (9th Cir. 1956); Kraft Foods Co. v. Comm'r, 232 F. 2d 118, 122, 127 (2c Cir. 1956); Ackerson v. United States, 277 F.Supp. 475, 477 (W.D.Ky. 1967); George A. Nye, 50 T.C. 203, 215 (1968).

114 Vgl. Moughon v. Comm'r, 329 F. 2d 399 ff. (6th Cir. 1964), wo Darlehen als Eigenkapital erachtet wurden, da bei einem erwiesenen Geschäftswert von $ 316.000 nur $ 10.000 körperliche Vermögenswerte waren, aber $ 166.000 an Verbindlichkeiten bestanden. Siehe auch Plumb, 26 TaxL.Rev. auf S. 518 (1971).

115 Vgl. z. B. Jewell Ridge Coal Corp. v. C.I.R., 318 F. 2d 695, 698 f. (1963) (allerdings spielte die Frage der Unterkapitalisierung hier nur eine etwas untergeordnete Rolle); vgl. auch Joseph v. Reed, 57-1 U.S.T.C. Nr. 9502 (1957); ferner die konkursrechtlichen Entscheidungen Pepper v. Litton, 308, U.S. 295, 310 (1939), und Costello v. Fazio. 256 F. 2d 903, 909 (9th Cir. 1958), wo von Situationen gesprochen wird, in denen das „*paid-in* capital" nur nominell ist. Vgl. hierzu aber D 2 a aa.

116 Vgl. Bittker, 34 Taxes 830, 832 (1956) (Nach dieser Meinung müßten bei der gegebenen Begründung allerdings z. B. Gewinne zu berücksichtigen sein, wenn Dividenden aus bestimmten Gründen nicht ausgeschüttet werden dürfen); Semmel, 48 Col.L.Rev. 202, 216 (1948).

beide Werte differieren. Weit überwiegend wird hier auf den tatsächlichen Marktwert des Gesellschaftsvermögens[117] oder — falls dieser nicht feststellbar ist — auf den Kurswert der Aktien abgestellt[118]. Anderenfalls wäre der Verschuldungsgrad von vornherein ein völlig unrealistisches Kriterium[119].

(bbb) Anwendung des Kriteriums

Selbst für spezielle Branchen ist weder in der Rechtsprechung noch in der Literatur das Erfordernis einer bestimmten Relation von Verbindlichkeiten und Eigenkapital aufgestellt worden[120]. Vielmehr ist nur jeweils für den Einzelfall überprüft worden, ob dieses Verhältnis unangemessen war und demzufolge Unterkapitalisierung indizierte. Äußerst selten finden sich selbst so weite generelle Aussagen wie in Obre v. Alban Tractor Co.[121] — einer Entscheidung in einem einzelstaatlichen Insolvenzverfahren —: "It is not unusual in corporate financing to have approximately one half of contributions put in as risk capital and the balance as loan capital."

Im Schrifttum besteht teilweise die Auffassung, daß die rein vom Tatsächlich-Statistischen her orientierte Analyse der Entscheidungen ergebe, daß die debt-equity-Relation weniger als 4 : 1 betragen sollte, um die drohende Behandlung der „Darlehen" als Eigenkapital zu vermeiden (sog. „safe ratios")[122].

---

117 Vgl. z. B. Kraft Foods Co. v. Comm'r, 232 F. 2d 118, 127 (2d Cir. 1956) ("We think it obvious that in the determination of debt-equity ratios, real values rather than artificial par and book values should be applied."); Samuel Tauber, 24 T.C. 179 (1955); Earle v. W.J. Jones & Son, 200 F. 2d 846 (Ct.Cl. 1952); Gooding Amusement Co., Nr. 23,50 P-H TC (1954); Green Bay Structural Steel, Inc., Nr. 53,44 P-H TC (1970); siehe aber Swoby Corp., 9 T.C. 887 (1947); ebenfalls Dillin v. United States, 433 F. 2d 1097 (5th Cir. 1970), wo der Verschuldungsgrad nach tatsächlichem Marktwert 800 : 1, 2,5 : 1 unter Zugrundelegung des Buchwertes betrug. Das Gericht neigte letzterem zu, entschied aber aus anderen Gründen, daß die „Darlehen" Eigenkapital darstellten.

118 Vgl. Estate of Miller v. Comm'r, 239 F. 2d 729, 731, 733 (9th Cir. 1956); New England Lime Co., 13 T.C. 799, 804 (1949).

119 Siehe auch Note, 55 Col.L.Rev. 1063 (1955); zustimmend auch Clary, 47 Taxes S. 682, 692 f. (1969).

120 Vgl. auch Latty, S. 136: "But when is a (debt-equity) ratio too low ... no rule-of-thumb-test is available to fix it ... Possibly it is not a question of a ratio at all." Vgl. auch die folgenden Erwägungen, u. a., daß bei einer 1 : 2-Relation (wohl Eigenkapital zu Gesellschafterdarlehen) u. U. die Grenze zur Unterkapitalisierung erreicht sei.

121 228 Md. 291, 179 A. 2d 861, 863 (1962).

122 Vgl. Kramer, 96 J. Accountancy 449 (1953); Stanford, 31 Taxes 231 (1953); Schlesinger, 5 U.Fla.L.Rev. 355 (1952); einschränkend Goldstein, 16 TaxL.Rev. 1, 20 (1960); vgl. auch Caplin, N.Y.U. 117th Inst. on Fed.Tax 771, 826 (1959): "Ratios, therefore, in the 1 : 1 to 2 : 1 range give sizeable tax benefits and ... are regarded as not creating inferences adverse to the stockholder ...

Es ist jedoch allgemein anerkannt, daß die 4 : 1-Relation allenfalls als grobe Richtlinie Geltung hat, nicht aber juristische oder ökonomische Fundierung besitzt[123]. Dies gilt um so mehr, als der Verschuldungsgrad nur ein — keineswegs abschließendes — Kriterium neben einer Reihe anderer Kriterien darstellt, die von der Rechtsprechung im Einzelfall herangezogen werden, und dieses Kriterium allein im Rahmen der Einzelumstände angewendet wird[124]. So bemerkt O'Neal zutreffend[125]: "Actually, however, the fixing of a ratio that will be safe generally seems to be impossible because the normal ratio of debt to equity in one industry would be excessive in another, and even within a single industry no two enterprises will be exactly the same."

So weisen denn auch die Entscheidungen zwangsläufig keine durchgängige Tendenz auf[126]. In vielen Fällen, in denen der Verschuldungsgrad weit über 4 : 1 lag, sind Gesellschafterdarlehen als solche anerkannt worden[127]. In besonders gelagerten Ausnahmefällen sind selbst Gesellschaften mit einem Verschuldungsgrad von ca. 20 000 : 1 nicht als unterkapitalisiert erachtet worden[128]. Andererseits hat z. B. das Gericht in Gooding Amusement Co. v. Commissioner[129] angebliche Gesellschaf-

---

the area of tax danger expands in direct proportion to the increase in ratio over 2 : 1." Kritisch Plumb, 26 TaxL.Rev. S. 508 f., auch ebenda Fn. 804 (1971).

123 Vgl. hierzu auch Goldstein, Fn. 122; Schlesinger, S. 365; Note, 55 Col.L.Rev. 1061 (1955); Le Sourd 28 Wash.L.Rev. and State B. J. 29, 33, 35 (1953).

124 Vgl. für alle Peco Co., 26 T.C.M. 207 (1967); Baker Commodities, Inc., 48 T.C. 374, 396 (1967), aff'd on another issue, 415 F. 2d 519 (9th Cir. 1969), cert.den., 397 U.S. 988 (1970).

125 Vol. 1, § 2.10; vgl. auch Scotland Mills, Inc., 24 T.C.M. 265, 272 (1965); Security Finance & Loan Co. v. Koehler, 210 F.Supp. 603, 605 (D.Kan. 1962); siehe ferner Bittker, 34 Taxes 830, 831 (1956); Plumb, 26 TaxL.Rev. S. 510 (1971); vgl. auch Loiseaux, 38 Ref.J. auf S. 5 (1964).

126 Plumb charakterisiert die Rechtsunsicherheit bei Anwendung dieses Kriteriums wie folgt (26 TaxL.Rev. auf S. 509): "In the numbers game, it became possible to justify almost any ratio by finding some precedent case which had approved a higher one, or by citing industry practices which themselves were strongly influenced by the tax advantages gained from thin capitalization."

127 Vgl. u. a. Earle v. W.J. Jones, 200 F. 2d 846 (Ct.Cl. 1952) 6 : 1; Rowan v. United States, 219 F. 2d 51 (5th Cir. 1955) 14 : 1; Baker Commodities, Inc., 48 T.C. 374 (1967) 692 : 1, aff'd on another issue, 415 F. 2d 519 (9th Cir. 1969), cert.den., 397 U.S. 988 (1970); Leach Corp., 30 T.C. 363 (1958) 400 : 1; Arthur v. McDermott, 13 T.C. 468 anscheinend 20 : 1; Peco Co., 26 T.C.M. 207 (1967), 6 : 1, wo die Darlehen nicht einmal durchgängig formell als Verbindlichkeiten in den Büchern ausgewiesen waren; vgl. ferner die inzwischen aufgegebene Rechtsprechung des 2d Cir., z. B. Gilbert v. Comm'r, 248 F. 2d 399, 410 (2d Cir. 1957), wo Richter Waterman ausführt, daß, soweit die Höhe der Eigenmittel einer Gesellschaft nicht nur nominell sei, die weitere Unternehmensfinanzierung allein eine Frage der Zweckmäßigkeit sei. Siehe auch Clary, 47 Taxes 682, 690 (1969), der die Tendenz der Gerichte für restriktiv hält.

128 Vgl. Byerlite Corp. v. Williams, 286 F. 2d 285 (6th Cir. 1960) (kurzfristige Kredite der Mutter- an die Tochtergesellschaft zur Sicherung der Versorgung der Muttergesellschaft); W.H. Truschel, 29 T.C. 433 (1957).

129 236 F. 2d 159 (6th Cir. 1956).

terdarlehen trotz eines Verschuldungsgrades von 1 : 1 als Eigenkapital erachtet[130].

Wenn sich auch aus den Entscheidungen selbst für einzelne Wirtschaftszweige kein bestimmter Höchstverschuldungsgrad ermitteln läßt, so zeichnen sich bei einer Gesamtschau der Rechtsprechung doch gewisse allgemeinere Grundsätze ab, die sich wie folgt zusammenfassen lassen:

1. Je geringer die Risiken und je weniger krisenanfällig eine Branche, um so höher kann der Verschuldungsgrad eines Unternehmens liegen[131].
2. Bei ganz extrem hohen Verschuldungsgraden ist die Wahrscheinlichkeit einer Anerkennung von Darlehen sehr gering, und die Gesellschaft bzw. die Gesellschafter müssen in solchen Fällen meist besondere Umstände zur Rechtfertigung vortragen[132]. Besondere Bedeutung kommt hierbei den vernünftigerweise zu erwartenden Kapitalströmen zu, die die Rück- und Zinszahlung der Gesellschafterdarlehen ermöglichen[133].
3. Regelmäßig wird jede Relation, bei der die Eigenkapitalseite null beträgt[134] bzw. rein nominell ist, als Indizierung der Unterkapitalisierung angesehen[135].

---

130 Vgl. u. a. auch Ruspuyn Corp., 18 T.C. 769, 778 (1952) 3,5 : 1; siehe hierzu auch Hickman, 40 Taxes 883, 886 (1966), der im übrigen meint, daß die „debt-equity-ratio" immer seltener verwendet würde.

131 Vgl. ebenso Note, 55 Col.L.Rev. 1054, 1058 f. Fn. 37 (1955); Plumb, 26 TaxL.Rev. auf S. 510 (1971). So haben die Gerichte z. B. bei Grundstücks- und Wohnungsgesellschaften, vgl. u. a. Liflans Corp. v. United States, 390 F. 2d 965, 971 (Ct.Cl. 1968), höhere Verschuldungsgrade für zulässig erachtet als bei Ölförderungsgesellschaften, vgl. Michael Cohen, 3 T.C.M. 236, 238 (1944), aff'd, 148 F. 2d 336 (2d Cir. 1945), oder im Baugewerbe, vgl. John Lizak, Inc., 28 T.C.M. 804, 808 (1969) und Fin Hay Realty Co. v. United States, 398 F. 2d 694, 704 (3d Cir. 1968) (dissenting opinion).

132 Vgl. u. a. Baker Commodities, Inc., 48 T.C. 374 (1967), aff'd on another issue, 415 F. 2d 519 (9th Cir. 1969), cert.den., 397 U.S. 988 (1970); hier war das fragliche Unternehmen ein alteingesessenes Geschäft, das in der Vergangenheit gute Gewinne verzeichnet hatte und auch für die Zukunft hohe Gewinne erwartete; vgl. hierzu auch Holzmann, 47 Taxes 4, 8 f. (1969).

133 Vgl. Liflans Corp., 390 F. 2d 965, 970 (Ct.Cl. 1968); Piedmont Corp. v. Comm'r, 388 F. 2d 886, 890 f. (4th Cir. 1968); Baker Commodities, Inc., oben Fn. 132; siehe auch Burr Oaks Corp., 43 T.C. 635, 647 (1965), aff'd, 365 F. 2d 24 (7th Cir. 1966), cert.den., 385 U.S. 1007 (1967); vgl. ferner Hickman, 40 Taxes 974, 991 (1962); Plumb, 26 TaxL.Rev. auf S. 513 (1971).

134 Dies ist offensichtlich nur in den Bundesstaaten möglich, die kein Mindeststammkapital verlangen.

135 Vgl. hierzu auch die Dikta in den konkursrechtlichen Entscheidungen Pepper v. Litton, 308 U.S. 295, 310 (1939), sowie Costello v. Fazio, 256 F. 2d 903 (9th Cir. 1958), wonach Gesellschafterdarlehen bei nur nomineller Kapitalisierung nachgeordnet werden.

(dd) Zeitpunkt der Darlehensgewährung

Von großer Bedeutung für die Beurteilung der Kapitalstruktur ist in der Konkurs- wie in der Steuerrechtsprechung — wie auch bereits in den obigen Ausführungen zur Behandlung von Sanierungskrediten[136] deutlich wurde — die Frage, in welchem Entwicklungsstadium der Gesellschaft die Darlehen gewährt werden. Werden die in Frage stehenden Mittel benutzt, um den Geschäftsbetrieb aufzunehmen bzw. werden die Kredite kurz nach Betriebsaufnahme gewährt und dienen die Mittel zum Erwerb von Betriebsanlagen oder zur Deckung dringender Betriebskosten, so werden hierin starke Indizien für die Unterkapitalisierung gesehen[137]. Im Grundsatz verlangen die Gerichte praktisch also, daß die Gesellschaft den Hauptteil des zur Betriebsaufnahme benötigten Kapitals oder zumindest die permanenten Anlagewerte durch Eigenmittel abdecken muß[138].

Dagegen werden Gesellschafterdarlehen in späteren Entwicklungsphasen des Unternehmens auch dann weniger streng beurteilt, wenn die Kredite schwere Verluste ausgleichen sollen[139]. Dies gilt insbesondere, wenn den Verlusten eine Periode der Prosperität vorausging[140].

Dieser Grundsatz findet sich auch in Arnold v. Phillips[141], einer der wichtigsten Entscheidungen zur Frage der Behandlung von Gesellschafterdarlehen. Der Entscheidung lag — vereinfacht — folgender Sachverhalt zugrunde: Arnold gründete mit zwei Strohmännern eine Brauereigesellschaft. Das Stammkapital der Gesellschaft betrug $ 50.000. Noch während sich die Brauereianlage im Bau befand, zeigte sich, daß die $ 50.000 Eigenkapital allein nicht zur Finanzierung ausreichen wür-

---

[136] Vgl. oben D 2 a (b) (bb).

[137] Vgl. aus der Konkursrechtsprechung: Arnold v. Phillips, 117 F. 2d 497 (5th Cir. 1941), cert.den. 313 U.S. 583 (1941); Boyum v. Johnson, 127 F. 2d 941 (8th Cir. 1942); Goldie v. Cox, 130 F. 2d 695 (8th Cir. 1942); SEC v. Liberty Baking Corp., 240 F. 2d 511 (2d Cir. 1957); Braddy v. Randolph, 352 F. 2d 80, 82 (4th Cir. 1962); L & M. Realty Corp. v. Leo, 249 F. 2d 668 (5th Cir. 1962); in the matter of Milton Markowitz, Inc., 45 Am.B.L.J. 215 (Referee-Urteil 1971). Aus der Steuerrechtsprechung siehe u. a.: Tyler v. Tomlinson, 414 F. 2d 844, 848 (5th Cir. 1969); United States v. Henderson, 375 F. 2d 36, 40 (5th Cir. 1967); Smith v. Comm'r, 370 F. 2d 178 (6th Cir. 1966); American-La France-Foamite Corp., 284 F. 2d 723 (2d Cir. 1960), cert.den., 365 U.S. 881 (1961). Weitgehend entsprechend die deutsche Rechtsprechung im Kapitalverkehrsteuerrecht zur einlagegleichen Behandlung von Gesellschafterdarlehen. Vgl. RFH 6, 9; FG Düsseldorf, II 76/52 v. 15. 7. 1953.

[138] Siehe grundsätzlich hierzu Weis, 51 Ill.B.J. 898 (1963).

[139] Vgl. u. a. van Clief v. Helvering, 135 F. 2d S. 256 (D.C.Cir. 1943); O.N. Elliott v. U.S., 268 F.Supp. 521 (D.Ore. 1967).

[140] Siehe z. B. Rowan v. United States, 219 F. 2d 51 (5th Cir. 1955); siehe auch die Auffassung des Referee in In re James F. Farmer Door Co., Inc., 48 Am.B.L.J. 186 (1974).

[141] 117 F. 2d 497 (5th Cir. 1941), cert.den. 313 U.S. 583 (1941).

den. Arnold gewährte dem Unternehmen daraufhin Darlehen in Höhe von $ 70.000. Die Betriebsanlagen wurden mit einem Kostenaufwand von $ 115.000 fertiggestellt. Zur Betriebsaufnahme gewährte Arnold dem Unternehmen weitere Kredite. Ungefähr ein Jahr nach der Gründung der Gesellschaft betrug die Gesamthöhe der Darlehen ca. $ 80.000. Hierfür wurde Arnold ein Schuldschein ausgestellt. Außerdem wurden ihm Sicherheiten eingeräumt[142]. In den folgenden zwei Jahren florierte das Unternehmen. Arnold konnte ein Teil der Darlehen zurückgezahlt werden. Danach geriet die Gesellschaft jedoch in finanzielle Schwierigkeiten. Arnold gewährte dem Unternehmen daher weitere Darlehen in Höhe von $ 47.000. Später kam es zum Konkurs des Unternehmens.

Der Circuit Court of Appeals, der letztendlich mit dem Fall befaßt war, differenzierte zwischen den Darlehensgewährungen in zeitlicher Hinsicht:

1. Die Mittel, die der Gesellschaft im Rahmen der Gründung und im Laufe des ersten Jahres nach Gründung zugeführt worden waren, stellten nach Meinung des Gerichtes Eigenkapital dar.
2. Die Mittel, die Arnold dem Unternehmen gewährte, als das Geschäft im Anschluß an eine zweijährige Gewinnperiode zurückging, erkannte das Gericht demgegenüber als Darlehen an.

Im Hinblick auf die erste Gruppe von „Krediten“ sagte Judge Sibley für das Gericht[143]: "Those (advances) made before the enterprise was launched were ... really capital. Although the charter provided for no more capital than $ 50.000, what it took to build the plant and equip it was a permanent investment, in its nature capital."

Die Anerkennung der zweiten Serie von Darlehen begründete das Gericht damit, daß die Gesellschaft nach Hinzurechnung der Darlehen in der Anfangsphase und nach zweijähriger Prosperität nicht mehr unterkapitalisiert gewesen sei. Die finanziellen Schwierigkeiten hätten sich nicht von denen anderer Unternehmen unterschieden, bei denen Verluste eingetreten seien. Zum Ausgleich der Verluste dürfe das Unternehmen Darlehen aufnehmen. Hätte eine Bank die Kredite gewährt, so wären ihre Rückzahlungsansprüche im Konkurs anzuerkennen.

Gegenüber der gerichtlichen Tendenz, Gesellschafterdarlehen, die in der Gründungsphase gewährt werden, als Eigenkapital zu behandeln,

---

[142] Es handelte sich hierbei um eine „deed of trust“, vereinfacht, die Übertragung von Grundeigentum zur Sicherung von Ansprüchen auf einen oder mehrere Treuhänder. Vgl. zu diesem Institut u. a. Bank of Woodland v. Pierce, 77 P.1012 (S.Ct. 1904). Zur Frage der Behandlung von Sicherheiten für Gesellschafterdarlehen siehe D 2 a gg.

[143] 117 F. 2d 497 auf S. 501 (5th Cir. 1941).

ist eingewendet worden, daß hiermit die Möglichkeit unberücksichtigt bliebe, daß die notwendigen Mittel u. U. auch von außenstehenden Dritten hätten erlangt werden können[144]. Soweit Dritte zur Krediteinräumung bereit seien, sollten die Gesellschafter nicht dafür bestraft werden, daß sie ihr eigenes Geld vorstreckten, anstatt teure Kredite von Dritten aufzunehmen. Außerdem würden spätere Kredite durch die zeitliche Differenzierung unangemessen begünstigt.

In der Tat läßt sich diese Rechtsprechung unter rein wirtschaftlichen Gesichtspunkten nicht begründen. Soweit Kredite Dritter zu annehmbaren Bedingungen, insbesondere angemessener Befristung, zur Verfügung stehen, ist die Zufuhr von Eigenkapital betriebswirtschaftlich jedenfalls nicht immer unbedingt erforderlich. Die Tendenz der Gerichte ist vielmehr allein unter Gläubigerschutzaspekten zu sehen. Bei Betriebsbeginn sollen zunächst einmal die zur Betriebsaufnahme notwendigen Mittel von den Gesellschaftern als Eigenkapital geleistet werden, damit den Gläubigern eine ausreichende Haftungsgrundlage zur Verfügung steht. Man kann dieses Bestreben dahingehend verallgemeinern, daß die Gesellschaft erst dann alle Privilegien der beschränkten Haftung in Anspruch nehmen kann, wenn als quid pro quo das Risiko in der Anfangsphase weitgehend von den Gesellschaftern selbst übernommen wird.

In diesem Zusammenhang ist auch hervorzuheben, daß ein Teil der Einzelstaaten ein Mindeststammkapital nicht festsetzt[145], während die Mehrzahl der Einzelstaaten einen recht geringfügigen Betrag, meist $ 1.000, als Mindestkapital fordert[146]. Die Rechtsprechungsgrundsätze haben insofern eine gewisse Ausgleichsfunktion[147].

(ee) Verwendungszweck der Darlehen

Auch der Verwendungszweck der fraglichen Kredite hat — dies geht implizit schon aus den vorstehenden Ausführungen hervor — die Gerichte bei der Abgrenzung beeinflußt. Soweit die Kredite zur Beschaffung langfristig oder ständig im Unternehmen gebundener Werte dienen, ist dies als Indiz für den Eigenkapitalcharakter der Darlehen erachtet worden[148].

---

144 Siehe Symposium, 52 Nw.U.L.Rev. 345, 369 f. (1957); ferner Schlesinger, 5 U.Fla.L.Rev. auf S. 373 (1952).

145 Dies gilt z. B. für Kalifornien und Delaware.

146 Vgl. ABA-ALI Model Bus. Corp. Act § 48 (g); siehe auch Ga. Code Ann. § 22 - 804; Tenn. Code Ann. § 48 - 202; in Ohio z. B. nur 500 Dollar, Ohio Rev.Code § 1701.04 (A) (5).

147 Siehe auch Immenga, S. 367.

148 Siehe Arnold v. Phillips, 117 F. 2d 497, 501 f. (5th Cir. 1941), cert.den., 313 U.S. 583 (1941); Estate of Herbert B. Miller, 24 T.C. 923, 929 f.; Sam

Hiergegen ist im Schrifttum eingewendet worden, daß der Erwerb z. B. einer Betriebsanlage im allgemeinen eine größere Sicherheit für die Gläubiger darstelle, als wenn das Darlehen für das Umlaufvermögen verwendet würde[149].

Die Finanzierung ständig bzw. langfristig vom Unternehmen benötigter Vermögenswerte erfordert — bei wirtschaftlicher Betrachtungsweise — nicht notwendig Eigenkapital. Ein solches Erfordernis ließe sich allenfalls unter dem Aspekt der Sicherung des Fremdkapitals sowie der leichteren Tilgung der Fremdmittel im Rahmen des Selbstliquidisierungsprozesses begründen. Auch dauernde Investitionen sind aber keineswegs immer risikolos. Ferner läßt sich auch das Risiko, das mit einer Finanzierung von langfristig benötigten Vermögenswerten durch Fremdkapital verbunden ist, letztlich nur im Einzelfall beurteilen. Ist das Risiko gering, so fragt sich, warum nicht Fremdkapital zur Finanzierung herangezogen werden sollte. So haben denn auch einige Entscheidungen Darlehen anerkannt, obwohl damit ständig im Unternehmen gebundene Werte finanziert wurden[150].

bb) Weitere Kriterien (Gäubiger- oder Gesellschafterverhalten?)

Neben dem Kriterium der Unterkapitalisierung haben die Konkursgerichte eine Reihe von Indizien herausgearbeitet, die nicht auf die Kapitalstruktur des fraglichen Unternehmens, sondern vorwiegend auf das Verhalten von Gesellschaft und Gesellschafter sowie Form und Bedingungen der Kreditgewährung abstellen.

Der tatsächliche Charakter der Darlehen wird danach ermittelt, ob die Stellung des Gesellschafter-Gläubigers im Hinblick auf die der Gesellschaft zugeführten Mittel nach den Gesamtumständen mehr der Stellung eines Gläubigers oder der eines Gesellschafters entspricht[151].

Schnitzer, 13 T.C. 55, 61 (1949), aff'd 183 F. 2d 70 (9th Cir. 1950), cert.den., 340 U.S. 911 (1951); Bijou-Pensacola Corp. v. U.S., 172 F.Supp. 309 (N.D.Fla. 1959); vgl. auch Loiseaux, 38 Ref.J. 4, 5 f. (1964), der meint, daß derjenige Betrag, der dem Unternehmen ständig verbleiben muß („residual amount of money") durch Eigenkapital aufzubringen sei; siehe ferner Weis, 51 Ill.B.J. 898 (1963).

[149] Schlesinger, 5 U.Fla.L.Rev. 355, 373 (1952); kritisch auch Hickman, 40 Taxes 883, 886 (1962); sowie Mertens, Nr. 4.04, S. 13.

[150] Vgl. z. B. Alma de B. Spreckels, 5 T.C.M. 49 (1949), (Steuerrecht); Barlow v. Budge, 127 F. 2d 440 (8th Cir. 1942) (Konkursrecht); fraglich in Goldie v. Cox, 130 F. 2d 695 (8th Cir. 1942).

[151] Vgl. etwa Wood Preserving Corporation of Baltimore v. U.S., 347 F. 2d 117, 119 (4th Cir. 1965) sowie insbesondere auch die Ausführungen unten D 2 a bb (g) und die dort angegebenen Nachweise. Dem entspricht der in Deutschland in der Diskussion um die Bestimmung der Unterkapitalisierung häufig vertretene faktische Ansatz, wonach Unterkapitalisierung gegeben ist,

Diese sich am Erscheinungsbild von Gläubiger und Gesellschafter orientierende Fragestellung unterscheidet sich offensichtlich von derjenigen, die auf das Merkmal der Unterkapitalisierung abstellt. Dennoch finden sich weder in der Rechtsprechung noch im Schrifttum grundsätzliche Erörterungen hierzu. Auf der Grundlage von equity-Prinzipien ließe sich dieser Ansatz aber mit ähnlichen Erwägungen begründen, wie sie oben zur Begründung des Kriteriums der Unterkapitalisierung angeführt wurden[152]: Wenn sich der Gesellschafter-Gläubiger im Hinblick auf die der Gesellschaft von ihm gewährten Darlehen wie ein Gesellschafter verhält und die Darlehen wie eine Einlage behandelt, so ist er hieran festzuhalten. Er kann sich im Konkurs der Gesellschaft nicht auf seine Gläubigerstellung berufen[153].

Bereits an dieser Stelle sei darauf hingewiesen, daß diese am Verhalten des Gesellschafters ansetzende Fragestellung erhebliche Schwierigkeiten mit sich bringt, die letztlich auf den bereits oben angeschnittenen Problemen der Abgrenzung von Darlehen und Einlage[154] beruhen. So wie die Grenzen von Einlage und Darlehen im Tatsächlichen vielfach verschwimmen, so ist entsprechend auch der Übergang im tatsächlichen Erscheinungsbild von Gläubiger und Gesellschafter in der Praxis sehr fließend. Dies erschwert die Anwendung der nachstehend zu behandelnden Kriterien von vornherein in erheblichem Maße.

Die Gerichte verwenden ganz überwiegend alle im folgenden behandelten Kriterien kumulativ[155]. Probleme sind dabei aufgetreten, wenn sich Indizien widersprachen. Auslegungsregeln für eine Abwägung bestehen jedoch praktisch nicht. Allgemein anerkannt ist nur, daß einem

---

wenn das Gesellschafterdarlehen wirtschaftlich gesehen Eigenkapital darstellt. Dieser Ansatz findet sich überwiegend in Rechtsprechung und Schrifttum zum 1972 gestrichenen § 3 KVStG, aber auch in der handelsrechtlichen Literatur (vgl. z. B. Geßler, GmbHR 1966, 102, 109; Fessler, S. 179, 189).

152 Vgl. D 2 a aa (a); auch Loiseaux, 38 Ref.J. 4, 7 (1964).

153 Denkbar ist auch folgende Begründung: Gewährt ein Gesellschafter seinem Unternehmen ein Darlehen, das wirtschaftlich die Eigenschaften einer Einlage aufweist, so besteht die Vermutung, daß der Gesellschafter eine Eigenkapitalzufuhr für notwendig erachtete. Dann kann aber davon ausgegangen werden, daß auch objektiv weitere Eigenmittel notwendig waren, die Gesellschaft also unterkapitalisiert war. In diesem Fall — so könnte man auf die Begründung des Kriteriums der Unterkapitalisierung durch Richter Learned Hand in V. Loewer's Gambrinus Brewery Co. rückschließen (vgl. D 2 a aa (a)) — wälzt der Gesellschafter unzulässigerweise das von ihm zu tragende Geschäftsrisiko auf Dritte ab. Vgl. zu ähnlichen Überlegungen im deutschen Recht Wiedemann, S. 32; auch Steffen, S. 164.

154 Vgl. oben B 3.

155 Vgl. In re Eastern Erectors, Inc., 346 F.Supp. 293, 295 (E.D.Penn. 1972), aff'd 485 F. 2d 679 (2d Cir. 1973); siehe ferner u. a. Road Materials, Inc. v. Comm'r, 407 F. 2d 1121 (4th Cir. 1969); Harold W. Hardy, Nr. 72230 P-H MemoTC (1972); Montclair, Inc., v. Comm'r, 318 F. 2d 38, 40 (5th Cir. 1963); Berkowitz v. United States, 69-1 U.S.T.C. Nr. 9398, 411 F. 2d 818 (5th Cir. 1969); Bordo Products Co. v. U.S., 476 F. 2d 1312 (Ct.Cl. 1973).

einzelnen Indiz keine allein entscheidende Bedeutung zukommt[156]. Letztlich entscheidend sind stets die Umstände des Einzelfalls. Die einzelnen Indizien sind nicht bindend[157].

Die Anzahl der in diesem Zusammenhang einzuordnenden Testkriterien ist im Laufe der Zeit erheblich angewachsen[158]. Dies ist nur eine zwangsläufige Folge der Tatsache, daß jeweils immer neue Lebenssachverhalte zu entscheiden waren, letztlich sich jede Entscheidung aber ausschließlich nach den Umständen des Einzelfalles bemißt. Auch insofern kann die folgende Zusammenstellung der in der Rechtsprechung wichtigsten Kriterien nur einen — keinesfalls abschließenden — Überblick gewähren. Ferner ist darauf hinzuweisen, daß die einzelnen Kriterien oftmals ineinanderfließen bzw. nur dieselbe Frage unter etwas verändertem Blickwinkel beurteilen.

Wie bei der Frage der Unterkapitalisierung ist auch hier in erheblichem Umfang auf steuerrechtliche Entscheidungen zurückgegriffen worden. Die im folgenden zu behandelnden Kriterien stimmen nämlich im Grundsatz und im wesentlichen auch in ihrer Anwendung im Konkurs- und im Steuerrecht überein[159], wobei aber die einzelnen Grundsätze und die mit ihnen verbundenen Anwendungsprobleme in der Steuerrechtsprechung wegen der weitaus größeren Anzahl der zu entscheidenden Fälle sehr viel deutlicher geworden sind als in der Konkursrechtsprechung. Die Konkurs- und Steuerrecht zugrunde liegende unterschiedliche Interessenlage beeinträchtigt dabei in aller Regel auch nicht die Übertragbarkeit der steuerrechtlichen Entscheidungen auf das Konkursrecht[160].

(a) Die Form der Kreditgewährung

Konkurs- und Steuergerichte haben stets die gesamten formellen Umstände der Kreditgewährung bei der Abgrenzung von Eigenkapital und Darlehen berücksichtigt[161]. Insbesondere ist dabei von Bedeutung, ob für die Darlehensverpflichtung eine Urkunde ausgestellt wurde[162]

---

156 John Kelley Co. v. Comm'r, 326 U.S. 521, 530 (1946).

157 Dies macht folgende Äußerung besonders deutlich: "We think the tests are, at most, helpful factors to be considered, and not fiats to be bound by. We disapprove of rubricating such 'tests' into talismans of magical power." Vgl. Georgia Southern & F. Ry, Co. v. Atlanta Coast Line R. Co., 373 F. 2d 493, 498 (5th Cir. 1967), cert.den., 389 U.S. 851 (1967).

158 Holzman, 47 Taxes 4 ff. (1969), führt in einem Überblick 39 Indizien (einschließlich Unterkapitalisierung) auf.

159 Vgl. auch D 2 a und die dort aufgeführten Nachweise.

160 Siehe allerdings D 2 a bb (k) und D 2 a bb (l).

161 An konkursrechtlichen Entscheidungen sind vor allem zu erwähnen: Goldstein v. Wolfson, 132 F. 2d 695 (2d Cir. 1943); In re Madeleine, 164 F. 2d 419 (2d Cir. 1947); Barlow v. Budge, 127 F. 2d 440 (8th Cir. 1942).

und ob die fraglichen Mittel in sämtlichen Rechnungs- und sonstigen Unterlagen des Unternehmens durchgängig als Darlehen ausgewiesen sind[163].

Das besagt nicht, daß die Einhaltung dieser Voraussetzungen für die Anerkennung der Darlehen ausreicht. Vielmehr ist stets betont worden, daß die gewählte Form keineswegs bestimmend ist für die Abgrenzung[164]. Andererseits schließt auch mangelnde formelle Ausweisung der Mittel als Darlehen die Anerkennung nicht automatisch aus[165]. Jedoch ist hiermit ein schwerwiegendes Indiz gegen das Bestehen einer echten Darlehensbeziehung gegeben[166]. Dies gilt vor allem, wenn der fragliche Kreditgeber mehr oder minder alleiniger Gesellschafter ist und alle Formalitäten bestimmen kann[167].

Bei mangelnder formeller Ausweisung der Mittel als Darlehen müssen regelmäßig besondere Gründe hierfür dargetan werden, um die Behandlung der fraglichen Mittel als Eigenkapital zu vermeiden[168].

---

[162] Entscheidungen, die das Fehlen von derartigen Urkunden als Indiz für den Eigenkapitalcharakter verwandten, sind u. a. Diamond Brothers Co. v. Comm'r, 322 F. 2d 725 (3d Cir. 1963); S. Tauber, 11 T.C.M. 269 (1952); Silver Brand Clothes, Inc., Nr. 72,060 P-H MemoTC (1972).

[163] Vgl. hierzu u. a. Montclair v. C.I.R., 63-1 U.S.T.C. Nr. 9489, 318 F. 2d 38, 40 (5th Cir. 1963); Berkowitz et al v. U.S., 69-1 U.S.T.C. Nr. 9398, 411 F. 2d 818 (5th Cir. 1969); U.S. v. Henderson, 375 F. 2d 36 (5th Cir. 1967), cert.den. 389 U.S. 953 (1967); siehe auch O.H. Kruse Grain & Milling v. Comm'r, 60-2 U.S.T.C. Nr. 9490, 279 F. 2d 123 (9th Cir. 1960); Bordo Products Co. v. U.S., 476 F. 2d 1312 (Ct.Cl. 1973).

[164] z. B. John Kelley Co. v. Comm'r, 326 U.S. 521 (1946); Road Materials, Inc. v. Comm'r, 407 F. 2d 1121 (4th Cir. 1969); Gregory v. Helvering, 293 U.S. 465 (1935); United States v. Snyder Brothers, 367 F. 2d 980 (5th Cir. 1966); Delta Plastic Corp., Nr. 54.121 P-H TC (1970); Dies folgt bereits aus dem das Konkurs- und Steuerrecht beherrschenden Grundsatz „substance shall prevail over form“.

[165] Irbco Corp. v. Comm'r, 25 T.C.M. 359; siehe auch Turner Tire Co., Inc. v. U.S., 72-2 U.S.T.C. Nr. 9570 (1972); siehe aber Loiseaux, 38 Ref.J. 4, 7 (1964): "I discuss this factor of bookkeeping on the assumption that in any case in which the loan does not appear on the company's books, there would be a finding of actual fraud as to other creditors." Diese Meinung impliziert also zumindest die subordination der Gesellschafterdarlehen. In dieser Generalität trifft diese Auffassung jedoch nicht zu; siehe z. B. Barlow v. Budge, 127 F. 2d 440 (8th Cir. 1942).

[166] Vgl. z. B. die konkursrechtliche Entscheidung In the Matter of Sterling House, 356 F.Supp. 1113, 1116 (W.D.Va. 1973).

[167] Vgl. Fin Hay Realty Co. v. United States, 398 F. 2d 694, 697 (3d Cir. 1968): "(where) the same persons occupy both sides of the bargaining table, form does not necessarily correspond to the intrinsic economic nature or the transaction, for the parties may mold it at their will with no countervailing pull."

[168] Vgl. auch Goff v. Russell Co., 495 F. 2d 199 (5th Cir. 1974), (allerdings zur Frage des discharge): "Once an objector has shown reasonable grounds to believe that the books or records are inadequate, the burden of justification shifts to the bankrupt to explain why they were not kept in a proper and satisfactory manner."

So wurde in Bayou Verret Land Co., Inc.[169] besonders betont, daß die buchhalterischen Eintragungen nicht mit den schriftlichen Anweisungen an den Buchhalter übereinstimmten. In Rowan v. United States[170], wo keine Urkunden für die fraglichen Darlehen gegeben wurden, unterstrich das Gericht die Tatsache, daß es sich hier um ein Kontokorrentverhältnis handelte, dessen Stand häufig wechselte.

(b) Bestimmter Fälligkeitstermin

Ein weiteres Indiz für das Vorliegen eines Darlehens ist die Vereinbarung eines bestimmten Fälligkeitstermins für die Rückzahlung der Mittel[171].

Ein Anhaltspunkt für den tatsächlichen Darlehenscharakter liegt dabei jedoch nur vor, wenn der vereinbarte Fälligkeitszeitpunkt im wesentlichen dem entspricht, den ein Drittgläubiger verlangt hätte[172].

Die Schwierigkeit für Gesellschaft und Gesellschafter besteht hierbei darin, eine Laufzeit zu vereinbaren, die nicht zu kurz ist, d. h. den Bedürfnissen des Unternehmens gerecht wird und Gefahren der Nichteinhaltung der Verpflichtungen vermeidet[173]. Andererseits darf die Kreditgewährung auch nicht zu langfristig sein, da ansonsten möglicherweise ein Indiz für den Eigenkapitalcharakter der Mittel vorliegt.

In der steuerrechtlichen Literatur ist die Ansicht vertreten worden, daß bei Vereinbarung einer Laufzeit von 10 und weniger Jahren eine einlagegleiche Behandlung von Gesellschafterdarlehen wohl vermieden würde[174]. Angesichts der Vielfältigkeit der auftretenden und denkbaren Lebenssachverhalte erscheint diese Ansicht aber äußerst zweifelhaft. Die Gerichte stellen nämlich auch bei der Beurteilung der Laufzeit letztlich nur auf den Einzelfall, insbesondere die Art des Unternehmens und die jeweiligen Risiken, ab. So wurden in Monon Railroad[175] Schuldver-

---

169 Nr. 52.105 P-H MemoTC.

170 219 F. 2d 51, 55 (5th Cir. 1955).

171 Vgl. u. a. Gooding Amusement Co. v. Comm'r, 236 F. 2d 159, 166 (6th Cir. 1956); Montclair, Inc. v. C.I.R., 318 F. 2d 38, 40 (5th Cir. 1963); Isidor Dobkin, 15 T.C. 132 (1950), aff'd 192 F. 2d 392 (2d Cir. 1951); Burr Oaks Corp. v. Comm'r, 43 T.C. 635 (1965), aff'd 365 F. 2d 24 (7th Cir. 1966); im Konkursrecht siehe u. a. in re Eastern Erectors, Inc. 346 F.Supp. 293 (E.D.Penn. 1972), aff'd 485 F. 2d 679 (1973); Costello v. Fazio, 256 F. 2d 903 (9th Cir. 1958); siehe auch Loiseaux, 38 Ref.J. 4,7 (1964); vgl. aber Barlow v. Budge, 127 F. 2d 440 (8th Cir. 1942), siehe dort aber dissent von Judge Johnsen

172 Vgl. z. B. Herbert Enoch, Nr. 57.82 P-H TC; vgl. auch John W. Walter, Inc., 23 T.C. 550 (1954); Peter Raich, 46 T.C. 604 (1966).

173 Vgl. zu den rechtlichen Folgen einer Nichteinhaltung des Fälligkeitszeitpunktes für die hier relevante Abgrenzungsfrage unten D 2 a bb (g).

174 Siehe Schlesinger, 5 U.Fla.L.Rev. auf S. 371 (1952).

175 Nr. 55.34 P-H TC (1971).

schreibungen als echte Schuldverpflichtungen trotz der langen Laufzeit von 50 Jahren anerkannt. Das Gericht verwies auf die gesunde Geschäftslage und auf die Tatsache, daß das Unternehmen bei Ausgabe der fraglichen Schuldverschreibungen bereits 61 Jahre bestand[176].

In Swoby Corporation[177] war das Gericht demgegenüber bei einer Laufzeit von 99 Jahren der Auffassung, daß damit die Fälligkeit so weit hinausgeschoben sei, daß man von einer Rückzahlungsverpflichtung überhaupt nicht mehr sprechen könne.

Sichere, starre Regeln lassen sich also auch hier nicht aufstellen. U. U. können auch Darlehen mit erheblicher Laufzeit Anerkennung finden[178].

(c) Unbedingte Rückzahlungsverpflichtung

In der Rechtsprechung[179] sind Darlehen und Einlage auch vielfach danach abgegrenzt worden, ob die Gesellschaft *unbedingt* zur Rückzahlung der Kredite verpflichtet ist[180]. Soweit dies nicht der Fall ist, d. h. die Rückzahlung völlig dem Geschäftsrisiko unterliegt und die Rückzahlungschancen bzw. -erwartungen äußerst gering sind, wird dies als Indiz für den Eigenkapitalcharakter der Gesellschafterkredite gewertet[181]. Tatsächliche Rückzahlung der Darlehen ist dagegen als wichtiger Hinweis für den Darlehenscharakter angesehen worden[182], es sei denn,

---

176 Vgl. Ruspuyn Corp., 18 T.C. 769, 779 (1952): Darlehen trotz 89jähriger Laufzeit anerkannt. 40- bis 50jährige Laufzeiten wurden in den folgenden Entscheidungen als vereinbar mit echten Darlehen erachtet: Comm'r v. H.P. Hood & Sons, 141 F. 2d 467 (1st Cir. 1944) (40 Jahre); Harry F. Shannon, 29 T.C. 702 (1958) (49 Jahre); Chas. Shaefer & Son, Inc., 9 T.C.M. 1035, 1037 (1950) (50 Jahre).

177 9 T.C. 887 (1947); siehe ferner John W. Walter, Inc., 23 T.C. 550 (1954).

178 Grundsätzlich erscheint es bei Laufzeiten von 20 Jahren und mehr angesichts der durchschnittlichen Lebenserwartung von Unternehmen allerdings äußerst fragwürdig, aufgrund des Fälligkeitstermins zwischen Darlehen und Einlage zu differenzieren. In diesen Fällen ist die Rückzahlung der Kredite nämlich so weit aufgeschoben, daß die Wahrscheinlichkeit, daß die fraglichen Mittel niemals zurückgezahlt werden, ebenso groß ist wie bei einer Einlage. Vgl. hierzu auch Plumb, 26 TaxL.Rev. 369, 416 (1971); sowie Mooney Aircraft, Inc. v. United States, 420 F. 2d 400, 409 f. (5th Cir. 1969).

179 Dies gilt vor allem für die Steuerrechtsprechung.

180 Vgl. z. B. U.S. v. Henderson, 375 F. 2d 36, 39 f., (5th Cir. 1967), cert.den. 389 U.S. 953 (1967), wo dieser Test sogar als wohl wichtigster überhaupt bezeichnet wird, da wesentliches Merkmal eines Darlehens die unbedingte Rückzahlungsverpflichtung sei; siehe auch Mertens, Nr. 30.03, S. 9.

181 Vgl. Isidor Dobkin, 15 T.C. 31, 33 (1950), aff'd 192 F. 2d 392 (2d Cir. 1951); Hilbert L. Blair, 16 T.C. 90 (1951); Pumi-Blok, Co., Nr. 72.048 P-H MemoTC (1972).

182 Vgl. für viele die Konkursentscheidungen: In the matter of Lumber, Inc., 124 F.Supp. 302 (D.Ore. 1954) sowie Brown v. Freedman, 125 F. 2d 151 (1st Cir. 1942). Aus dem Steuerrecht siehe Pierce, 61 T.C. No. 47, Nr. 61.47 (1974).

die Rückzahlung erfolgte relativ kurz vor dem Konkurs des Unternehmens[183].

Gesellschafterdarlehen sind als Eigenkapital behandelt worden, wenn eine Rückzahlung nur erfolgen sollte, soweit die Gesellschaft einen Gewinn verzeichnete[184]. Dabei kann es ausreichen, daß die Parteien hiervon stillschweigend ausgehen, auch wenn der Darlehensvertrag einen festen Fälligkeitstermin vorsieht[185]. Ferner sind die Gerichte vom Eigenkapitalcharakter der Darlehen ausgegangen, wenn die Gesellschaft erst bei Auflösung[186] oder Veräußerung ihrer Vermögenswerte[187] zur Rückzahlung verpflichtet war.

Es finden sich allerdings eine ganze Reihe von Ausnahmeentscheidungen, in denen Darlehen als solche anerkannt wurden, obwohl die Rückzahlung nur erfolgen sollte, wenn die Gesellschaft einen Gewinn erwirtschaftet hatte[188]. So wies das Gericht in Monon Railroad[189] z. B.

---

[183] Vgl. In re Dean and Jean Fashions, Inc., 329 F.Supp. 663, 668 (W.D.Okla. 1971).

[184] Vgl. Costello v. Fazio, 256 F. 2d 903 (9th Cir. 1958). Hinsichtlich des Steuerrechts siehe: Income Tax Reg. §§ 1.166-1 (c), 1.302-4 (d); United States v. Henderson, 375 F. 2d 36, 40 (5th Cir. 1967), cert.den. 389 U.S. 953 (1967); Wood Preserving Corp. v. United States, 347 F. 2d 117, 119 (4th Cir. 1965); Universal Oil Products Co. v. Campbell, 181 F. 2d 451, 476 f. (7th Cir.), cert. den. 340 U.S. 850 (1950); Mary Duerr, 30 T.C. 944, 947 (1958); Lucia Chase Ewing, 20 T.C. 216, 229 (1953), aff'd on other grounds, 213 F. 2d 438 (2d Cir. 1954); vgl. auch section 485 (a) des Tax Reform Act von 1969. Allerdings ist es nach der Steuerrechtsprechung möglich, daß der Zeitplan der Rückzahlung auf die Gewinn- bzw. cash-flow-situation abgestimmt ist, soweit jedenfalls ein fester Endzeitpunkt für die Rückzahlung gesetzt ist; vgl. Charles E. Curry, 43 T.C. 667, 693 (1965); Leach Corp., 30 T.C. 563, 571 f., 576 (1958).

[185] Vgl. L & M Realty Corp. v. Leo, 249 F. 2d 668 (5th Cir. 1962); siehe ferner folgende steuerrechtliche Entscheidungen: 241 Corp., 15 T.C.M. 901, 905, aff'd, 242 F. 2d 759 (2d Cir.), cert.den. 354 U.S. 938 (1957); auch Gyro Engineering Corp. v. U.S., 276 F.Supp. 454, 466 (C.D.Cal. 1967), rev'd, 417 F. 2d 437 (9th Cir. 1969); Gooding Amusement Co. v. Comm'r, 236 F. 2d 159, 163 (6th Cir. 1956), cert.den., 352 U.S. 1031 (1957).

[186] Vgl. Beaver Pipe Tools, Inc. v. Carey, 139 F.Supp. 470 (N.D. Ohio 1955), aff'd, 240 F. 2d 843 (6th Cir. 1957); Mullin Bldg. Corp., 9 T.C. 350, 353 f. (1947), aff'd, 167 F. 2d 1001 (3d Cir. 1948); Green Bay & Western R.R. v. Comm'r, 147 F. 2d 585 (7th Cir. 1945). Dies gilt auch, wenn der Gesellschaftsvertrag befristet ist, da die Gesellschafter den Gesellschaftsvertrag verlängern können; vgl. Jordan Co. v. Allen, 85 F.Supp. 437, 445 (M.D.Ga. 1949).

[187] Fin Hay Realty Co. v. United States, 398 F. 2d 694, 698 (3d Cir. 1968); vgl. auch Ram Corp. v. United States, 305 F.Supp. 831, 834 (W.D.N.C. 1969); National Savings & Trust Co. v. United States, 285 F.Supp. 325, 332 (D.D.C. 1968); McSorley's, Inc. v. United States, 63-1 U.S.T.C. Nr. 9231 (D.Colo. 1962), aff'd 323 F. 2d 900 (10th Cir. 1963).

[188] Vgl. Harlan v. United States, 409 F. 2d 904, 909 (5th Cir. 1969); Ortmayer v. Comm'r, 265 F. 2d 848, 855 (7th Cir. 1959); United Gas Improvement Co. v. Comm'r, 240 F. 2d 312, 318 (3d Cir. 1956); Gounares Bros. & Co. v. United States, 292 F. 2d 79, 81, 83 (5th Cir. 1961).

[189] Nr. 55.34 P-H TC (1971).

darauf hin, daß es bei Eisenbahnunternehmen üblich sei, Kredite nur aus Gewinn zurückzuzahlen.

Das fragliche Testkriterium ist in seiner Anwendung nicht immer unproblematisch. Auch Darlehen außenstehender Dritter — unzweifelhaft Darlehen in tatsächlicher Hinsicht — unterliegen, wenn auch nicht vertraglich, so doch tatsächlich, dem Geschäftsrisiko; ihre Rückzahlung ist praktisch vielfach durch den Erfolg oder zumindest die weitere Existenz des Unternehmens bedingt[190].

Insofern erwarten Drittgläubiger normalerweise Rückzahlung aus Gewinn[191]. Außerdem sollen Kredite in der Regel eine Verbesserung der Finanzlage des Unternehmens bewirken. Aus diesem Grunde wird vielfach im Tatsächlichen im Hinblick auf die Rückzahlungserwartungen der Parteien ein sehr fließender Übergang zwischen Darlehen und Eigenkapital bestehen[192].

Die Feststellung, daß die Rückzahlungsverpflichtung „bedingt" oder „unbedingt" ist, scheint in der Rechtsprechung oftmals auch nicht so sehr eine eigenständige Abgrenzungsfrage, sondern das Ergebnis der Gesamtbeurteilung des mit der Kreditvergabe verbundenen Risikos zu sein. Konnten die Parteien angesichts des Risikos bei Gewährung des Kredites realistischerweise von der Rückzahlung ausgehen?

Wie die Rechtsprechung zeigt, spiegeln sich Risiko und Rückzahlungserwartungen der Parteien weitgehend in den Quellen wider, aus denen die Rückzahlung erfolgen soll[193]. Hierbei kommen im wesentlichen in Betracht:

---

190 Vgl. American Processing & Sales Co. v. United States, 371 F. 2d 842, 856 (Ct.Cl. 1967); George A. Nye, 50 T.C. 536 (1968); vgl. auch Plumb, 26 TaxL.Rev. 369, 505 f. (1971): "The difference (between creditor and shareholder) lies in the *nature* and *degree* of the risk assumed."

191 Vgl. auch J.S. Biritz Construction Co. v. Comm'r, 387 F. 2d 451, 458 (8th Cir. 1967); Estate of Miller v. Comm'r, 239 F. 2d 729, 732 (9th Cir. 1956); George A. Nye, 50 T.C. 203, 216 (1968); siehe aber Estate of Herbert B. Miller, 24 T.C. 923, 930 (1955), rev'd in Estate of Herbert B. Miller v. Comm'r, Sam Schnitzer, 13 T.C. 43, 61 f. (1949), aff'd, 183 F. 2d 70 (9th Cir. 1950), cert. den., 340 U.S. 911 (1951); vgl. zum Ganzen Plumb, 26 TaxL.Rev. 369, 527 (1971).

192 Vgl. hierzu auch Byerlite Corp. v. Williams, 286 F. 2d 285, 292 (6th Cir. 1960), wo die Unterscheidung von Kapital und Darlehen anhand der Rückzahlungserwartungen sogar als untauglich bezeichnet wird: "But it does not help in the solution of the problem to speak of the man who invests in stock of a corporation as the one who takes the risk and the creditor as the one who seeks a definite obligation, payable in any event. One who makes a loan to a corporation also takes a risk ..."

193 Vgl. hierzu eingehend Plumb, 26 TaxL.Rev. 369, 526 ff. (1971). Auf diesen Artikel, insbesondere auch im Hinblick auf die Beurteilung des Risikos unter Berücksichtigung der projizierten Rückzahlungsquellen, stützt sich die neuere Entscheidung Bordo Products Company, 476 F. 2d 1312, 1326 (Ct.Cl. 1973); siehe auch Dillin v. United States, 433 F. 2d 1097, 1100 (5th Cir. 1970) („source of payments"); auf die Liste der Kriterien in der Dillin-Entscheidung bezieht sich das konkursrechtliche Urteil In re Eastern Erectors, Inc., 346 F.Supp. 293, 295 (E.D.Penn. 1972), aff'd 485 F. 2d 679 (2d Cir. 1973).

1. Veräußerung von Vermögenswerten der Gesellschaft bzw. Auflösung der Gesellschaft,
2. Geschäftsgewinne,
3. cash flow,
4. Refinanzierung.

Soweit bei Fälligkeit oder in angemessener Frist die Rückzahlung vernünftigerweise lediglich durch Veräußerung wesentlicher Vermögenswerte der Gesellschaft möglich scheint, kann praktisch nicht davon gesprochen werden, daß Rückzahlungserwartungen bestehen. Die Gesellschafter würden einen derartig drastischen Schritt in aller Regel nämlich nicht ergreifen[194].

Wenn die Gesellschafter dagegen davon ausgehen, daß die Rückzahlung des Darlehens aus Gesellschaftsgewinnen erfolgen soll, so ist anhand des Einzelfalles zu differenzieren, inwieweit sich die Profiterwartungen bereits kristallisiert haben[195]. Dabei spielen Art des Unternehmens und in der Vergangenheit gesammelte Erfahrungswerte eine große Rolle[196]. Völlig unrealisierte, subjektive Erwartungen finden zu Recht überwiegend keine Berücksichtigung[197].

---

194 Vgl. aus den zahlreichen Beispielen der Steuerrechtsprechung: Ram Corp. v. United States, 305 F.Supp. 831, 834 (W.D.N.C. 1969); National Savings & Trust Co. v. United States, 285 F.Supp. 325, 332 (D.D.C. 1968); McSorley's, Inc. v. United States, 63-1 U.S.T.C. Nr. 9231 (D.Colo. 1962), aff'd, 323 F. 2d 900 (10th Cir. 1963); Fred I. Nystrom, Jr., 28 T.C.M. 1050, 1054 (1969); Newman E. Jones, Jr., 23 T.C.M. 1613, 1615 (1964). Ausnahmen zu diesem Grundsatz können sich vor allem aus der Natur des fraglichen Unternehmens ergeben. Ausnahmen gelten z. B. für corporations, die zum Erwerb und Verkauf von Grundstücken gegründet worden sind. Vgl. z. B. Piedmont Corp. v. Commr, 388 F. 2d 886, 890 (4th Cir. 1968); Lots, Inc., 49 T.C. 541, 548 (1968); Evwalt Development Corp., 22 T.C.M. 220, 228 (1963); Wynnefield Heights, Inc., 25 T.C.M. 953, 959 f. (1966).

195 Vgl. hierzu auch Plumb, 26 TaxL.Rev. 369, 527 (1971); siehe auch Jack Daniel Distillery v. United States, 379 F. 2d 569, 582 f. (Ct.Cl. 1967), wo das Gericht die Ausführungen seitens der Steuerbehörde zurückwies, die dahin gingen, daß es allein entscheidend sei, daß die Rückzahlung vom Erfolg des Unternehmens abhing; die Wahrscheinlichkeit des Erfolges sei dagegen unerheblich.

196 Siehe z. B. Estate of Miller v. Comm'r, 239 F. 2d 729, 731 (9th Cir. 1956); Jack Daniel Distillery v. United States, oben Fn. 194; Ackerson v. United States, 277 F.Supp. 475, 477 (W.D.Ky. 1967); Malone & Hide, Inc., 49 T.C. 575, 578 (1968); Plastic Toys, Inc., 27 T.C.M. 707, 711 (1968).

197 Vgl. u. a. Berkowitz v. United States, 411 F. 2d 818, 821 (5th Cir. 1969); American-La-France-Foamite Corp. v. Comm'r, 284 F. 2d 723, 725 (2d Cir. 1960), cert.den., 365 U.S. 881 (1961); Arlington Park Jockey Club v. Sauber, 262 F. 2d 902, 905 f. (7th Cir. 1959); Gilbert v. Comm'r, 262 F. 2d 512, 514 (2d Cir.), cert.den., 359 U.S. 1002 (1959); Burr Oaks Corp., 43 T.C. 635, 647 (1965), aff'd, 365 F. 2d 24 (7th Cir. 1966), cert.den., 385 U.S. 1007 (1967). Demgegenüber haben vereinzelte Entscheidungen den subjektiven Erwartungen der Gesellschafter allzu großen Wert beigemessen, vgl. American Processing & Sales Co. v. United States, 371 F. 2d 842, 856 f. (Ct.Cl. 1967); Santa Anita

Ein starkes Indiz zugunsten der Anerkennung von Gesellschafterdarlehen ist vor allem gegeben, wenn der voraussichtliche cash flow die Rückzahlung der Darlehen ermöglicht[198]. Soweit jedoch der zu erwartende cash flow vollständig für die Rückzahlung des Gesellschafterdarlehens verwendet werden müßte, kann nicht davon ausgegangen werden, daß die Rückzahlung erwartet wird[199]

Schließlich kommt in einigen Ausnahmefällen noch eine Anerkennung der Gesellschafterdarlehen in Betracht, wenn realistischerweise mit einer Refinanzierung des offenstehenden Betrages durch Dritte gerechnet werden kann[200].

(d) Einschränkung der Durchsetzbarkeit des Rückzahlungsanspruchs

Soweit die Rückzahlungsverpflichtung nach dem Vertrag zwar in „unbedingter Form" gehalten ist, die Durchsetzung des Rückzahlungsanspruchs jedoch an besondere Bedingungen geknüpft ist, wird dies in der Rechtsprechung regelmäßig als Indiz gegen das Vorliegen einer tatsächlichen Darlehensbeziehung gewertet[201]. Dies ist z. B. der Fall, wenn das Klagrecht des Darlehensgebers von der Zustimmung eines bestimmten Teils oder aller Gesellschafter abhängig gemacht ist[202]. In der Steuerrechtsprechung finden sich darüber hinaus einige Entscheidungen, wonach es nicht allein ausreicht, daß das Klagrecht unbedingt besteht. Vielmehr ist bereits ein Indiz gegen ein Darlehen gegeben, wenn im Vertrag keine Klausel vorgesehen ist, wonach bei Nichteinhaltung der

---

Consolidated, Inc., 50 T.C. 536, 554 (1968); Alstate-Schuykill Co., 28 T.C.M. 32, 38 (1969); Washington Institute of Technology, 10 T.C.M. 17, 19 (1951); Maloney v. Spencer, 172 F. 2d 638, 640 (9th Cir. 1949).

[198] Vgl. Plumb, 26 TaxL.Rev. 369, 526 ff. (1971); Hickman, 40 Taxes 974, 990 f. (1962), wo Donaldson, Corporate Debt Capacity (Harv.Bus. S. 1961) zitiert wird. Cash flow umfaßt nicht nur Reingewinn, sondern sämtliche Einkünfte. Bei verbundenen Unternehmen ist der sog. inventory flow dem cash flow weitgehend vergleichbar, vgl. hierzu u. a. Piedmont Minerals Co. v. United States, 429 F. 2d 560, 563 Fn. 7 (4th Cir. 1970); C.M. Gooch Lumber Sales Co., 49 T.C. 649, 657 (1968).

[199] Vgl. Wood Preserving Co. v. United States, 233 F.Supp. 600, 606 (D.Md. 1964), aff'd, 347 F. 2d 117 (4th Cir. 1965); Ambassador Apartments, Inc., 50 T.C. 236, 245 (1968), aff'd 406 F. 2d 288 (2d Cir. 1969); 2554 - 58 Creston Corp., 40 T.C. 932, 938 (1963).

[200] Campbell v. Carter Foundation Co., 322 F. 2d 827, 832 (5th Cir. 1963); 85 Es Realty, Inc. v. United States, 59-1 U.S.T.C. Nr. 9232, S. 71, 459 (S.D.N.Y. 1958) (jury instructions); Motel Co., 22 T.C.M. 825, 833 (1963), aff'd on another issue, 340 F. 2d 445 (2d Cir. 1965); Evwalt Development Corp., 22 T.C.M. 220, 228 (1963); Leonhard J. Erickson, 15 T.C.M. 1338, 1341 (1956).

[201] Vgl. United States v. South Georgia Ry., 107 F. 2d 3, 5 (5th Cir. 1939). Ähnlich die deutsche Rechtsprechung zur einlagegleichen Behandlung von Gesellschafterdarlehen im Kapitalverkehrsteuerrecht. Für alle: RFH 5, 55.

[202] Siehe z. B. 1432 Broadway Corp., 4 T.C. 1158 (1945).

Zahlungsverpflichtungen der gesamte zurückzuzahlende Betrag fällig wird[203].

Einige schwierige Abgrenzungsfragen sind im Steuerrecht ferner dann aufgetreten, wenn die dem Darlehensgeber eingeräumten Rechte denen entsprechen, die typischerweise Vorzugsaktionären gewährt werden[204]. Im allgemeinen stehen derartige Rechte der Anerkennung von Gesellschafterdarlehen dann nicht entgegen, wenn sie das allgemeine Klagrecht auf Rückzahlung ergänzen, nicht aber ersetzen[205].

(e) Zinsvereinbarung

Grundsätzlich ist es für den Aktionär bzw. Vorzugsaktionär im amerikanischen Recht typisch, daß Ausschüttungen auf seinen Anteil nur erfolgen, wenn

1. Gewinn oder Reserven (surplus) vorhanden sind[206],
2. ein formeller Dividendenbeschluß der Direktoren vorliegt, wobei dieser Beschluß im Ermessen der Direktoren steht.

Dagegen besitzt der Gläubiger nach der Darlehensvereinbarung regelmäßig einen unbedingten Anspruch auf Zinszahlung, unabhängig davon, ob Gewinne, Einkünfte, Reserven usw. gegeben sind[207].

---

203 Sog. „acceleration clause"; vgl. National Farmers Union Serv. Corp. v. United States, 400 F. 2d 483, 485 (10th Cir. 1968); Coleman Good, Inc. v. United States, 65-2 U.S.T.C. Nr. 9750 (W.D.Pa. 1965), aff'd, 359 F. 2d 434 (3d Cir. 1966); Moughon v. Comm'r, 329 F. 2d 399, 401 (6th Cir. 1964); Mullin Bldg. Corp., 9 T.C. 350, 354 (1947), aff'd, 167 F. 2d 1001 (3d Cir. 1948); ob im Hinblick auf die „acceleration clause" eine Beschränkung der Durchsetzbarkeit möglich ist, wird unterschiedlich beurteilt. Siehe einerseits bejahend u. a. Luden's, Inc., v. United States, 196 F.Supp. 526, 533 (E.D.Pa. 1961); verneinend Dillin v. United States, 433 F. 2d 1097, 1101 f. (5th Cir. 1970).

204 In Betracht kommt hier etwa das Recht, die Kontrolle des Managements zu übernehmen, vgl. näher u. a. Gardens of Faith, Inc., 23 T.C.M. 1045, 1058 (1964), aff'd, 345 F.2d 180 (4th Cir.), cert.den., 382 U.S. 927 (1965); ferner das Recht, die Ernennung eines receiver zwecks Auflösung der Gesellschaft zu erwirken; vgl. hierzu United States v. South Georgia Ry., 107 F. 2d 3, 5 (5th Cir. 1939); Comm'r v. Meridian & Thirteenth Realty Co., 132 F. 2d 182, 187 (7th Cir. 1942).

205 Vgl. u. a. Hemenway-Johnson Furniture Co., 7 T.C.M. 380, 382 f., 387 (1948), aff'd, 171 F. 2d 793 (5th Cir. 1949); Elliott-Lewis Co., 4 T.C.M. 136, 142 (1945), aff'd, 154 F. 2d 292 (3d Cir. 1946).

206 Vgl. hierzu im Zusammenhang mit der Abgrenzung von Darlehen und Einlage Milwaukee & Suburban Transport Corp. v. Comm'r 283 F. 2d 279, 283 (7th Cir. 1960), cert.den., 366 U.S. 965 (1961), zurückverwiesen aus anderen Gründen, 367 U.S. 906 (1961); Lee Telephone Co. v. Comm'r, 260 F. 2d 114, 116 (4th Cir. 1958); Crawford Drug Stores, Inc., v. United States, 220 F. 2d 292, 296 (10th Cir. 1955); Pacific Southwest Realty Co. v. Comm'r, 128 F. 2d 815 (9th Cir.), cert.den., 317 U.S. 663 (1942).

207 Crawford Drug Stores, Inc., v. United States, oben Fn. 206. Wenn der Zinsanspruch an sich bedingt ist, muß zumindest die Durchsetzung uneingeschränkt sein, vgl. z. B. die Ausnahmeentscheidung, Gokey Properties, Inc., 34 T.C. 829, 835 (1960), aff'd, 290 F. 2d 870 (2d Cir. 1961).

An diese grundsätzlichen Unterschiede zwischen Gläubiger- und Gesellschafterverhalten knüpfen die Konkurs- und Steuergerichte an: Soweit Zinsen absolut ausbedungen sind, besteht ein Indiz dafür, daß eine Darlehensverpflichtung tatsächlich besteht[208]. Ist dagegen die Zinszahlung von einer Bedingung, etwa von Gewinnen[209] oder von Ermessensentscheidungen der Direktoren[210] abhängig, so wird das Darlehen normalerweise nicht als solches anerkannt[211]. Dies gilt um so mehr, wenn eine Zinszahlung im Vertrag überhaupt nicht vorgesehen ist[212]. Ein typischer Gläubiger ist an Zinseinkommen interessiert. Wird eine Zinsabrede überhaupt nicht getroffen, so zeigt sich, daß der „Darlehensgeber" vorwiegend an Einkünften und Schicksal der Gesellschaft sowie Wertsteigerung seiner Aktien interessiert ist[213].

Darüber hinaus wird in der Steuerrechtsprechung nicht nur darauf abgestellt, ob eine Zinsabrede überhaupt bzw. ob diese unbedingt getroffen ist. Vielmehr werden sämtliche Einzelumstände, insbesondere die Höhe des Zinssatzes im Hinblick auf das gegebene Risiko, zur Abgrenzung von Gläubiger- und Gesellschafterverhalten herangezogen.

---

[208] Vgl. u. a. Third Scottish American Trust Co. v. United States, 37 F.Supp. 279 (Ct.Cl. 1941); Tribune Publishing Co., 17 T.C. 1228, 1234 (1952); Brush-Moore Newspapers, Inc., 37 B.T.A. 787 (1938).

[209] Vgl. z. B. Portage Plastics Co. v. United States, 301 F.Supp. 684, 689 (W.D.Wis. 1969); Lubin v. Comm'r, 335 F. 2d 209, 213 (2d Cir. 1964); Income TaxReg. 1.302-4 (d).

[210] Vgl. z. B. Berkowitz v. United States, 411 F. 2d 818, 821 (5th Cir. 1969); Gokey Porperties, Inc., 34 T.C. 829, 835 (1960), aff'd, 290 F. 2d 870 (2d Cir. 1961); Wilbur Security Co., 31 T.C. 938, 951 (1959), aff'd, 279 F. 2d 657 (9th Cir. 1960); Wetterau Grocer Co. v. Comm'r, 179 F. 2d 158, 160 (8th Cir. 1950); Green Bay & Western R.R. v. Comm'r, 147 F. 2d 585, 586 (7th Cir. 1945); Bakers' Mut. Cooperative Association, 40 B.T.A. 656, 662 (1939), aff'd, 117 F. 2d 27 (3d Cir. 1941); Catalina Homes, Inc., 23 T.C.M. 1361, 1365 (1964); Charles L. Huisking Co., 4 T.C. 595, 599 (1945); Ticker Publishing Co., 46 B.T.A. 399, 411 (1942).

[211] Ausnahmen können jedoch gelten, wenn ein absoluter Endzeitpunkt für die Fälligkeit gesetzt ist. Vgl. Brighton Recreations, Inc., 20 T.C.M. 127 (1961); siehe aber Talbot Mills v. Comm'r, 146 F. 2d 809, 811 f. (1st Cir. 1944); Besonderheiten gelten zudem bei „Income Bonds", vgl. hierzu Plumb, 26 TaxL.Rev. 369, 432 (1971).

[212] Vgl. die Konkursentscheidung Costello v. Fazio, 256 F. 2d 903 (9th Cir. 1958); siehe auch Loiseaux, 38 Ref.J. 4, 7 (1964); Aus der Vielzahl der Steuerentscheidungen seien erwähnt: Road Materials, Inc., v. Comm'r, 407 F. 2d 1121, 1125 (4th Cir. 1969); Curry v. United States, 396 F. 2d 630, 634 (5th Cir.), cert.den., 393 U.S. 967 (1968); Jones v. Comm'r, 357 F. 2d 644, 645 (6th Cir. 1966); Sherwood Memorial Gardens, Inc., v. Comm'r, 350 F. 2d 225, 228 (7th Cir. 1965); Alfred R. Bachrach, 18 T.C. 479, 485 (1952), aff'd, 205 F. 2d 151 (2d Cir. 1953); siehe auch National Carbide Corp. v. Comm'r, 336 U.S. 422, 435 Fn. 16 (1949): "Since no interest ran on these accounts, the 'loans' were identical, except in name with contributions to capital." Zur tatsächlichen Durchsetzung des Zinsanspruchs siehe D 2 a bb (g).

[213] Vgl. Curry v. United States, 396 F. 2d 630, 634 (5th Cir.), cert.den., 393 U.S. 967 (1968); Jewell Ridge Coal Corp. v. Comm'r, 318 F. 2d 695, 699 (4th Cir. 1963).

Ist der Zinsatz angesichts des Risikos unverhältnismäßig niedrig[214] oder wesentlich geringer als der, den ein unabhängiger Drittgläubiger verlangt hätte[215], so wird dies im allgemeinen als Indiz gegen das tatsächliche Vorliegen einer Darlehensbeziehung gewertet. Liegt der (feste) Zinssatz andererseits weit über dem im Markt üblichen Zinsfuß, so weist dies nach der Rechtsprechung auf eine Gewinnausschüttung, d. h. auf eine Einlage hin[216].

Problematisch ist die Abgrenzung von Einlage und Darlehen weiter, wenn zwar ein fester Mindest- bzw. Höchstzinssatz vereinbart ist, aber darüber hinaus noch eine Gewinnbeteiligung im Rahmen der Mindest- bzw. Höchstgrenzen eingeräumt ist. Soweit nicht die Gewinnbeteiligung im Ermessen der Direktoren steht[217] oder sich nach den Ausschüttungen auf die Stammaktien bemißt[218], sind hier Gesellschafterdarlehen als solche teilweise anerkannt worden[219]. Grundsätzlich aber scheint die Rechtsprechung bei variabler Zinshöhe eher dazu zu neigen, Gesellschafterdarlehen als Eigenkapital zu behandeln[220].

Im Gegensatz zu der bisher dargestellten Tendenz der Rechtsprechung finden sich einige Entscheidungen, in denen Gesellschafterdarlehen als solche anerkannt wurden, obwohl jegliche Zinsvereinbarung fehlte[221] oder der Zinssatz außergewöhnlich niedrig angesetzt war[222]. Hierbei

---

[214] Siehe Fin Hay Realty Co. v. United States, 398 F. 2d 694, 698 (3d Cir. 1968); Curry v. United States, oben Fn. 213; Jewell Ridge Coal Corp. v. Comm'r, oben Fn. 213; Reed v. Comm'r, 242 F. 2d 334 (2d Cir. 1957).

[215] McSorley's, Inc., v. United States, 63-1 U.S.T.C. Nr. 9231 (D.Colo. 1962), aff'd, 323 F. 2d 900 (10th Cir. 1963); Leonard Lundgren, 24 T.C.M. 1753, 1757 (1965), rev'd 376 F. 2d 623 (9th Cir. 1967); 2554-58 Creston Corp., 40 T.C. 932, 937 (1963).

[216] Vgl. z. B. Kraft Foods Co. v. Comm'r, 21 T.C. 513, 598 (1954), rev'd 232 F. 2d 118 (2d Cir. 1956); John Kelley Co. v. Comm'r, 326 U.S. 526 (1946); Elliott Lewis Co., 4 T.C.M. 136 (1945), aff'd, 154 F. 2d 292 (3d Cir. 1946); Brown-Rogers-Dixson Co. v. Comm'r, 122 F. 2d 347 (4th Cir. 1941); auch ALI, Income Tax Problems of Corporations and Shareholders 433 (Report of Working Views of Staff, 1958).

[217] Vgl. Hale-Justis Drug Co., 2 T.C.M. 39, 41, 43 (1943); National Savings & Trust Co. v. United States, 285 F.Supp. 325, 332 (D.D.C. 1968).

[218] Vgl. Pottstown Finance Co. v. United States, 73 F.Supp. 1011, 1014 (E.D.Penn. 1947); Kingsmill Corp., 28 T.C. 330 (1957).

[219] Vgl. New England Lime Co., 13 T.C. 799, 804 (1949).

[220] Vgl. die Sachverhalte in John Kelley Co. v. Comm'r, 326 U.S. 526 (1946) u. Talbot Mills v. Comm'r, 146 F. 2d 809 (1st Cir. 1944) mit Talbot Mills, 3 T.C. 95 (1944); In John Kelley Co. v. Comm'r wird allerdings festgestellt, daß variable Zinssätze nicht an sich zur Nichtanerkennung von Gesellschafterdarlehen führen.

[221] Vgl. Byerlite Corp. v. Williams, 286 F. 2d 285, 290 f. (6th Cir. 1960); Ortmayer v. Comm'r, 265 F. 2d 848, 855 (7th Cir. 1959); American Processing & Sales Co. v. United States, 371 F. 2d 842, 852 (Ct.Cl. 1967); Barnes Theater Ticket Service, Inc., 26 T.C.M. 1290, 1295 (1967).

[222] Vgl. Charles E. Curry, 43 T.C. 667, 692 (1965); Gordon Lubricating Co., 24 T.C.M. 697, 711 (1965).

handelte es sich vielfach nicht um Ausnahmesachverhalte[223]. In einem Urteil wurde die Abwesenheit einer Zinsvereinbarung sogar als Faktor zugunsten einer Darlehensbeziehung gewertet, da — so das Gericht — auf diese Weise eher Gewinne für die Rückzahlung der Darlehen frei würden[224]. Die einzelfallbetonte Abgrenzung der Steuer- wie auch der Konkursgerichte läßt es insofern auch hier nicht zu, nur einigermaßen sichere und vorhersehbare Regeln aufzustellen.

Im Ergebnis läßt sich nur feststellen, daß die Frage der Zinsvereinbarung und der dabei gegebenen Umstände bei der Beurteilung der Natur der Kreditgewährung durch die Rechtsprechung im allgemeinen eine wesentliche Rolle spielt.

(f) Rangrücktrittsvereinbarungen

Ein vertraglicher Rangrücktritt des Gesellschafterdarlehens gegenüber anderen Gläubigeransprüchen wird in der Rechtsprechung häufig als entscheidendes[225] oder aber äußerst wichtiges Indiz[226] gegen eine tatsächliche Gläubigerbeziehung gewertet[227]. Fehlt dagegen eine derartige Abrede, so ist teilweise hierauf u. a. die Anerkennung von Gesellschafterdarlehen gestützt worden[228].

---

[223] Vgl. z. B. Chas. Schaefer & Son, Inc., 9 T.C.M. 1035 (1950), wo Darlehen anerkannt wurden, obwohl Zinszahlung davon abhängig war, daß die Direktoren die Zinszahlung angesichts der gegebenen Nettoeinkünfte für möglich erachteten. Die Zinsen waren kumulativ. Insofern war die Stellung der Gläubiger mit derjenigen eines Vorzugsaktionärs identisch.

[224] Vgl. Amleto U. Salvadore, 22 T.C.M. 1718, 1723 (1963).

[225] Vgl. P.M. Finance Corp. v. Comm'r, 302 F. 2d 786, 789 f. (3d Cir. 1962); Brinker v. United States, 116 F.Supp. 294, 298 (N.D.Cal. 1953), aff'd, 221 F. 2d 478 (9th Cir. 1955).

[226] Vgl. z. B. Jordan Co. v. Allen, 85 F.Supp. 437, 444 (M.D.Ga. 1949); Schneider Lumber Co., 15 T.C.M. 120, 123 (1956).

[227] Dies gilt vor allem für die Steuerrechtsprechung; Vgl. für alle: Tyler v. Tomlinson, 69-2 U.S.T.C. Nr. 9559 (1969); Montclair, Inc., v. Comm'r, 318 F. 2d 38, 40 (3d Cir. 1963); Berkowitz v. United States, 411 F. 2d 818 (5th Cir. 1969), aber auch für die Konkursgerichte: vgl. L & M Realty Corp. v. Leo, 249 F. 2d 668, 670 (5th Cir. 1957) (aus der Entscheidung geht allerdings nur hervor, daß die Gesellschafterdarlehen tatsächlich nachrangig behandelt wurden); vgl. auch In re Eastern Erectors, Inc., 346 F.Supp. 293, 295 (E.D. Penn. 1972), bestätigt in 485 F. 2d 679 (2d Cir. 1973). Ähnlich wiederum die deutsche Rechtsprechung zum früheren § 3 KVStG. Vgl. BFH BStBl. 1952 III, 195; BFH 88, 349.

[228] Vgl. Liflans Corp. v. United States, 390 F. 2d 965, 969 (Ct.Cl. 1968); Taft v. Comm'r, 314 F. 2d 620, 622 (9th Cir. 1963); New England Lime Co., 13 T.C. 799, 804 (1949); Haley v. United States, 60-1 U.S.T.C. Nr. 9169, S. 75, 307 (D.Ore. 1959); das Fehlen formeller Rücktrittsabreden schließt natürlich nicht aus, daß der Gesellschafter seine Rechte tatsächlich nicht ausübt und so ein Indiz gegen den Darlehenscharakter setzt, vgl. hierzu Gooding Amusement Co. v. Comm'r, 236 F. 2d 159, 162 f. (6th Cir. 1956), cert.den., 352 U.S. 1031 (1957); Estate of Herbert B. Miller, 24 T.C. 923, 934 (1955), rev'd, 239 F. 2d 729, 732 (9th Cir. 1956).

Die Begründung für dieses Kriterium liegt darin, daß es grundlegendes Merkmal der Stellung des Gesellschaftsgläubigers im Unterschied zur Stellung eines Gesellschafters ist, daß er im Falle des Konkurses oder bei Gesellschaftsauflösung vor den Gesellschaftern befriedigt wird. Ist ein Rangrücktritt des Gesellschafterdarlehens vereinbart, so ist dieser wesentliche Unterschied zwischen Gläubiger- und Gesellschafter-(Vorzugsaktionärs-)stellung für diesen Fall jedoch, zumindest im tatsächlichen Ergebnis, weitgehend nivelliert[229]. Allerdings zeichnet sich der Gläubiger grundsätzlich gegenüber dem Vorzugsaktionär weiter dadurch aus, daß er bei Fälligkeit einen bestimmten Betrag zu fordern berechtigt ist[230]. Hinzu kommt, daß selbst dann, wenn Zinsen nach dem Vertrag nur bei gesellschaftlicher Gewinnsituation zu zahlen sind, die Zinszahlungen nicht wie bei dem Vorzugsaktionär von Ermessensentscheidungen der Direktoren abhängen[231].

Wenn auch ein vertraglicher Rangrücktritt das tatsächliche Vorliegen einer Gläubigerbeziehung in Zweifel zieht, so reicht eine derartige Abrede in aller Regel zur Nichtanerkennung von Gesellschafterdarlehen allein nicht aus[232]. Vielmehr hängt die Bedeutung, die der Tatsache des Rangrücktritts gegeben wird, von den Einzelumständen sowie Art und Umfang des Rangrücktritts ab. So ist z. B. ein Rangrücktritt gegenüber Banken oder bestimmten Gläubigern vielfach üblich und stellt kein Indiz gegen eine tatsächliche Gläubigerbeziehung dar[233].

---

[229] Vgl. Comm'r v. Schmoll Fils Associated, 110 F. 2d 611, 613 (2d Cir. 1940); Foresun, Inc., 41 T.C. 706, 717 (1964), aff'd, 348 F. 2d 1006 (6th Cir. 1965); Charles L. Huisking & Co., 4 T.C. 595, 599 (1945); siehe auch Goldstein, 16 TaxL.Rev. 1, 14 f. (1960); Calligar, 23 Bus.Law. 33, 34 (1967); siehe aber das dort angeführte Beispiel; siehe ferner Plumb, 26 TaxL.Rev. auf S. 422 Fn. 284. Außerdem hat der vertragliche Rangrücktritt Bedeutung für die Frage, ob der Gesellschafter sich wie ein Gläubiger verhält (vgl. hierzu u. a. Foresun, Inc.,) bzw. der Gesellschafter tatsächlich die Rückzahlung seines Darlehens erwartet (vgl. United States v. Snyder Bros. Co., 367 F. 2d 980, 984 f. [5th Cir. 1966], cert.den., 386 U.S. 956 [1967]).

[230] Vgl. z. B. Comm'r v. O.P.P. Holding Corp., 76 F. 2d 11, 12 (2d Cir. 1935).

[231] Außerdem sind die Rechte bei Nichtzahlung die eines Gläubigers, nicht die üblichen, dem Gesellschafter zur Verfügung stehenden Klagemöglichkeiten.

[232] Gesellschafterdarlehen mit vereinbartem Rangrücktritt sind in einer großen Anzahl von Entscheidungen anerkannt worden. Vgl. u. a. die konkursrechtliche Entscheidung Goldstein v. Wolfson, 132 F. 2d 624 (2d Cir. 1943). Im Steuerrecht siehe u. a. Green Bay Structural Steel, Inc., 53 T.C. 451, 457 (1969); Kraft Foods Co. v. Comm'r, 232 F. 2d 118, 125 f. (2d Cir. 1956) („debt is still debt despite subordination"); Comm'r v. H.P. Hoods & Sons, 141 F. 2d 467, 470 (1st Cir. 1944); Sabine Royalty Corp., 17 T.C. 1071, 1076 (1951); Harlan v. United States, 409 F. 2d 904, 907 f. (5th Cir. 1969); Bowersock Mills & Power Co. v. Comm'r, 172 F. 2d 904, 908 (10th Cir. 1949); United States v. Title Guarantee & Trust Co., 133 F. 2d 990, 993 (6th Cir. 1943); Comm'r v. O.P.P. Holding Corp., 76 F. 2d 11, 12 (2d Cir. 1935).

[233] Vgl. Baker Commodities, Inc., 48 T.C. 374, 399 (1967), aff'd on another issue, 415 F. 2d 519 (9th Cir. 1969), cert.den., 397 U.S. 988 (1970); Daro Corp.,

Weiter ist es von Bedeutung, ob der Rangrücktritt gegenüber einzelnen oder allen Gläubigern besteht bzw. wie groß der Anteil derjenigen Verpflichtungen, gegenüber denen ein Rangrücktritt besteht, an den Gesamtverpflichtungen der Gesellschaft ist[234]. Selbst bei generellem Rangrücktritt sind aber Gesellschafterdarlehen anerkannt worden[235].

Vielfach haben Gerichte einen Rangrücktritt nicht als Indiz für eine tatsächliche Gesellschafterbeziehung erachtet, weil eine derartige Vereinbarung durch die Umstände geboten war[236], z. B. weil eine Behörde dies verlangte[237] oder diese Abrede zur Erleichterung von Drittkrediten geboten erschien[238]. So führte das Gericht in Austin Village, Inc., v. United States[239] aus, daß die Gesellschafter nicht für die Umstände, die sie zum Rangrücktritt zwangen, „bestraft" werden sollten. Diese Entscheidungen erscheinen allerdings oftmals recht zweifelhaft. Die Umstände, die die Abrede des Rangrücktritts notwendig machten, etwa das Verlangen der Behörde[240] oder der Drittgläubiger[241], können durch-

---

20 T.C.M. 1588, 1600 (1961); Hofert Co. v. United States, 69-1 U.S.T.C. Nr. 9220 (C.D.Cal. 1969); Utility Trailer Mfg. Co. v. United States, 212 F.Supp. 773, 788 (S.D.Cal. 1962); Atlantic Acceptance Corp. v. Tomlinson, 58-2 U.S.T.C. Nr. 9892 (S.D.Fla. 1958)

234 Vgl. Calligar, 70 Yale L.J. 376, 377 - 83 (1961); Everett, 23 Bus.Law. 41, 42 (1967); Plumb, 26 TaxL.Rev. S. 425 (1971); in der Rechtsprechung wird vollständiger Rangrücktritt in zunehmendem Maße äußerst stark bewertet, vgl. hierzu z. B. P.M. Finance Corp. v. Comm'r, 302 F. 2d 786, 790 (3d Cir. 1962).

235 Vgl. Lundgren v. Comm'r, 376 F. 2d 623, 626 (9th Cir. 1967), reversing 24 T.C.M. 1753, 1755 (1965); Green Bay Structural Steel, Inc., 53 T.C. 451, 457 (1969); Alstate-Schuylkill Co., 28 T.C.M. 32, 39 (1969); Hofert Co. v. United States, 69-1 U.S.T.C. Nr. 9220, S. 84,002 (C.D.Cal. 1969); Plastic Toys, Inc., 27 T.C.M. 707, 710 (1968); hiergegen Plumb, Fn. 234, S. 426 f.

236 Vgl. auch ABA Taxation Section, Program and Committee Reports 37 (1956); Advisory Group Recommendations on Subchapters C, J, and K des I.R.C., Hearings before the House Committee on Ways and Means, 86th Congr., 1st Session, 934 (1959).

237 Vgl. Harlan v. United States, 409 F. 2d 904 (5th Cir. 1969); Comm'r v. Union Mut.Ins.Co., 386 F. 2d 974 (1st Cir. 1974); Wilson & Fields, 21 T.C.M. 1080, 1083, 1091 (1962); Lundgren v. Comm'r, 67-1 U.S.T.C. Nr. 9389.

238 Vgl. United States v. Title Guarantee & Trust Co., 133 F. 2d 990, 992, 995 (6th Cir. 1943); Comm'r v. Proctor Shop, Inc., 82 F. 2d 792, 795 (9th Cir. 1936); Green Bay Structural Steel, Inc., 53 T.C. 451, 457 (1969); Brighton Recreations, Inc., 20 T.C.M. 127, 136 (1961); Southwest Grease & Oil, Inc., v. United States, 308 F.Supp. 107, 110 (D.Kan. 1969), rev'd on another issue, 435 F. 2d 675 (10th Cir. 1971); Universal Tractor Equipment Corp. v. United States, 67-1 U.S.T.C. Nr. 9409, S. 84, 122 (E.D.Va. 1967).

239 296 F.Supp. 382, 396 f. (N.D.Ohio 1968), rev'd, 432 F. 2d 741 (6th Cir. 1970).

240 Vgl. Lee Telephone Co. v. Comm'r, 260 F. 2d 114, 115 f. (4th Cir. 1958); William L. Copley, 27 T.C.M. 383, 385 (1968).

241 Vgl. Austin Village, Inc., v. United States, 432 F. 2d 741, 745 f. (6th Cir. 1970) (Indiz für Eigenkapital); Tyler v. Tomlinson, 414 F. 2d 844, 850 (5th Cir. 1969); Affiliated Research, Inc., v. United States, 351 F. 2d 646, 648 f. (Ct.Cl. 1965); General Alloy Casting Co., 23 T.C.M. 887, 895 (1964), aff'd, 345 F. 2d 794 (3d Cir. 1965).

aus ein Indiz dafür sein, daß die Gesellschaft nicht kreditwürdig erschien bzw. unterkapitalisiert war[242].

(g) Tatsächliche Durchsetzung des Rückzahlungs- bzw. Zinsanspruchs / Tatsächliche Vertragserfüllung

Zumindest ebenso wichtig wie die formellen Bedingungen des Darlehensvertrages ist nach der Rechtsprechung, inwieweit die jeweiligen Vereinbarungen später tatsächlich eingehalten werden bzw. ob das tatsächliche Verhalten des Gesellschafters dem eines Gläubigers entspricht[243].

Dabei darf jedoch nicht verkannt werden, daß tatsächliches Verhalten des Gesellschafters grundsätzlich nur insoweit relevant ist, als es Aufschluß über die tatsächlichen Absichten der Parteien und sonstigen Verhältnisse bei Abschluß des Darlehensvertrages, dem maßgeblichen Beurteilungszeitpunkt[244], gibt[245]. Allerdings ist es möglich, daß ein Gesellschafterdarlehen, das zunächst formell und tatsächlich alle Merkmale einer echten Schuldverpflichtung aufweist, später in tatsächlicher Hinsicht in Eigenkapital umgewandelt wird[246].

Die Gerichte haben im einzelnen untersucht, ob die Rückzahlung des Darlehens fristgemäß und vereinbarungsgemäß erfolgte[247] oder ob Zin-

---

242 Vgl. die überzeugenden Ausführungen bei Plumb, 26 TaxL.Rev. 427 f. (1971).

243 Vgl. z. B. Wood Preserving Corporation of Baltimore v. United States, 347 F. 2d 117, 119 (4th Cir. 1965); vgl. auch Loiseaux, 38 Ref.J. 4, 7 (1964).

244 Vgl. hierzu u. a. auch Diamond Bros. Co. v. Comm'r, 322 F. 2d 725, 732 (3d Cir. 1963); Thomas Machine Mfg. Co., 23 T.C.M. 1630, 1641 (1964); James D. Lancaster, 23 T.C.M. 631, 633 f. (1964); Bruce v. Knox, 180 F.Supp. 907, 911 (D.Minn. 1960).

245 In diesem Zusammenhang ist allerdings zu bedenken, daß, anders als im Steuerrecht, im Konkursrecht die Frage des tatsächlichen Charakters des Gesellschafterdarlehens nicht isoliert, sondern eingebettet in allgemeine Billigkeitserwägungen beantwortet wird, siehe hierzu D 1 b bb.

246 Vgl. A.R. Lantz Co. v. United States, 283 F.Supp. 164, 170 (C.D.Cal. 1968), aff'd, 424 F. 2d 1330 (9th Cir. 1970); Edwin C. Hollenbeck, 50 T.C. 740, 748 (1968), aff'd, 422 F. 2d 2 (9th Cir. 1970); Sayles Finishing Plants, Inc., v. United States, 399 F. 2d 214, 217, 220 f. (Ct.Cl. 1968); Cuyuna Realty Co. v. United States, 382 F. 2d 298, 301 (Ct.Cl. 1967); National Sav. & Trust Co. v. United States, 285 F.Supp. 325, 332 (D.D.C. 1968); allerdings kann die Unterscheidung, ob späteres Verhalten lediglich Beweiswert bezüglich des Charakters des Darlehens bei Entstehung hat oder eine Umwandlung des Darlehens bewirkt, recht schwierig sein.

247 Aus dem Konkursrecht siehe: L & M Realty Corp. v. Leo, 249 F. 2d 668, 670 (4th Cir. 1957); In re Regency, Inc., 96 F.Supp. 535 (D.N.J. 1951); aus der Vielzahl der steuerrechtlichen Urteile siehe u. a.: Piedmont Corp. v. Comm'r, 388 F. 2d 886, 891 (4th Cir. 1968); Baker Commodities, Inc., 48 T.C. 374, 397 f. (1967), aff'd on another issue, 415 F. 2d 519 (9th Cir. 1969), cert.den., 397 U.S. 988 (1970); vgl. auch die beiden Konkursentscheidungen In the matter of Lumber, Inc., 124 F.Supp. 302 (D.Ore. 1954) und Brown v. Freedman, 125

sen vollständig[248] und regelmäßig[249] gezahlt wurden. Allerdings werden hierbei wiederum sämtliche Einzelumstände in die Betrachtung einbezogen. So hat die Rückzahlung des Darlehens keinen positiven Beweiswert, wenn das Darlehen durch neue Kredite des Gesellschafters praktisch ersetzt wird[250]. Gleiches gilt, wenn die Rückzahlung allein die unterschiedliche Höhe von Darlehen verschiedener Gesellschafter ausgleichen soll[251] oder auf die Liquiditätsbedürfnisse der einzelnen Gesellschafter zurückzuführen ist[252].

In einigen Entscheidungen werden Zinszahlungen als Beweis für das tatsächliche Vorliegen einer echten Gläubigerbeziehung gewertet, obwohl eine Rückzahlung der Darlehen nicht erfolgte[253]. Allerdings haben Zinszahlungen wenig Gewicht, wenn die Gesellschaft Gewinne und Reserven besitzt, die ebensogut in Form von Dividenden an die Gesellschafter ausgeschüttet werden könnten[254].

Von großer Bedeutung für die Behandlung von Gesellschafterdarlehen ist es ferner, ob bzw. in welcher Weise der Gesellschafter seine Rechte bei Nichterfüllung der vertraglichen Pflichten seitens der Gesellschaft wahrnimmt. Nimmt der Gesellschafter längerzeitige Zahlungseinstellungen ohne weiteres hin[255], gewährt er unverhältnismäßig lan-

---

F. 2d 151 (1st Cir. 1942), wo vereinbarungsgemäße Rückzahlung ein wichtiger Faktor für die Anerkennung der Darlehen als solche war.

248 Vgl. L & M Realty Corp. v. Leo, oben Fn. 247; B.F. Curry v. U.S., 68-2 U.S.T.C. Nr. 9439.

249 Vgl. z. B. Silver Brand Clothes, Inc. Nr. 72,060 P-H MemoTC (1972).

250 Vgl. Max D. Gustin, 27 T.C.M. 186, 192 (1968), aff'd, 412 F. 2d 803 (6th Cir. 1969); Diamond Bros. Co v. Comm'r, 322 F. 2d 725, 732 (3d Cir. 1963); American-La-France-Foamite Corp. v. Comm'r, 284 F. 2d 723, 724 f. (2d Cir. 1960), cert.den., 365 U.S. 881 (1961); siehe aber C.M. Gooch Lumber Sales Co., 49 T.C. 649, 657 (1968); Albert Ravano, 26 T.C.M. 793, 796, 799 f. (1967); Scotland Mills, Inc., 24 T.C.M. 265, 268 - 270, 274 (1965).

251 Vgl. A.R. Lantz Co. v. United States, 283 F.Supp. 164, 166, 169 (C.D.Cal. 1968), aff'd, 424 F. 2d 1330 (9th Cir. 1970).

252 John Lizak, Inc., 28 T.C.M. 804, 809 (1969); Anthony V. Donisi, 26 T.C.M. 327, 331 (1967), aff'd, 405 F. 2d 481 (6th Cir. 1968); Fred I. Nystrom, Jr., 28 T.C.M. 1050, 1055 (1969).

253 Vgl. Gordon Lubricating Co., 24 T.C.M. 697, 706, 710 (1965); Utility Trailer Mfg. Co. v. United States, 212 F.Supp. 773, 786 f. (S.D.Cal. 1962); Kipsborough Realty Corp., 10 T.C.M. 932, 934 (1951).

254 Siehe Isidor Dobkin, 15 T.C. 31, 34 (1950), aff'd, 192 F. 2d 392 (2d Cir. 1951); 2554 - 58 Creston Corp., 40 T.C. 932, 939 (1963); James D. Lancaster, 23 T.C.M. 631, 634 (1964); vgl. auch Fin Hay Realty Co. v. United States, 398 F. 2d 694, 698 (3d Cir. 1968).

255 Vgl. Hollenbeck v. Comm'r, 422 F. 2d 2, 4 (9th Cir. 1970); Berkowitz v. United States, 382 F. 2d 298, 301 f. (Ct.Cl. 1967); United States v. Henderson, 340 F. 2d 445, 446 (2d Cir. 1965); Ambassador Apartments, Inc., 50 T.C. 236, 246 (1968), aff'd, 406 F. 2d 288 (2d Cir. 1969); Gooding Amusement Co. v. Comm'r, 236 F. 2d 159, 162 f. (6th Cir. 1956), cert.den., 352 U.S. 1031 (1957).

gen oder wiederholten Zahlungsaufschub[256] oder gibt er weitere Kredite nach Zahlungseinstellung[257], so wird dies ganz überwiegend als schwerwiegendes Indiz für den Eigenkapitalcharakter der Gesellschafterdarlehen gewertet[258]. Dies gilt auch, wenn Zinsen trotz gesellschaftlicher Einnahmen nur sporadisch gezahlt[259] werden oder die Fälligkeit von Zinszahlungen grundsätzlich mißachtet wird[260], ohne daß der Gesellschafter auf Vertragserfüllung besteht. Vielfach hat es auch eine Rolle gespielt, ob der Gesellschafter einem Rangrücktritt seiner Ansprüche, die zunächst gleichrangig mit Drittgläubigeransprüchen standen, zustimmte[261] oder — ohne formelle Handlungen — einen Rangrücktritt praktisch zuließ[262]. Dies ist allgemein als Indiz gegen eine tatsächliche Gläubigerbeziehung angesehen worden[263]. Soweit jedoch andere Faktoren auf eine tatsächliche Darlehensbeziehung hindeuten und auf die

---

[256] Vgl. z. B. Foresun, Inc., 41 T.C. 706, 714, 717 (1964), aff'd, 348 F. 2d 1006 (6th Cir. 1965); Charter Wire, Inc., v. United States, 309 F. 2d 878, 881 (7th Cir. 1962), cert.den., 372 U.S. 965 (1963); P.M. Finance Corp., 20 T.C.M. 537, 540 (1961), aff'd, 302 F. 2d 786 (3d Cir. 1962); Brake & Electric Sales Corp. v. United States, 287 F. 2d 426, 428 (1st Cir. 1961); Old Dominion Plywood Corp., 25 T.C.M. 678, 694 (1966); Louisquisset Golf Club, Inc., 21 T.C.M. 1577, 1586 (1962).

[257] Vgl. Dodd v. Comm'r, 298 F. 2d 570, 578 (4th Cir. 1962); Gilbert v. Comm'r, 262 F. 2d 512, 514 (2d Cir.), cert.den., 359 U.S. 1002 (1959); Southeastern Aviation Underwriters, Inc., 25 T.C.M. 412, 425 (1966).

[258] Vgl. Covey Investment Co. v. United States, 377 F. 2d 403 f. (10th Cir. 1967); Charter Wire, Inc., v. United States, 309 F. 2d 878, 881 (7th Cir. 1962), cert.den., 372 U.S. 965 (1963); Foresun, Inc., 41 T.C. 706, 714, 717 (1964).

[259] Tyler v. Tomlinson, 414 F. 2d 844, 849 f. (5th Cir. 1969); Covey Investment Co. v. United States, oben Fn. 258; Zephyr Mills, Inc., 18 T.C.M. 794, 797, 799 (1959), aff'd, 279 F. 2d 494 (3d Cir. 1960); Erard A. Matthiessen, 16 T.C. 781, 786 (1951), aff'd, 194 F. 2d 659 (2d Cir. 1952); Hoguet Realty Corp., 30 T.C. 580, 599 (1958); Heart of Atlanta Motel, Inc., v. United States, 63-1 U.S.T.C. Nr. 9110 (N.D.Ga. 1962).

[260] Austin Village, Inc., v. United States, 432 F. 2d 741, 745 f. (6th Cir. 1970); Hollenbeck v. Comm'r, 422 F. 2d 2, 4 (9th Cir. 1970); Cuyana Realty Co. v. United States, 382 F. 2d 298, 301 f. (Ct.Cl. 1967), United States v. Henderson, 375 F. 2d 36, 40 (5th Cir. 1967); Jewell Ridge Coal Corp. v. Comm'r, 318 F. 2d 695, 699 (4th Cir. 1963); O.H. Kruse Grain & Milling v. Comm'r, 279 F. 2d 123, 126 (9th Cir. 1960); 1432 Broadway Corp., 4 T.C. 1158, 1164, 1166 (1945) aff'd, 160 F. 2d 885 (2d Cir. 1947).

[261] Vgl. u. a. Charter Wire, Inc., v. United States, 309 F. 2d 878, 881 (7th Cir. 1962), cert.den. 372 U.S. 965 (1963); Zephyr Mills, Inc., 18 T.C.M. 794, 799 (1959), aff'd, 279 F. 2d 494 (3d Cir. 1960); O.H. Kruse Grain & Milling v. Comm'r, 279 F. 2d 123, 126 (9th Cir. 1960).

[262] Vgl. L & M Realty Corp. v. Leo, 249 F. 2d 668, 670 (4th Cir. 1957); Max D. Gustin, 27 T.C.M. 186, 192 (1968), aff'd, 412 F. 2d 803 (6th Cir. 1969); United States v. Henderson, 375 F. 2d 36, 40 (5th Cir. 1967); Gooding Amusement Co. v. Comm'r, 236 F. 2d 159, 162 f. (6th Cir. 1956), cert.den., 352 U.S. 1031 (1957).

[263] Teilweise wird dabei einem späteren Rangrücktritt gleicher Beweiswert beigemessen wie einem Rangrücktritt, der von vornherein eingeräumt wurde, vgl. John W. Walter, Inc., 23 T.C. 550, 557 (1954).

Rückzahlung letztlich nicht verzichtet wird, ist eine Anerkennung der Darlehen als solche trotz späteren Rangrücktritts nicht ausgeschlossen[264].

Im allgemeinen verlangen die Gerichte also, daß sich der Gesellschafter auch ebenso wie jeder andere Gläubiger verhält und die ihm aufgrund des Darlehensvertrages zustehenden Rechte wahrnimmt[265]. Allerdings wäre es unrealistisch, vom Gesellschafter zu erwarten, daß er seine Gläubigerrechte ohne jegliche Rücksicht auf mögliche Auswirkungen auf seinen Geschäftsanteil ausübt. Bei einem solchen Erfordernis könnte ein Großteil aller Gesellschafterdarlehen von vornherein keine Anerkennung finden[266]. Insofern haben auch etliche Entscheidungen besondere Umstände zugunsten des Gesellschafters berücksichtigt[267]. Außerdem wird vom Gesellschafter nicht verlangt, daß er seine Ansprüche mit gleicher Nachdringlichkeit wie ein Kreditinstitut durchsetzt[268]. In der Regel ist jedoch die Ausübung der Gläubigerrechte durch den Gesellschafter, wenn auch u. U. in weniger striktem Maße notwendig[269], um eine Anerkennung der Gesellschafterdarlehen zu ermöglichen.

(h) Darlehensgewährung im Verhältnis zur Einlagebeteiligung

Werden Gesellschafterdarlehen entsprechend dem Verhältnis der jeweiligen Geschäftsanteile der Gesellschafter gewährt, so besteht nach

---

[264] Vgl. Giles E. Bullock, 26 T.C. 276, 299 (1956), aff'd on other issues, 253 F. 2d 715 (2d Cir. 1958); Harry Levine, 22 T.C.M. 1164, 1168, 1173 (1963); Washington Institute of Technology, Inc., 10 T.C.M., 17, 20 (1951); siehe auch Goldstein v. Wolfson, 132 F. 2d 624 (2d Cir. 1943) (konkursrechtl. Entsch.).

[265] Vgl. insbesondere Gooding Amusement Co., 23 T.C. 408, 420, aff'd 236 F. 2d 159 (6th Cir. 1956), cert.den. 352 U.S. 1031 (1957); auch Sayles Finishing Plants, Inc., v. United States, 399 F. 2d 214, 221 (Ct.Cl 1968); vgl. auch check-list bei Rothenberg, 38 Brooklyn L.Rev., 95, 110 (1971): "Act like a creditor by treating the loan in a businesslike manner, as a third party would."

[266] Vgl. auch die Bedenken bei Bittker, 34 Taxes 830, 837, 840; Rabin, 34 Taxes 282, 284; Stone, 42 Tul.L.Rev. 251, 255; Plumb, 26 TaxL.Rev. 471 (1971).

[267] Vgl. u. a. Leach Corp., 30 T.C. 563, 577 (1958); Charles E. Curry, 43 T.C. 667, 690 (1965); Bulkey Dunton & Co., 20 T.C.M. 660, 666 (1961); Liflans Corp. v. United States, 390 F. 2d 965, 969 (Ct.Cl. 1968); Irbco Corp., 25 T.C.M. 359, 366 (1966); Austin Village, Inc., 296 F.Supp. 382, 392 (N.D. Ohio 1968), rev'd, 432 F. 2d 741 (6th Cir. 1970); allerdings finden sich hierbei auch recht bedenkliche Entscheidungen, wie etwa Green Bay Structural Steel, Inc., 53 T.C. 451, 457 f. (1969), wo das Gericht Gesellschafterdarlehen anerkannte, obwohl bei einer Laufzeit von 10 Jahren die Fälligkeit aufgeschoben wurde und lediglich 2,5 % des Gesamtbetrages zurückgezahlt worden waren.

[268] Vgl. Earle v. W.J. Jones, 200 F. 2d 846, 850 (9th Cir. 1952); Wilshire & Western Sandwiches, Inc. v. Comm'r, 175 F. 2d 718, 721 (9th Cir. 1949).

[269] Dabei tritt dann allerdings die Frage auf, wie weit vom typischen Gläubigerverhalten abgewichen werden darf bzw. auf welche Gläubiger überhaupt abzustellen ist. Hier könnten sich ähnliche Probleme ergeben wie bei der Anwendung des Tests der Kreditaufnahmemöglichkeit von dritter Seite, vgl. D 2 a aa (b) (bb).

der Rechtsprechung ein Indiz gegen den tatsächlichen Darlehenscharakter[270].

In Gilbert v. Commissioner[271] wird dieser Test damit begründet, daß ein Gesellschafter, der seinem Unternehmen nur dann ‚Kredite' zu gewähren bereit ist, wenn alle anderen Mitgesellschafter dies in entsprechendem Umfange tun, mit diesem Verhalten indiziert, daß er Rückzahlung der Gelder ungeachtet des Geschäftserfolges nicht erwartet. Man kann dieses Kriterium auch wie folgt erklären: Die Gesellschafter wollen die Machtverhältnisse innerhalb der Gesellschaft unangetastet lassen[272], d. h. sie gehen davon aus, daß die ‚Darlehen' Kontrollrechte gewähren, also tatsächlich Eigenkapital darstellen[273].

Gleiches Verhältnis von Darlehen und Einlagebeteiligung hat besonderes Gewicht, wenn daneben eine Vereinbarung besteht, wonach die Gesellschafter weitere Kredite im gleichen Verhältnis gewähren sollen[274]. Dies gilt ferner, wenn alle Gesellschafterdarlehen nur anteilig zurückgezahlt werden dürfen[275] oder jeder neu aufgenommene Gesellschafter zur Gewährung eines Darlehens im Verhältnis seines Anteils verpflichtet ist[276]. Gesellschafterdarlehen sind weiter dann als Eigenkapital angesehen worden, wenn Darlehen und Einlage nur als Einheit übertragen werden durften[277] oder die Rückzahlung des Darlehens nur zulässig war, wenn der Gesellschafter der Gesellschaft gleichzeitig seine

---

270 Vgl. u. a. L & M Realty Corp. v. Leo, 249 F. 2d 668, 670 (4th Cir. 1957); Charter Wire, Inc. v. Comm'r, 309 F. 2d 878, 880 (7th Cir. 1962), cert.den., 372 U.S. 965 (1963); Isidor Dobkin, 15 T.C. 31, 44, aff'd 192 F. 2d 392 (2d Cir. 1951); zustimmend auch Loiseaux, 38 Ref.J. 4, 8 f. (1964); siehe aber In re Madeleine, 164 F. 2d 419 (2d Cir. 1947).

271 248 F. 2d 399, 407 (2d Cir. 1957); vgl. auch Tyler v. Tomlinson, 414 F. 2d 844, 849 (5th Cir. 1969).

272 Dies ist einer der wesentlichen Gründe, aus denen heraus Gesellschafterdarlehen gegenüber Eigenkapital vielfach der Vorzug gegeben wird, vgl. oben C 2.

273 Auch in Gilbert v. Comm'r, 248 F. 2d 399 (7th Cir. 1959) wird Bezug auf die Frage der gesellschaftlichen Machtverhältnisse genommen. Zu der Frage, inwieweit die Gewährung von Kontrollrechten ein Indiz für Eigenkapitalcharakter darstellt, siehe D 2 a bb (i).

274 Vgl. Arlington Park Jockey Club v. Sauber, 164 F.Supp. 576, 585 (N.D. Ill. 1958), aff'd, 262 F. 2d 902, 906 (7th Cir. 1959); Gilbert v. Comm'r, 248 F. 2d 399, 401, 407, 409 f. (2d Cir. 1957); Wilbur Security Co., 31 T.C. 938, 949 f. (1959), aff'd, 279 F. 2d 657 (9th Cir. 1960).

275 Vgl. 241 Corp., 15 T.C.M. 901, 905 (1956), aff'd, 242 F. 2d 759 (2d Cir.), cert.den., 354 U.S. 938 (1957).

276 Charter Wire, Inc. v. United States, 61-2 U.S.T.C. Nr. 9769, S. 82,043 (E.D.Wis. 1961), aff'd, 309 F. 2d 878 (7th Cir. 1962), cert.den., 372 U.S. 965 (1963); Heart of Atlanta Motel, Inc. v. United States, 63-1 U.S.T.C. Nr. 9110 (N.D.Ga. 1962).

277 Universal Castings Corp., 37 T.C. 107, 113, 115 (1961), aff'd, 303 F. 2d 620 (7th Cir. 1962); siehe aber Brighton Recreations, Inc., 20 T.C.M. 127, 132 (1961).

Anteile zum Verkauf anbot[278]. Je weiter hingegen die Höhe der jeweiligen Gesellschafterdarlehen außer Verhältnis zur Höhe der jeweiligen Anteile steht, um so größer ist die Wahrscheinlichkeit, daß die Darlehen als solche anerkannt werden[279].

Das hier fragliche Kriterium wird unter Berücksichtigung aller Umstände des Einzelfalles im allgemeinen sehr flexibel angewandt. So wurden in Janeway v. Commissioner[280] Gesellschafterdarlehen, deren Höhe kraß außer Verhältnis zur Einlagebeteiligung standen, als Eigenkapital behandelt, weil diejenigen Gesellschafter, die den Großteil der Kredite gewährten, keine Einzahlungen auf ihre zuvor erlangten Anteile gemacht hatten[281]. Die Disproportionalität ist andererseits als unerheblich erachtet worden, weil ein Gesellschafter, der einen wesentlichen Anteil der Gesellschaft besaß, angesichts einer Finanzkrise des Unternehmens diesem „Darlehen" gewährte, um seinen Anteil zu retten[282]. Daß er dies ungeachtet dessen tat, ob andere Gesellschafter hierzu ebenfalls bereit oder in der Lage waren, spielte keine Rolle.

Die Tatsache, daß Darlehen außer Verhältnis zur Einlagebeteiligung gewährt wurden, wird ferner dann nicht als Indiz zugunsten der Anerkennung der Darlehen gewertet, wenn zwischen den Gesellschaftern

[278] Lockwood Realty Corp., 17 T.C.M. 247, 251 (1958), aff'd, but reversed on other grounds, 264 F. 2d 241 (6th Cir. 1959); in einigen Entscheidungen ist andererseits als Indiz für den Darlehenscharakter vermerkt worden, daß die Darlehen unbeschränkt abtretbar waren. Vgl. Tomlinson v. 1661 Corp., 377 F. 2d 291, 297 (5th Cir. 1967); United States v. Haskel Engineering & Supply Co., 380 F. 2d 786, 788 (9th Cir. 1967); anders aber wegen der geringen Wahrscheinlichkeit, daß die Darlehen überhaupt an Parteien abgetreten werden, die möglicherweise ihre Rechte zum Nachteil der Gesellschaft ausüben würden: Coleman Good, Inc. v. United States, 65-2 U.S.T.C. Nr. 9750 (W.D. 1965), aff'd, 359 F. 2d 434 (3d Cir. 1966); Brake & Electric Sales Corp., 185 F.Supp. 1, 4 (Mass. 1961), aff'd, 287 F. 2d 426 (1st Cir. 1961).

[279] Vgl. u. a. Turner Advertising of Kentucky, Inc., 25 T.C.M. 532 (1966); New England Lime Co., 13 T.C. 799, 804 (1949); Charles E. Curry, 43 T.C. 667 (1965); Lots, Inc., 49 T.C. 541, 547 (1968); Baker Commodities, Inc., 48 T.C. 374, 398 (1967), aff'd, on another issue, 415 F. 2d 519 (9th Cir. 1969), cert.den., 397 U.S. 988 (1970).

[280] 147 F. 2d 602 (2d Cir. 1945).

[281] Siehe auch Reed v. Comm'r, 242 F. 2d 334 f. (2d Cir. 1957), wo das Gericht der Auffassung war, daß die Darlehen einiger Gesellschafter durch die hochqualifizierten Arbeitsleistungen anderer Gesellschafter aufgewogen wurden; das Gericht erachtete die „Darlehen" somit als Eigenkapital; siehe auch Sansberry v. United States, 70-1 U.S.T.C. Nr. 9216 (S.D.Ind. 1970); Broadway Drive-In Theatre, Inc. v. United States, 220 F.Supp. 707, 710 (E.D.Mo. 1963); Ben P. Gale, 15 T.C.M. 518, 524 (1956); unwesentliche Abweichungen von Darlehens- und Einlageverhältnis sollten außer Betracht bleiben, vgl. Plumb, 26 TaxL.Rev. 475 (1971); vgl. aber Arthur v. Dermott, 13 T.C. 468, 471 (1949), wo trotz unwesentlicher Abweichung von Disproportionalität ausgegangen wurde.

[282] Vgl. William L. Copley, 27 T.C.M. 383 (1968); Rudolph A. Zivnuska, 33 T.C. 226, 228, 235 (1959); Ben P. Gale, 15 T.C.M. 518, 525 (1956); Samuel T. Tauber, 11 T.C.M. 269, 273 f. (1954); Fred A. Bihlmaier, 17 T.C. 620, 626 (1951).

ein genügend enges familiäres oder wirtschaftliches Verhältnis gegeben ist[283]. Hier besteht kein besonderer Anhaltspunkt dafür, daß die Gläubigerrechte auch tatsächlich wahrgenommen werden. Soweit außenstehende Personen gleichzeitig mit Darlehensgewährung Aktien erwarben, ist Proportionalität unter bestimmten Umständen nicht als Hinweis auf den Eigenkapitalcharakter der Darlehen gedeutet worden[284].

(i) Kontrollrechte

In praktisch allen steuerrechtlichen Zusammenstellungen von Faktoren, die generell bei der Abgrenzung zwischen Einlage und Gesellschafterdarlehen eine Rolle spielen, wird die Gewährung von Kontrollrechten als Indiz für Eigenkapitalcharakter genannt[285]. Im allgemeinen sind nämlich — in gewissen Grenzen selbst bei Vorzugsaktionären — Kontrollrechte, d. h. Stimmrecht, Beteiligung am Management usw., typischer Ausfluß der Gesellschafterstellung.

In der Praxis spielt dies Merkmal bei der Abgrenzung eine untergeordnete Rolle[286]. Dies liegt unter anderem daran, daß beherrschende Gesellschafter[287] meist keinen Anlaß sehen, sich aufgrund des Darlehensvertrages weitere Kontrollrechte zugestehen zu lassen, da sie ja die Gesellschaft ohnehin beherrschen[288].

---

283 Vgl. u. a. Liflans Corp. v. United States, 390 F. 2d 965 (Ct.Cl. 1968); P.M. Finance Corp. v. Comm'r, 302 F. 2d 786 (3d Cir. 1962); Wilbur Security Co. v. Comm'r, 279 F. 2d 657 (9th Cir. 1960); vgl. auch C.M. Gooch Lumber & Sales Co., 49 T.C. 649 (1948).

284 Vgl. u. a. Leach Corp., 30 T.C. 563, 578 f. (1958); W. H. Truschel, 29 T.C. 433, 439 (1957); New England Lime Co., 13 T.C. 799, 804 (1949); hierbei sind teilweise sogar extrem hohe Verschuldungsgrade nicht negativ berücksichtigt worden. Zu den dogmatischen Schwierigkeiten bei Nichtanerkennung von Darlehen von „Nichtgesellschaftern" siehe Plumb, 26 TaxL.Rev. 369, 481 f. (1971).

285 Vgl. z. B. Fin Hay Realty Co. v. United States, 398 F. 2d 694, 696 (3d Cir. 1968); J. S. Biritz Construction Co. v. Comm'r, 387 F. 2d 451, 457 (8th Cir. 1967); Tomlinson v. 1661 Corp., 377 F. 2d 291, 296 (5th Cir. 1967); Dillin v. United States, 433 F. 2d 1097, 1100 (5th Cir. 1970), zitiert in dem Konkurs-1972), aff'd, 485 F. 2d 679 (2d Circ. 1973); Green Bay Structural Steel, Inc., Nr. 53.44 P-H TC, S. 53, 327 (1970); Montclair, Inc. v. Comm'r, 318 F. 2d 38, 40 (5th Cir. 1963).

286 Vgl. auch Plumb, 26 TaxL.Rev. auf S. 447 (1971): "... it is all but impossible to find a decision in which that view has been applied.", zitiert in Bordo Products Co. v. United States, 476 F. 2d 1312, 1323 (Ct.Cl. 1973); vgl. auch Jordan Co. v. Allen, 85 F.Supp. 437, 443 (M.D.Ga. 1949).

287 Im Konkursrecht finden die in der Rechtsprechung entwickelten Regeln — wie in D 2 a ee dargestellt — nur auf kontrollierende und solche Gesellschafter Anwendung, die am Management beteiligt sind. Anders aber Loiseaux, 38 Ref.J. 4, 6 (1964), der „Kontrolle" allein als eigenständiges Abgrenzungsmerkmal ansieht und die Regeln zur Behandlung von Gesellschafterdarlehen auf jegliche Gesellschafter anwendbar erachtet.

288 Die Kontrolle, die diese Gesellschafter aufgrund ihrer Anteile ausüben, hat naturgemäß keine Indizwirkung; vgl. z. B. (implizit) Tomlinson v. 1661 Corp., 377 F. 2d 291, 296 f. (5th Cir. 1967).

Insofern ist dieses Kriterium von vornherein praktisch nur dann relevant, wenn ein Minderheitsgesellschafter oder ein außenstehender Dritter die Darlehensgewährung von gewissen Kontrollrechten abhängig macht. In der weitaus überwiegenden Zahl dieser Fälle haben die Gerichte unter der Begründung, daß die fraglichen Rechte lediglich dem Schutze der Gläubigerposition dienten bzw. die Attraktivität eines normalen Investments steigern sollten, den Kontrollrechten keine Indizwirkung zugesprochen[289]. Dabei finden sich Entscheidungen, in denen Darlehen anerkannt wurden, obwohl dem Darlehensgeber das Recht eingeräumt worden war, die Hälfte der Direktoren zu bestellen[290], der Darlehensgeber gleiches Stimmrecht wie die Stammaktionäre besaß[291] und die Geschäftspolitik der kreditnehmenden Gesellschaft wesentlich beeinflußte[292].

Kontrollrechte haben nach der Rechtsprechung praktisch auch dann keine Indizwirkung, wenn sie erst nach Nichteinhaltung des Vertrages durch die Gesellschaft erlangt oder wirksam werden[293], es sei denn sie ersetzen die üblichen Gläubigerrechte[294]. Gleichermaßen ist die Gewährung von Stimmrechten im Hinblick auf Angelegenheiten, die — wie Fusionen oder der Verkauf von Betriebsvermögen — das Schicksal der Rechte aus dem Darlehensvertrag berühren, nicht als Indiz gegen eine tatsächliche Gläubigerbeziehung gewertet worden[295]. Einige wenige

289 Vgl. die Konkursentscheidung Wages v. Weiner, 381 F. 2d 667, 668 f. (5th Cir. 1967).

290 Vgl. Union Mut. Ins. Co. of Providence, 46 T.C. 842, 845 (1966), aff'd, 386 F. 2d 974, 978 (1st Cir. 1967); vgl. auch Comm'r v. Johnson, 267 F. 2d 382, 384 f. (1st Cir. 1959); W.H. Truschel, 29 T.C. 433, 439 (1957); Hemenway-Johnson-Furniture Co. 7 T.C.M. 380, 386 f. (1948), aff'd, 174 F. 2d 793 (5th Cir. 1949).

291 Vgl. Helvering v. Richmond, F. & P.R.R., 90 F. 2d 971, 974 (4th Cir. 1937); vgl. Wages v. Weiner, 81 F. 2d 291, 96 f. (5th Cir. 1967).

292 Vgl. Wages v. Weiner, Fn. 291; Bordo Products Co. v. United States, 476 F. 2d 1312, insbes. 1323 (Ct.Cl. 1973). In diesem Fall unterstützte die Geschäftsleitung des Kreditgebers die des Darlehensnehmers in ganz erheblichem Maße. Dies drückte sich u. a. darin aus, daß der Kreditgeber die Finanzstruktur des kreditnehmenden Unternehmens durch einen Finanzexperten neu planen ließ. Ferner hielt sich der Vizepräsident des Kreditgebers häufig längere Zeit im Betrieb des Darlehensnehmers auf und beriet den Darlehensnehmer in Fragen der Geschäftspolitik. Zudem besaß der Kreditgeber eine Option auf sämtliche Stammaktien des Kreditnehmers. Die Bordo-Entscheidung stellt ein anschauliches Beispiel dar, wie ein Kreditgeber zum Schutz seiner Gläubigerinteressen allmählich immer stärker in die Geschäftsführung des kreditnehmenden Unternehmens verwickelt wird.

293 Vgl. Richard M. Drachman, 23 T.C. 558, 563 (1954).

294 Vgl. z. B. Gardens of Faith, Inc., 23 T.C.M. 1045, 1058 (1964), aff'd, 345 F. 2d 180 (4th Cir.), cert.den., 382 F. 2d 927 (1965).

295 Vgl. Baker Commodities, Inc., 48 T.C. 374, 399 f. (1967), aff'd on another issue, 415 F. 2d 519 (9th Cir. 1969), cert.den., 397 U.S. 988 (1970); Luden's, Inc. v. United States, 196 F.Supp. 526, 532 f. (E.D.Penn. 1961). Anders aber, wenn der Darlehensgeber praktisch den Darlehensvertrag abändern kann,

Ausnahmen finden sich allein dann, wenn ohnehin starke Hinweise auf den tatsächlichen Eigenkapitalcharakter vorlagen[296].

Die Tatsache, daß der Darlehensvertrag keine Kontrollrechte gewährte, ist meist nicht als positives Indiz für eine Gläubigerbeziehung im Tatsächlichen gewertet worden[297]. Dies ist darauf zurückzuführen, daß auch Vorzugsaktionäre weitgehend vom Stimmrecht ausgeschlossen sind.

Im Ergebnis ist folgendes festzuhalten: Der Frage der Kontrollrechte wird im Grundsatz allgemein wichtige Indizfunktion beigemessen. In der Praxis spielt dieses Kriterium bei der Abgrenzung von Einlage und Eigenkapital jedoch eine sehr geringe Rolle[298].

(j) Einräumung von Sicherheiten/Rücklagenbildung

Soweit eine Sicherheit[299] für die fragliche Darlehensverpflichtung bestellt worden ist, wird dies in der Konkurs- wie in der Steuerrechtsprechung grundsätzlich als Indiz für den tatsächlichen Darlehenscharakter des Kredites angesehen[300]. Teilweise gilt dies selbst dann

---

vgl. Dillin v. United States, 433 F. 2d 1097, 1101 (5th Cir. 1970); McSorley's, Inc. v. United States, 63-1 U.S.T.C. Nr. 9231 (D.Colo. 1962), aff'd, 323 F. 2d 900 (10th Cir. 1963); Diamond Bros. Co., 21 T.C.M. 696, 706 (1962), aff'd, 322 F. 2d 725 (3d Cir. 1963); Universal Castings Corp., 37 T.C. 107, 116 (1961), aff'd, 303 F. 2d 620 (7th Cir. 1962); Peco Co., 26 T.C.M. 207, 211 f. (1967).

296 Ragland Investment Co., 52 T.C. 867, 877 (1969), aff'd per curiam, 435 F. 2d 118 (6th Cir. 1970); Zilkha & Sons, Inc., 52 T.C. 607, 616 (1969); Ernst Kern Co., 1 T.C. 249, 271 (1942); Texas Drivurself System, Inc., 3 T.C.M. 289, 293 (1944); Hale-Justis Drug Co., 2 T.C.M. 39, 43 f. (1943); Gardens of Faith, Inc., 23 T.C.M. 1045, 1058 (1964).

297 Vgl. u. a. Green Bay & Western R.R., 3 T.C. 372, 379 (1944), aff'd, 147 F. 2d 585 (7th Cir. 1945); Portage Plastics Co. v. United States, 301 F.Supp. 684, 690 (W.D.Wis. 1969); Charles L. Huisking & Co., 4 T.C. 595, 600 (1945); vgl. aber Lansing Community Hotel Corp., 14 T.C. 183, 189 (1950), aff'd, 187 F. 2d 487 (6th Cir. 1951); Lundgren v. Comm'r, 376 F. 2d 623, 626 (9th Cir. 1967); Taft v. Comm'r, 314 F. 2d 620, 622 (9th Cir. 1963); Tomlinson v. 1661 Corp., 377 F. 2d 291, 297 (5th Cir. 1967); bei beherrschenden Gesellschaftern hat das Fehlen von Kontrollrechten im Darlehensvertrag ohnehin keine indizielle Bedeutung, vgl. u. a. Dillin v. United States, 433 F. 2d 1097, 1101 (5th Cir. 1970); Diamond Bros. Co., 21 T.C.M. 696, 706 (1962), aff'd, 322 F. 2d 725 (3d Cir. 1963); Universal Castings Corp., 37 T.C. 107, 116 (1961), aff'd, 303 F. 2d 620 (7th Cir. 1962); Peco Co., 26 T.C.M. 207, 211 f. (1967).

298 Siehe jedoch D 2 a ee zur Frage des betroffenen Gesellschafterkreises.

299 Zu Gesellschafterbürgschaften siehe D 2 a cc (a).

300 Siehe Arnold v. Phillips, 117 F. 2d 497, 501 (5th Cir. 1941) hinsichtlich der ersten Serie von Darlehen („There was no security asked or given."), vgl. D 2 a aa (b) (dd). Vgl. ferner folgende steuerrechtlichen Entscheidungen: Estate of Ernest G. Howes, 30 T.C. 909, 923 (1958), aff'd sub nom. Comm'r v. Johnson, 267 F. 2d 382, 385 (1st Cir. 1959); Washmont Corp. v. Hendricksen, 137 F. 2d 306, 308 (9th Cir. 1943); J. I. Morgan, Inc., 30 T.C. 881, 891 (1958), rev'd on another issue, 272 F. 2d 936 (9th Cir. 1959); Harry F. Shannon, 29 T.C. 702, 718 (1958); Warren H. Brown, 27 T.C. 27, 35 (1956); Ackerson v. United States, 277 F.Supp. 475, 477 (W.D. Ky. 1967).

noch, wenn die Sicherheit nachrangig[301] bzw. nicht oder nicht ordnungsgemäß nach den einschlägigen Vorschriften eingetragen ist[302].

Inwieweit die Sicherheitsbestellung im Einzelfall zur Anerkennung der Darlehen führt, hängt weitgehend davon ab, ob die Sicherheit in adäquatem Verhältnis zum Darlehensanspruch steht[303] bzw., ob der Gesellschafter-Gläubiger seine Rechte tatsächlich wahrnimmt[304].

In der Konkursrechtsprechung ist ferner die Tendenz zu erkennen, nach dem Zeitpunkt der Sicherheitsbestellung zu differenzieren. Bei gleichzeitiger Darlehensgewährung und Sicherheitsbestellung besteht ein Indiz für den tatsächlichen Darlehenscharakter, nicht aber, wenn die Sicherheit erst beträchtliche Zeit nach der Kreditgewährung eingeräumt worden ist[305]. Zudem ist die Bedeutung der Sicherheitsbestellung um so geringer, je stärker der Gesellschafter-Gläubiger das Unternehmen beherrscht[306].

Wird andererseits keine Sicherheit für ein Gesellschafterdarlehen bestellt, so wird dies im allgemeinen nicht als Hinweis auf den Einlagecharakter der Zuwendungen gewertet[307]. Ungesicherte Verbindlichkeiten sind nämlich im Wirtschaftsverkehr durchaus nichts Ungewöhnliches, jedenfalls dann nicht, wenn das kreditnehmende Unternehmen einen

---

301 Vgl. Charles E. Curry, 43 T.C. 667, 693 (1965); Plastic Toys, Inc., 27 T.C.M. 707, 710 (1968).

302 Vgl. Evwalt Development Corp., 22 T.C.M. 220, 227 (1963); siehe auch American Processing & Sales Co. v. United States, 371 F. 2d 842, 845, 852 (Ct.Cl. 1967); a. A. Marsan Realty Corp., 22 T.C.M. 1513, 1522 (1963); 85 Es Realty, Inc. v. United States, 59-1 U.S.T.C. Nr. 9232 (S.D.N.Y. 1958) (jury instructions). Zu den einschlägigen formellen Vorschriften siehe Art. 9 U.C.C., part 4.

303 Dies gilt zum einen für den Umfang und Wert der Sicherheit, vgl. Ambassador Apartments, Inc., 50 T.C. 236, 245 (1968), aff'd, 406 F. 2d 288 (2d Cir. 1969); Morris Moughon, 22 T.C.M. 94, 100 (1963), aff'd, 329 F. 2d 399 (6th Cir. 1964); American-La France Foamite Corp., 18 T.C.M. 447, 452 (1959), aff'd, 284 F. 2d 723 (2d Cir. 1960), cert.den., 365 U.S. 881 (1961); Marsan Realty Corp., 22 T.C.M. 1513, 1521 (1963); Ben P. Gale, 15 T.C.M. 518, 524 (1956). Zum anderen gilt dies auch für die Rangfolge, vgl. Reef Corp., 24 T.C.M. 379, 397 (1965), aff'd, 368 F. 2d 125, 132 (5th Cir. 1966), cert.den., 386 U.S. 1018 (1967); Foresun, Inc., 41 T.C. 706, 709, 717 (1964), aff'd, 348 F. 2d 1006 (6th Cir. 1965).

304 Vgl. Motel Co. v. Comm'r, 340 F. 2d 445 f. (2d Cir. 1965); siehe auch Stanley, Inc. v. Schuster, 295 F.Supp. 812, 816 (S.D. Ohio 1969), aff'd, 421 F. 2d 1360 (6th Cir.), cert.den., 400 U.S. 822 (1970).

305 Vgl. u. a. Arnold v. Phillips, 117 F. 2d 497, 501 (5th Cir. 1941).

306 Ein Alleingesellschafter kann jegliche Sicherheitsbestellung „durchsetzen". Regelmäßig ist jedoch nicht zu erwarten, daß er seine Gläubigerrechte zum Nachteil seines Gesellschaftsanteils wahrnimmt.

307 Vgl. J.S. Biritz Construction Co. v. Comm'r, 387 F. 2d 451, 459 (8th Cir. 1967); Jack Daniel Distillery v. United States, 379 F. 2d 569, 582 f. (Ct.Cl. 1967); Luden's Inc. v. United States, 196 F.Supp. 526, 533 f. (E.D.Penn. 1961); Charles D. Vantress, 23 T.C.M. 711, 718 (1964).

soliden Ruf besitzt[308] oder genügend Vermögenswerte aufweist[309]. Nur ausnahmsweise ist mangelnde Sicherheitsbestellung als Indiz gegen den Darlehenscharakter gewertet worden, wenn sich der Darlehensnehmer in äußerst prekärer finanzieller Situation befand[310] und außenstehende Dritte ein Darlehen nur gegen Sicherheit gewährt hätten[311]. In derartigen Situationen bestehen Zweifel an der tatsächlichen Rückzahlungsabsicht sowie an der Rechtsdurchsetzung durch den Gesellschafter-Gläubiger[312]. Einige Steuergerichte haben jedoch die Auffassung vertreten, daß von dem Gesellschafter nicht erwartet werden könne, in einer finanziellen Krise der Gesellschaft auf Sicherheitseinräumung zu bestehen[313]. Im Konkursfall ist eine derartige Bewertung der Interessenlage zugunsten des Gesellschafters wegen der u. U. schwerwiegenden Beeinträchtigung von Drittgläubigern allerdings wenig wahrscheinlich.

In einigen Steuerentscheidungen ist es als Indiz gegen die unbedingten Rückzahlungsabsichten der Beteiligten angesehen worden, wenn die Gesellschaft keinerlei Rücklagen für die Rückzahlung des Darlehens gebildet hatte[314]. Dabei ist vielfach darauf hingewiesen worden, daß die Rückzahlung des Gesamtbetrages in einem Zuge nur bei Veräußerung wesentlichen Geschäftsvermögens möglich gewesen wäre[315]. Soweit jedoch Rücklagen aus gewissen Gründen unangemessen gewesen wären und ohnehin genügend Indizien für eine tatsächliche Gläubigerbeziehung vorlagen, sind Gesellschafterdarlehen als solche anerkannt worden[316].

---

308 Vgl. Arthur F. Brook, 23 T.C.M. 1730, 1738 (1964), rev'd on another issue, 360 F. 2d 1011 (2d Cir. 1966).

309 Vgl. Jack Daniel Distillery v. United States, oben Fn. 307; Decker v. United States, 244 F.Supp. 31, 33 (N.D. Iowa 1965); siehe aber Anthony v. Donisi, 26 T.C.M. 327, 330 (1967), aff'd, 405 F. 2d 481 (6th Cir. 1968).

310 Vgl. Jewell Ridge Coal Corp. v. Comm'r, 318 F. 2d 695, 699 (4th Cir. 1963); Benjamin D. Gilbert, 17 T.C.M. 29 (1958), aff'd, 262 F. 2d 512 (2d Cir.), cert.den., 359 U.S. 1002 (1959).

311 Vgl. u. a. Wood Preserving Corp. v. United States, 347 F. 2d 117, 119 (4th Cir. 1965); Zephyr Mills, Inc., 18 T.C.M. 794, 795, 799 (1959), aff'd, 279 F. 2d 494 (3d Cir. 1960); Erard A. Matthiessen, 16 T.C. 781, 786 (1951), aff'd, 194 F. 2d 659 (2d Cir. 1952).

312 Zu diesen Kriterien vgl. D 2 a bb (g).

313 Vgl. auch American Processing & Sales Co. v. United States, 371 F. 2d 842, 856 (Ct.Cl. 1967); Austin Village, Inc. v. United States, 296 F.Supp. 382, 394 (N.D. Ohio 1968), rev'd, 432 F. 2d 741 (6th Cir. 1970).

314 Vgl. Tyler v. Tomlinson, 414 F. 2d 844, 849 (5th Cir. 1969); National Farmers Union Service Corp. v. United States, 67-1 U.S.T.C. Nr. 9234 (D.Colo. 1967), aff'd, 400 F. 2d 483 (10th Cir. 1968); Morris Moughan, 22 T.C.M. 94, 100 (1963), aff'd, 329 F. 2d 399 (6th Cir. 1964); Charter Wire, Inc. v. United States, 309 F. 2d 878, 881 (7th Cir. 1962), cert.den., 372 U.S. 965 (1963); vgl. auch Hickman, 40 Taxes 974, 992 (1962).

315 Zu der Frage der Rückzahlungsquellen siehe D 2 a bb (c).

316 Vgl. Green Bay Structural Steel, Inc. v. United States, 53 T.C. 451, 457 f. (1969); J.S. Biritz Construction Co. v. Comm'r, 387 F. 2d 451, 457 (8th

Sind dagegen Rücklagen für die Rückzahlung gebildet worden, so liegt hierin nach der Rechtsprechung meist ein abschließender Beweis für die tatsächliche Rückzahlungsabsicht der Gesellschaft und somit für den Darlehenscharakter der Zuwendungen[317]. Dies gilt selbst dann, wenn die Rücklagenvereinbarung durch Gewinne bedingt ist[318], es sei denn, die Vereinbarung wird in der Praxis nicht eingehalten[319]. Rücklagenbildung im Hinblick auf die Rückzahlung des Darlehens hat sich besonders dann als bedeutsam erwiesen, wenn es sich um eine langfristige Verbindlichkeit handelt und die Steuerbehörden den Charakter des angeblichen Darlehens überprüfen, bevor es zu tatsächlichen Rückzahlungen kommt[320].

(k) Parteiwille[321]

In vielen steuerrechtlichen Entscheidungen ist ausgeführt worden, daß der Parteiwille den wahren Charakter der Transaktion zwischen Gesellschafter und Gesellschaft bestimmt[322]. Ferner enthalten zahlreiche Zusammenstellungen der bei der Abgrenzung relevanten Faktoren das Kriterium „Parteiwille“[323]. Einige wenige Konkursgerichte haben ebenfalls die Parteiabsichten berücksichtigt[324].

Cir. 1967); Luden's, Inc. v. United States, 196 F.Supp. 526, 533 f. (E.D.Penn. 1961).

317 Siehe 1661 Corp. v. Tomlinson, 247 F.Supp. 936, 937 (M.D.Fla. 1965), aff'd, 377 F. 2d 291 (5th Cir. 1967); Blaise, Inc. v. United States, 59-2 U.S.T.C. Nr. 9725 (E.D.La. 1959).

318 Vgl. Leach Corp., 30 T.C. 563, 576 (1958); siehe aber Fellinger v. United States, 238 F.Supp. 67, 76 f. (N.D. Ohio 1964), aff'd, 363 F. 2d 826 (6th Cir. 1966).

319 Siehe National Savings & Trust Co. v. United States, 285 F.Supp. 325, 332 (D.D.C. 1968); vgl. aber Leach Corp., oben Fn. 318.

320 Siehe hierzu auch Hickman, 44 Taxes 883, 892 (1966); auch Plumb, 26 TaxL.Rev. 369, 469 (1971).

321 Zu der verwandten Frage des guten Glaubens siehe unten D 2 a dd (c).

322 Vgl. z. B. 1432 Broadway, 4 T.C. 1158 (1945), aff'd per curiam, F. 2d 885 (2d Cir. 1947); Estate of Herbert B. Miller, 24 T.C. 923 (1955), rev'd, 239 F. 2d 729, 732 (9th Cir. 1956); Kipsborough Realty Corp., 9 T.C.M. 932 (1951): Brake & Electric Sales Corp. v. United States, 287 F. 2d 426, 428 (1st Cir. 1961); Gooding Amusement Co. v. Comm'r, 236 F. 2d 159, 166 (6th Cir. 1956), cert.den., 352 U.S. 1031 (1957); A.R. Lantz Co. v. United States, 424 F. 2d 1330 (9th Cir. 1970). Siehe auch Truck Terminals, Inc. v. Comm'r, 314 F. 2d 449, 454 (9th Cir. 1963): "The question as to the character of the transaction was one of fact ... The problem was to determine the intent of the parties as ascertained from all the relevant facts and circumstances ..."

323 Vgl. u. a. B.F. Curry v. United States, 396 F. 2d 630 (5th Cir. 1968), cert.den., 393 U.S. 967 (1968); Diamond Bros. Co. v. Comm'r, 322 F. 2d 725 (3d Cir. 1963); Montclair, Inc. v. Comm'r, 318 F. 2d 38, 40 (5th Cir. 1963); Berkowitz v. United States, 411 F. 2d 818 (5th Cir. 1969); Dillin v. United States, 433 F. 2d 1097, 1100 (5th Cir. 1970).

324 Vgl. u. a. Arnold v. Phillips, 117 F. 2d 497, 501 (5th Cir. 1941), cert.den., 313 U.S. 583 (1941) (auf den unterschiedlichen Parteiwillen beruft sich auch Goldstein v. Wolfson, 132 F. 2d 624 [2d Cir. 1943] bei der distinction der

Es ist allgemein anerkannt, daß zur Bestimmung des Parteiwillens alle objektiven Umstände heranzuziehen sind[325]. Auch reichen allein formelle Bezeichnungen und Aussagen[326] der Parteien nach allgemeiner Ansicht nicht zur Anerkennung von Gesellschafterdarlehen aus[327]. Die ganz herrschende Meinung mißt darüber hinaus den Parteiabsichten nur äußerst geringe Bedeutung bei[328]. Zur Begründung wird darauf verwiesen, daß die vom Eigeninteresse bestimmten Bezeichnungen und Aussagen der Parteien die tatsächliche Natur der Transaktion keinesfalls notwendig widerspiegeln, da der Gesellschafter auf beiden Verhandlungsseiten beteiligt ist[329].

Der Sprachgebrauch der Entscheidungen ist allerdings uneinheitlich. Teilweise wird unter dem Terminus „Parteiwille" nur die Form verstanden, die die Parteien bei der Transaktion gewählt haben[330]. Über-

---

Arnold-Entscheidung); L & M Realty Corp. v. Leo, 249 F. 2d 668 (4th Cir. 1957); siehe auch In the Matter of Eastern Erectors, Inc., 346 F.Supp. 293, 295 (E.D.Penn. 1972), aff'd, 485 F. 2d 679 (2d Cir. 1973), wo auf die Zusammenstellung der üblichen Indizien in der Dillin-Entscheidung (oben Fn. 323) verwiesen wird.

325 Vgl. Gyro Engineering Corp. v. United States, 276 F.Supp. 454, 465 (C.D.Cal. 1967), rev'd, 417 F. 2d 437 (9th Cir. 1969); Wood Preserving Corp. v. United States, 347 F. 2d 117, 119 (4th Cir. 1965); Brinker v. United States, 116 F.Supp. 294, 297 (N.D.Cal. 1953), aff'd, 221 F. 2d 478 (9th Cir. 1955); Isidor Dobkin, 15 T.C. 31, 33 Fn. 1 (1950), aff'd, 192 F. 2d 392 (2d Cir. 1951).

326 Parteiaussagen sind als Beweismittel zulässig; andererseits ist das Gericht nicht verpflichtet, die Parteien hinsichtlich ihrer Absichten zu hören; vgl. Road Materials Inc. v. Comm'r, 407 F. 2d 1121, 1124 (4th Cir. 1969); auch Berthold v. C.I.R., 404 F. 2d 119 (6th Cir. 1968).

327 Für alle: Harold W. Hardy, Nr. 72,230 P-H MemoTC (1972); Jordan Co. v. Allen, 85 F.Supp. 437, 444 (M.D.Ga. 1949).

328 Vgl. Road Materials, Inc. v. Comm'r, oben Fn. 326; Diamond Bros. Co. v. Comm'r, 322 F. 2d 725 (3d Cir. 1963); Donisi v. Comm'r, 405 F. 2d 481, 483 (6th Cir. 1968); S.P. Realty Co., 27 T.C.M. 764, 766 (1968); Farley Realty Corp. v. Comm'r, 279 F. 2d 701, 705 (2d Cir. 1960); Crawford Drug Stores, Inc. v. United States, 220 F. 2d 292, 296 (10th Cir. 1955); Sam Schnitzer, 13 T.C. 43, 62 (1949), aff'd, 183 F. 2d 70 (9th Cir. 1950), cert.den., 340 U.S. 911 (1951).

329 Vgl. u. a. Fin Hay Realty Co. v. United States, 398 F. 2d 694, 697 (3d Cir. 1968); Road Materials, Inc. v. Comm'r, oben Fn. 326; Brake & Electric Sales Corp. v. United States, 185 F.Supp. 1, 3 (D.Mass. 1960), aff'd, 287 F. 2d 426 (1st Cir. 1961); P.M. Finance Corp. v. Comm'r, 302 F. 2d 786, 789 (3d Cir. 1962).

330 Dies zeigt sich z. B. in folgender Ausführung in United States v. Snyder Bros. Co., 367 F. 2d 980, 982 (5th Cir. 1966), cert.den., 386 U.S. 956 (1967): "The problem is not one of ascertaining 'intent' since the parties have objectively manifested their intent. It is a problem whether the intent and acts of these parties should be disregarded in characterizing the transaction . . ." Siehe auch United States v. Hertwig, 398 F. 2d 452, 455 (5th Cir. 1968); Tomlinson v. 1661 Corp., 377 F. 2d 291, 299 (5th Cir. 1967); Farley Realty Corp. v. Comm'r, 279 F. 2d 701, 705 (2d Cir. 1960); Berkowitz v. United States, 411 F. 2d 818 (5th Cir. 1969); diese Tendenz beschränkt sich im wesentlichen auf den 5. und 2. Circuit. Zu den Auswirkungen des Unterschiedes siehe Plumb, 26 TaxL.Rev., 369, 458 f. (1971).

wiegend scheint jedoch als (wahrer) Parteiwille das Ergebnis der Beurteilung aller objektiven Umstände bezeichnet zu werden.

Einige wenige steuerrechtliche Entscheidungen haben demgegenüber die subjektiven Parteibekundungen in ganz erheblichem Maße berücksichtigt und Gesellschafterdarlehen als solche anerkannt, obwohl die objektiven Umstände weit mehr auf den Eigenkapitalcharakter der Zuwendungen hindeuteten[331]. Diese Rechtsprechung dürfte auf das Konkursrecht aber schon im Hinblick auf die u. U. erheblichen Drittgläubigerinteressen nicht übertragbar sein.

(l) „Business purpose“ (geschäftliche und wirtschaftliche Erwägungen)

Steuergerichte haben bei der Abgrenzung von Einlage und Eigenkapital teilweise darauf abgestellt, ob die Wahl der Finanzierung durch das Gesellschafterdarlehen aus anzuerkennenden geschäftlichen Gründen erfolgte[332]. Umfang und Inhalt dieses Kriteriums sind in der Steuerrechtsprechung allerdings in starkem Maße unklar geblieben[333]. Allgemein anerkannt ist heute jedoch, daß ein Nachweis eines berechtigten Geschäftsgrundes nicht Voraussetzung für eine Anerkennung von Gesellschafterdarlehen ist[334]. Außerdem ist die Absicht der Steuerminimierung anerkannterweise kein ausreichender Beweis dafür, daß das vorgebliche Gesellschafterdarlehen tatsächlich Eigenkapital darstellt[335]. Allenfalls wird hierdurch die formelle Ausweisung der Zuwendung als Darlehen in Zweifel gezogen[336].

Steuerliche und geschäftliche Erwägungen der Parteien sind im wesentlichen Faktoren, die zum Verständnis der Gesamtumstände und

---

331 Diese Gerichte benutzen dabei praktisch den Parteiwillen als einen selbständigen Faktor. Zudem berufen sie sich darauf, daß allein der Einzelfall für die Entscheidung maßgeblich ist; Turner Tire Co. v. United States, Nr. 9570, S. 85,340, 85,342f. (M.D.La. 1972).

332 Vgl. Green Bay Structural Steel, Inc., Nr. 53.44 P-H TC (1972); Harold W. Hardy, Nr. 72,230 P-H MemoTC (1972); vgl. auch Schenuit Rubber Co. v. United States, 293 F.Supp. 280, 294 (D.Md. 1968); O.H. Kruse Grain & Milling v. Comm'r, 279 F. 2d 123, 126 (9th Cir. 1960); Wetterau Grocer Co. v. Comm'r, 179 F. 2d 158, 160 (8th Cir. 1950); Estate of Herbert B. Miller, 24 T.C. 923, 933 (1955), rev'd, 239 F. 2d 729 (9th Cir. 1956).

333 Vgl. eingehend hierzu Plumb, 26 TaxL.Rev. S. 538 - 549 (1971), Überschrift des Kapitels: „False Gods and Rhetoric“, S. 537.

334 Siehe u. a. Nassau Lens Co. v. Comm'r, 308 F. 2d, 39, 44 - 46 (2d Cir. 1962); Sun Properties, Inc. v. United States, 220 F. 2d 171, 174 f. (5th Cir. 1955); Charles E. Curry, 43 T.C. 667, 695 (1965); siehe auch Goldstein v. Comm'r, 364 F. 2d 734, 741 (2d Cir. 1966).

335 Vgl. Kraft Foods Co. v. Comm'r, 232 F. 2d 118, 127 f. (2d Cir. 1956); Charles D. Vantress, 23 T.C.M. 711, 718 (1964).

336 Truck Terminals, Inc. v. Comm'r, 314 F. 2d 449, 453 (9th Cir. 1963); Charles E. Curry, 43 T.C. 667, 688 (1965).

damit zum Verständnis des wahren Charakters der Transaktion beitragen[337]. Insofern kann der Nachweis eines wichtigen wirtschaftlichen Grundes für die Wahl eines Gesellschafterdarlehens anstelle einer Einlage ein Indiz dafür darstellen, daß Form und rechtliche Natur übereinstimmen[338].

Etliche steuerrechtliche Entscheidungen gehen jedoch darüber hinaus und stützen die Anerkennung von Gesellschafterdarlehen darauf, daß die Wahl dieser Finanzierungsform aus wirtschaftlichen Erwägungen heraus erfolgte, obwohl die Gesellschaft grob unterkapitalisiert war oder andere Indizien weit mehr auf eine Einlage hindeuteten[339].

Diese Entscheidungen erscheinen selbst im Rahmen des Steuerrechts recht zweifelhaft[340]. Grundsätzlich dürften auch im Konkursrecht einer allzu großzügigen gerichtlichen Beurteilung der Finanzierungsform zugunsten des Gesellschafters, insbesondere im Hinblick auf das Schutzbedürfnis kleinerer und mittlerer Gläubiger, praktisch engere Grenzen gesetzt sein als im Steuerrecht. Jedenfalls spricht die Tendenz der Konkursgerichte in der Frage der Unterkapitalisierung[341] entschieden dagegen, daß die oben genannte Steuerrechtsprechung auf das Konkursrecht übertragbar ist.

---

337 Vgl. Gilbert v. Comm'r, 248 F. 2d 399, 407 (2d Cir. 1957); Diamond Bros. Co., 21 T.C.M. 696, 706 (1962), aff'd, 322 F. 2d 725 (3d Cir. 1963); siehe auch Truck Terminals, Inc. v. Comm'r, oben Fn. 336: "For in a case such as this, in which the business reasons for making the transfer are not disputed, motives themselves are not controlling in characterizing the transaction utilized to effect the transfer. They serve only as a means of getting at the intent of the parties and hence as one indication of the true nature of the transaction."; ferner Plumb, 26 TaxL.Rev. S. 540 (1971).

338 Vgl. Truck Terminals, Inc. v. Comm'r, oben Fn. 336.

339 Vgl. z. B. Scotland Mills, Inc., 24 T.C.M. 265, 274 f. (1965): "... the courts have usually recognized advances or loans to a closely held corporation as creating a true debtor-creditor relationship where there is a demonstrable business purpose in making the loan and the transaction is not a tax-avoiding scheme or a sham or masquerade." Vgl. ferner J.S. Biritz Construction Corp. v. Comm'r, 387 F. 2d 451, 458 (8th Cir. 1967); Piedmont Minerals Co. v. United States, 294 F.Supp. 1040, 1045 (M.D.N.C. 1969), aff'd, 429 F. 2d 560 (4th Cir. 1970); American Processing & Sales Co. v. United States, 371 F. 2d 842, 854 - 56 (Ct.Cl. 1967); Austin Village, Inc. v. United States, 296 F.Supp. 382, 394, 397 (N.D. Ohio 1968), rev'd, 432 F. 2d 741 (6th Cir. 1970).

340 Vgl. hierzu u. a. United States, v. Hertwig, 398 F. 2d 452, 455 (5th Cir. 1968); Austin Village, Inc. v. United States, 432 F. 2d 741, 745 (6th Cir. 1970); James D. Lancaster, 23 T.C.M. 631, 635 (1964); vgl. auch Plumb, 26 TaxL.Rev. S. 541 ff. (1971).

341 Siehe oben, D 2 a aa. Vgl. insbesondere die Ausführungen von Richter Learned Hand in V. Loewer's Gambrinus Brewery Co., 167 F. 2d 318 (2d Cir. 1948).

cc) „Escape Devices" (Umgehungsregeln)

(a) Gesellschafterbürgschaften

In der steuerrechtlichen Literatur ist die Auffassung vertreten worden[342], daß die Behandlung von Gesellschafterdarlehen als Eigenkapital wie folgt vermieden werden könne: Die Gesellschaft nimmt einen Kredit bei einer Bank auf, wobei die Gesellschafter sich für die Verpflichtungen der Gesellschaft verbürgen[343]. Hält die Gesellschaft ihre Vertragspflichten nicht ein und befriedigt der Gesellschafter die Bank, so kann er im Konkurs den auf ihn dann übergegangenen Anspruch gegen die Gesellschaft geltend machen.

Daß die Bank in einem solchen Fall zunächst tatsächlich Gläubigerin der Gesellschaft gewesen ist, kann kaum bestritten werden. Da der Gesellschafter grundsätzlich mit Befriedigung der Bank in deren Stellung eintritt, müßte — formal gesehen — von seinem Gläubigerstatus auszugehen sein. Im übrigen könnte der Gesellschafter im Wege einer Bürgschaft im wesentlichen das gleiche erreichen wie bei einer direkten Darlehensgewährung[344]. Zudem ist diese Finanzierungsweise normalerweise nicht mit größeren Geschäftsrisiken, wenn auch mit durchweg höheren Kosten verbunden.

Es ist allerdings recht zweifelhaft, ob mit Gesellschafterbürgschaften die Gesellschafterdarlehensproblematik tatsächlich vermieden werden kann. Dies deutet sich bereits in folgender Äußerung des Supreme Court in Putnam v. Commissioner, einer steuerrechtlichen Entscheidung[345], an: "There is no real economic difference between the loss of an investment made in the form of a direct loan to a corporation and one made indirectly in the form of a guaranteed bank loan. The tax consequences should in all reason be the same ..."

---

[342] Vgl. Lutz, 34 Taxes 420, 423 (1956); Fuller, 29 Tul.L.Rev. 775, 784 (1955); vgl. aber Plumb, 26 TaxL.Rev. S. 483 ff. (1971); Goldstein, 16 TaxL.Rev. 1, 28 (1960); Pennell, 35 Taxes 927, 939 (1959); zum Ganzen siehe auch Cohen, 39 Geo.Wash.L.Rev. 321 ff. (1970).

[343] Aus Gründen der Vereinfachung soll hier der ähnlich gelagerte Fall, daß der Gesellschafter den Kreditvertrag mitunterzeichnet, er also Mitschuldner ist, nicht gesondert behandelt werden, da die gleichen Regeln wie bei Gesellschafterbürgschaften Anwendung finden; vgl. auch Plumb, 26 Tax L.Rev. 482 Fn. 641 (1971); Cohen, oben Fn. 342, S. 321.

[344] Dabei sind die Mittel der Gesellschafter vor allem nicht im Unternehmen gebunden, was beträchtliche Steuervorteile, z. B. für den Fall, daß das Kapital aus dem Unternehmen abgezogen werden muß, mit sich bringt; vgl. im einzelnen u. a. Plumb, 26 TaxL.Rev. 378 f., 483; außerdem könnten — so Lutz, oben Fn. 342 — Zahlungen der Gesellschafter an die Bank eher als sog. „bad debt"-Abschreibungen anerkannt werden; vgl. hierzu z. B. Plumb, 26 TaxL.Rev. S. 483 Fn. 649. Steuerliche Nachteile können bei Gesellschafterbürgschaften allerdings im Fall von Subchapter S Gesellschaften entstehen, vgl. hierzu I.R.C. § 1374 (c) (2), sowie Milton T. Raynor, 50 T.C. 762, 770 (1968).

[345] 352 U.S. 82, 92 f. (1956). Allerdings ging es bei dieser Entscheidung hauptsächlich nicht um die Abgrenzung von Einlage und Eigenkapital.

Im Konkursrecht ist das Problem — soweit ersichtlich — allerdings nur selten behandelt worden. Eine der wenigen Entscheidungen ist das Urteil International Tel. & Tel. v. Holton[346]. In diesem Fall wurde ein grob unterkapitalisiertes[347] Tochterunternehmen durch ein Darlehen der Muttergesellschaft finanziert. Ein Teil dieses Darlehens wurde später über einen Kredit einer Versicherung zurückgezahlt, wobei sich die Muttergesellschaft für die Rückzahlung an die Versicherung verbürgt hatte und später auch an die Versicherung leistete. Die Anerkennung beider Ansprüche der Muttergesellschaft wurde gleichermaßen abgelehnt. Das Gericht ging hierbei auf grundsätzliche Fragen allerdings nicht ein und stützte das Ergebnis lediglich auf Billigkeitserwägungen, insbesondere die Auswirkungen einer Anerkennung der fraglichen Darlehen auf die Konkursquote der Drittgläubiger sowie die Art und Weise der Geschäftsführung und Beherrschung der Tochter- durch die Muttergesellschaft.

Anders als im Konkursrecht ist die Frage der Gesellschafterbürgschaften vielfach im Steuerrecht zu entscheiden gewesen. Hierbei haben sich über den Einzelfall hinausgehende Grundsätze herausgebildet. Dabei finden sich zahlreiche Entscheidungen, in denen Bankkredite, für die sich Gesellschafter verbürgt hatten, als direkte Kredite der Bank an die Gesellschafter und Darlehen der Gesellschafter an die Gesellschaft behandelt worden sind[348]. Dies ist meist der Fall, wenn die Rückzahlungserwartungen des Bankkredites im Zeitpunkt der Verbürgung[349] gering sind[350], ausschließlich vom völlig ungesicherten Erfolg des Unternehmens abhängen[351] oder wenn die Gesellschaft den Bankkredit nicht ohne die Gesellschafterbürgschaft erhalten hätte und die Bank hauptsächlich auf Kredit und Vermögen des Bürgen vertraute[352]. Allerdings

---

[346] 247 F. 2d 178, 181, 184 (4th Cir. 1957); siehe auch Matter of Tampa Wholesale Electric, Inc. (Referee Opinion M.D.Fla. 1971), berichtet in 45 Am.B.L.J. 418 f. (1971).

[347] Vgl. hierzu D 2 a aa (b).

[348] Vgl. u. a. J.A. Maurer, Inc., 30 T.C. 1273, 1290 Fn. 3 (1958); siehe aber: Don T. Allen, 18 T.C.M. 1101, 1107 f. (1959), modified on other issues, 283 F. 2d 785 (7th Cir. 1960); Frank Nelson, Jr., 17 T.C.M. 888, 899 - 901 (1958), aff'd on other issues, 281 F. 2d 1 (5th Cir. 1960).

[349] Der Zeitpunkt der Verbürgung ist der ausschlaggebende Zeitpunkt. Vgl. W.D. Roussel, 37 T.C. 235, 242 f. (1961); Bratten v. Comm'r, 217 F. 2d 486, 488 (6th Cir. 1954).

[350] Vgl. Barclay Co., 23 T.C.M. 1695, 1709 (1964); Max Bernstein, 19 T.C.M. 1569, 1576 (1960); George B. Markle, Jr., 17 T.C. 1593, 1598 f. (1952); siehe auch Hoyt v. Comm'r, 145 F. 2d 634 (2d Cir. 1944); E.J. Ellisberg, 9 T.C. 463, 466 f. (1947).

[351] J. Meredith Siple, 54 T.C. 1, 9 (1970); Christie Coal & Coke Co., 28 T.C.M. 498, 520 f. (1969); siehe auch Syer v. United States, 380 F. 2d 1009, 1012 f. (4th Cir. 1967); J.A. Maurer, Inc., oben Fn. 348.

[352] Vgl. Curry v. United States, 67-2 U.S.T.C. Nr. 9559 (S.D.Fla. 1967), aff'd, 396 F. 2d 630, 634 (5th Cir.), cert.den., 393 U.S. 967 (1968); Plantation

findet sich dieser Standpunkt häufiger, wenn es sich um Fragen der „bad debt“-Abschreibungen handelt[353]. Dagegen hat bei weiteren steuerrechtlichen Fragen die Notwendigkeit, die Transaktion hypothetisch zu interpretieren[354], zu nicht unerheblichen dogmatischen Schwierigkeiten und einer weniger einheitlichen Rechtsprechung geführt. Hier haben etliche Entscheidungen eine Gleichbehandlung von gesellschafterverbürgten Bankkrediten und direkten Gesellschafterdarlehen abgelehnt[355]. Dabei ist zum einen jedoch zu bedenken, daß die hier auftretenden Konstruktionsfragen spezifisch steuerrechtlicher Natur sind. Zum anderen hätte sich in vielen Entscheidungen, in denen eine Gleichbehandlung abgelehnt wurde, auch die gegenteilige Auffassung nicht anders im Ergebnis ausgewirkt[356]. Oftmals ist die Forderung der Kreditgeber nach Gesellschafterbürgschaften außerdem kein Indiz dafür, daß diese Kreditgeber die Kapitalisierung des Unternehmens als zu gering erachten oder hauptsächlich auf die Bonität der Gesellschafter vertrauen[357]. Es handelt sich vielmehr um allgemeine Usancen der Banken, bei Darlehen an close corporations Gesellschafterbürgschaften zu verlangen[358], oder die Banken wollen die weitere Mitwirkung einiger Gesellschafter in der Geschäftsleitung indirekt sichern[359]. Teilweise wollen die Banken auch verhindern, daß die die Rückzahlung deckenden Vermögenswerte der Gesellschaft auf dem Wege über Dividenden- oder Gehaltszahlungen vermindert werden[360].

Patterns, Inc., 29 T.C.M. 817, 826 f. (1970); Christie Coal & Coke Co., 28 T.C.M. 498, 521 (1969).

353 Vgl. hierzu C 4, Fn. 14.

354 Eine Möglichkeit lautet wie folgt: Die Bank gewährt den Gesellschaftern ein Darlehen, das diese der Gesellschaft als Einlage zuführen. Die vertraglichen Zahlungen durch die Gesellschaft erfolgen zugunsten der Gesellschafter auf deren Verpflichtungen gegenüber der Bank; vgl. zu den steuerrechtlichen Folgen im einzelnen Aarons, 23 J.Taxation 194, 195 (1965); zu weiteren Interpretationsmöglichkeiten siehe Goldstein, 16 TaxL.Rev. 1, 29 (1960); zu den Problemen vgl. u. a. Moore & Sorlien, 14 TaxL.Rev. 453, 493 Fn. 108 (1959).

355 Vgl. u. a. Wynnefield Heights, Inc., 25 T.C.M. 953, 960 (1966); vgl. auch Santa Anita Consolidated, Inc., 50 T.C. 536, 548, 550, 553 (1968).

356 Vgl. Murphy Logging Co. v. United States, 378 F. 2d 222, 224 (9th Cir. 1967) (Angemessene Kapitalisierung); Santa Anita Consolidated, Inc., oben 50 T.C. 550 - 55 (1968); Book Production Industries, Inc., 24 T.C.M. 339, 356 f. (1965); Ackerson v. United States, 277 F.Supp. 475, 477 (W.D.Ky. 1967); Fors Farms, Inc. v. United States, 66-1 U.S.T.C. Nr. 9206 (W.D.Wash. 1966).

357 Vgl. Santa Anita Consolidated, Inc., 50 T.C. 536, 548, 550, 553 (1968); Diamond Bros. Co., 21 T.C.M. 696, 700 (1962), aff'd on another issue, 322 F. 2d 725 (3d Cir. 1963).

358 Fors Farms, Inc. v. United States, 66-1 U.S.T.C. Nr. 9206 (W.D.Wash. 1966); vgl. eingehend Hickman, 44 Taxes 883, 890 (1966).

359 Diamond Bros. Co., 21 T.C.M. 696, 700 (1962), aff'd on another issue, 322 F. 2d 725 (3d Cir. 1963).

360 Ackerson v. United States, 277 F.Supp. 475, 477 (W.D.Ky. 1967); vgl. auch Hickman, oben Fn. 358.

Insgesamt gesehen aber setzt sich in der steuerrechtlichen Literatur und Rechtsprechung immer mehr die Auffassung durch, daß ein gesellschafterverbürgtes Bankdarlehen nach den gleichen Grundsätzen wie ein direktes Gesellschafterdarlehen zu behandeln ist[361]. Nur lautet die Fragestellung etwas verändert, ob z. B. der Gesellschafter tatsächlich erwartete, daß die Gesellschaft das Darlehen vereinbarungsgemäß zurückzahlen würde[362].

Fragen, die der bislang dargestellten Problematik ähnlich sind, sind im Steuerrecht vereinzelt auch bei folgender Sachlage aufgetreten[363]: Der Gesellschafter nahm den Kredit selbst auf, um diesen dann unmittelbar an die Gesellschaft weiterzuleiten. Das Kreditinstitut wußte, daß der Kredit für die Gesellschaft bestimmt war, hatte sich vor Kreditvergabe über die wirtschaftliche Lage der Gesellschaft eingehend informiert und sah den Gesellschafter wirtschaftlich eigentlich als bloßen Mittler („conduit") eines Kredits für die Gesellschaft an. Hier hat es in Ausnahmefällen zugunsten der Anerkennung von Gesellschafterdarlehen als solchen eine Rolle gespielt, daß die Bank darauf vertraute, daß der Gesellschafter die zurückzuzahlenden Beträge fristgemäß von der Gesellschaft eintreiben werde[364].

Als Indiz für den Darlehenscharakter der fraglichen Kapitalzuwendung ist es teilweise auch angesehen worden, daß der Gesellschafter seine Vertragsverpflichtungen gegenüber der Bank nur bei fristgemäßen Zahlungen der Gesellschaft einhalten konnte[365].

Eine Zusammenfassung der sich im Steuer- und Konkursrecht zeigenden Tendenzen ergibt, daß eine Umgehung der auf direkte Gesell-

361 Vgl. z. B. Syer v. United States, 380 F. 2d 1009, 1012 f. (4th Cir. 1969); J. Meredith Siple, 54 T.C. 1, 9 (1970); Plantation Patterns, Inc., 29 T.C.M. 817 (1970); ALI, Income Tax Problems of Corporations and Shareholders 420 (Report of Working Views of Staff, 1958); Plumb, 26 TaxL.Rev. 488 (1971).

362 Vgl. Plumb, 26 TaxL.Rev. S. 488 (1971); das gleiche gilt auch, wenn die Bank vom Gesellschafter anstelle eines Indossamentes oder einer Bürgschaft verlangt, daß er als haftende Partei den Kreditvertrag mitunterzeichnet, vgl. Fors Farms, Inc. v. United States, 66-1 U.S.T.C. Nr. 9206 (W.D.Wash. 1966), oder die Bank sich das Recht vorbehält, gegen den Gesellschafter vorzugehen, ohne den Rechtsweg gegen die Gesellschaft auszuschöpfen, vgl. Santa Anita Consolidated, Inc., 50 T.C. 536, 548 - 550 (1968).

363 Im allgemeinen allerdings wird diese Konstellation ohne weiteres als direktes Gesellschafterdarlehen angesehen: George T. Smith, 23 T.C.M. 1689 (1964), aff'd, 370 F. 2d 178 (6th Cir. 1966); S.S. Ballin Agency, Inc., 28 T.C.M. 1058, 1067, 1074 (1969); Christie Coal & Coke Co., 28 T.C.M. 498, 525 f. (1969); siehe auch die Konkursentscheidung Braddy v. Randolph, 352 F. 2d 80, 82 (4th Cir. 1965).

364 Vgl. Jack Daniel Distillery v. United States, 379 F. 2d 569, 585 (Ct.Cl. 1967); Oak Motors, Inc., 23 T.C.M. 520 (1964). Daneben treten hier weitere Fragen im Zusammenhang mit der Finanzierung bei verbundenen Unternehmen auf, vgl. Allied Stores Corp., 13 T.C.M. 1149, 1155 f., 1162 (1960).

365 Alstate-Schuykill Co., 28 T.C.M. 32, 39 f. (1969); Irbco Corp., 25 T.C.M. 359, 366 (1966); Paul F. Murphy, 21 T.C.M. 1161, 1163 f. (1962); Seven Sixty Ranch Co. v. Kennedy, 66-1 U.S.T.C. Nr. 9293 (D.Wyo. 1966).

schafterdarlehen Anwendung findenden Regeln mit Hilfe von gesellschafterverbürgten Krediten Dritter nur selten zugelassen worden ist. Ganz überwiegend finden auf beide Situationen die gleichen Kriterien Anwendung. Dies gilt vermutlich mehr noch im Konkurs- als im Steuerrecht, da hier inhaltliche Erwägungen und Billigkeitsaspekte von größerer Bedeutung sind[366].

(b) Vermietung, Verpachtung und Leasing

In der steuerrechtlichen Literatur[367] ist vorgeschlagen worden, die einlagegleiche Behandlung von Gesellschafterdarlehen wie folgt zu vermeiden: Anstatt dem Unternehmen das insgesamt notwendige Kapital in Form von Einlagen zuzuführen, wovon die Gesellschaft dann wiederum z. B. die benötigten Betriebsanlagen erwirbt, zahlen die Gesellschafter nur einen weit geringeren Betrag auf das Stammkapital ein, erwerben die fraglichen Gegenstände in ihrer persönlichen Eigenschaft, um sie dann mittels Leihe, Miete oder Leasing an das Unternehmen weiterzugeben. Die Steuergerichte haben vielfach ein derartiges Verfahren insoweit anerkannt, als die Höhe des Mietzinses oder Leasing-Entgelts angemessen war[368].

Im Konkursrecht finden sich nur wenige Entscheidungen zu diesem Problem. Dabei aber werden Ansprüche aus Miet-, Pacht- oder Leasing-Verhältnissen nach den gleichen Grundsätzen wie Gesellschafterdarlehen behandelt, ohne daß hierbei nähere Begründungen gegeben werden[369]. Das war auch in der Entscheidung Brown v. Freedman[370] der Fall, wo letztlich die Nachordnung des Herausgabeanspruchs des Gesellschafters abgelehnt wurde. Der Gesellschafter hatte zunächst die Betriebsanlage an die Gesellschaft vermietet und später unter Eigentumsvorbehalt an die Gesellschaft verkauft. Die Gesellschaft war vermutlich unterkapitalisiert. Das Gericht stützte die Anerkennung des Gesellschafteranspruchs auf das Urteil Pepper v. Litton[371],

[366] Vgl. D 1 b bb.

[367] Vgl. Note, 55 Col.L.Rev. 1054, 1064 f. (1955).

[368] Vgl. u. a. Floridian Hotel Operators, Nr. 53,050 P-H MemoTC; Limericks, Inc., 7 T.C. 1129, aff'd, 165 F. 2d 483.

[369] Vgl. etwa Referee-Urteil in Matter of Plants & Facilities Co., Inc. (C.D.Cal. 1971), berichchtet in 45 Am.B.L.J. 335 (1971); siehe auch Herzog & Zweibel, 15 Vand.L.Rev. 83, 96 (1961) ("No distinction should be made between contributions of money and contribuations of property."); a. A. Immenga, S. 373, der der Auffassung ist, daß die amerikanischen Konkursgerichte Sachfinanzierung und Unterkapitalisierung durch den unbeschränkten direkten Haftungsdurchgriff erfassen.

[370] 125 F. 2d 151, 153, 156 (1st Cir. 1942); unrichtig Gleick, 16 Bus.Law. 619 (1961), der dieser Entscheidung entnimmt, daß Miet-, Pacht- und Leasing-Verhältnisse nicht unter die allgemeinen Regeln zur Behandlung von Gesellschafterdarlehen fallen.

[371] 308 U.S. 295 (1939).

wonach Gesellschafterdarlehen und -ansprüche nur bei nomineller Kapitalisierung[372] nachzuordnen seien, ging aber ohne jegliche Erörterung der Frage davon aus, daß auch in dem zu entscheidenden Fall die allgemeinen Regeln zur Behandlung von Gesellschafterdarlehen Anwendung fänden. Diese Tendenz spiegelt sich in der Rechtsprechung auch ganz überwiegend darin wieder, daß von „loans", „advances" und „claims" von Gesellschaftern gesprochen wird[373], ohne daß im einzelnen nach der Art der Gesellschafteransprüche differenziert wird. Eine Gleichbehandlung von Gesellschafteransprüchen aus Überlassungsverträgen und Darlehen sollte sich auch aus dem im Konkursverfahren geltenden equity-Grundsatz ergeben, daß dem Inhalt, nicht der Form des Rechtsgeschäftes entscheidende Bedeutung zuzumessen ist[374]. Ferner ist wiederum zu unterstreichen, daß die Konkursgerichte sich im wesentlichen von Billigkeitserwägungen leiten lassen, wobei im Regelfall zumindest bei unterkapitalisierten Gesellschaften eine Nachordnung der Gesellschafteransprüche aus Überlassungsverträgen zu erwarten ist[375].

(c) Darlehensgewährung mittels „trust" / Zwischenschaltung anderer Personen

In einer steuerrechtlichen Entscheidung hat die Tatsache, daß die Wahrnehmung der Rechte aus dem Gesellschafterdarlehen einem Treuhänder (trustee) oblag, wesentlich zur Anerkennung des Darlehens beigetragen[376]. Das Gericht war der Auffassung, daß die Zwischenschaltung eines Treuhänders aufgrund dessen Treuepflichten die Gewähr für die tatsächliche Rückzahlung des Darlehens bzw. die tatsächliche Durchsetzung aller Rechte bot, obwohl der Treuhänder mit dem Treugeber verwandt war.

Im allgemeinen aber haben die Gerichte auch im Steuerrecht der Zwischenschaltung eines Treuhänders keine Bedeutung beigemessen[377], soweit es sich nicht um eine unabhängige Person handelte[378]. Dies sollte

---

372 Wie oben, D 2 a aa, ausgeführt, kommt nach heutiger Rechtsprechung die Aberkennung bzw. Nachordnung von Gesellschafterdarlehen bereits bei unangemessener, nicht allein bei nomineller Kapitalisierung in Betracht.

373 Vgl. etwa Arnold v. Phillips, 117 F. 2d 497, 501 (5th Cir. 1941) („advances"); Pepper v. Litton, 308 U.S. 295, 309 (1939) („loans and advances"); In re Banning Mills, 138 F. 2d 538, 539 (5th Cir. 1943) („claims"); Heiser v. Woodruff, 327 U.S. 726, 733 (1946) („claims").

374 Vgl. zu den Befugnissen der Konkursgerichte D 1 b.

375 Vgl. D 2 a aa.

376 Estate of Miller v. Comm'r, 239 F. 2d 729, 732 f. (9th Cir. 1956).

377 Vgl. Affiliated Research, Inc. v. United States, 351 F. 2d 646, 649 (Ct.Cl. 1965); Foresun, Inc., 41 T.C. 706, 717 f. (1964), aff'd, 348 F. 2d 1006 (6th Cir. 1965); Zephyr Mills, Inc., 18 T.C.M. 794, 799 (1959), aff'd, 279 F. 2d 494 (3d Cir. 1960).

378 Vgl. Alden B. Oakes, 44 T.C. 524 (1965).

im Konkursrecht, wo — soweit ersichtlich — bislang keine Entscheidung zu diesem Problem ergangen ist[379], unter Berücksichtigung von equity-Grundsätzen in verstärktem Maße gelten[380].

Im amerikanischen Steuerrecht können Darlehen, die der corporation von engen Verwandten von Gesellschaftern gewährt werden, zwar grundsätzlich Anerkennung finden. Die Rechtsprechung hat jedoch die Beziehungen zwischen Gesellschafter, Verwandten und corporation im Hinblick auf die naheliegende Möglichkeit der Steuerumgehung besonders strenger Prüfung unterzogen[381]. In einer Vielzahl von Entscheidungen sind dabei Finanzzuwendungen von Verwandten der Gesellschafter als Einlagen behandelt worden[382]. Da im amerikanischen Konkursrecht stärker noch als im Steuerrecht Billigkeitsaspekte und nicht formale Erwägungen entscheidend sind, sollten die genannten steuerlichen Grundsätze erst recht im Konkursrecht gelten.

(d) Sonstiges

Die Umgehung der einlagegleichen Behandlung von Gesellschafterdarlehen auf andere als die bisher erörterte Art, etwa durch Abtretung der Forderung an Dritte, ist in der konkursrechtlichen Literatur und Rechtsprechung bisher nicht behandelt worden[383].

---

379 Siehe aber United States v. Weissman, 219 F. 2d 837 (2d Cir. 1955), sowie die Ausführungen in D 2 a ee.

380 Dies deutet sich bereits in Arnold v. Phillips, 117 F. 2d 497 (5th Cir. 1941), cert.den., 313 U.S. 583 (1941) an. Dort war dem Gesellschafter Arnold als Sicherheit für seine Darlehen eine „deed of trust" auf die gesamte Betriebsanlage eingeräumt worden. Treuhänderin war dabei seine Tochter. Das Gericht sah die Sicherheitsgewährung als unwirksam an. Dabei spielten allerdings andere Überlegungen eine größere Rolle. Vgl. D 2 a gg (a).

381 Vgl. hierzu auch Mertens, § 26.05.

382 Vgl. Dillin v. United States, 433 F. 2d 1097, 1102 (5th Cir. 1970); United States v. Henderson, 375 F. 2d 36, 38 (5th Cir. 1967); Foresun, Inc., 41 T.C. 706, 716, 718 (1964), aff'd, 348 F. 2d 1006 (6th Cir. 1965); Motel Co. v. Comm'r, 340 F. 2d 445 (2d Cir. 1965); W.O. Covey, Inc., 28 T.C.M. 1361, 1367, 1379 (1969); Catalina Homes, Inc., 23 T.C.M. 1361, 1367 (1964); Burr Oaks Corp., 43 T.C. 635, 648 (1965), aff'd, 365 F. 2d 24 (7th Cir. 1966), cert.den., 385 U.S. 1007 (1967); Murphy Logging Co. v. United States, 239 F.Supp. 794, 797 (D.Ore. 1965), rev'd 378 F. 2d 222 (9th Cir. 1967); Wilbur Security Co., 31 T.C. 938, 942, 946 f., 951 (1959), aff'd, 279 F. 2d 657 (9th Cir. 1960); Gloucester Ice & Cold Storage Co., 19 T.C.M. 1015, 1017, 1020 (1960), rev'd, 298 F. 2d 183 (1st Cir. 1962); Wilbur Security Co., 31 T.C. 938 (1959), aff'd, 279 F. 2d 657 (9th Cir. 1960).

383 Vgl. aber das Referee-Urteil in Matter of Tampa Wholesale Electric, Inc. (M.D.Fla. 1971), berichtet in 45 Am.B.L.J. 418 f. (1971). Dort ging es im wesentlichen um folgenden Sachverhalt: Die fragliche Gesellschaft erhielt von der „Small Business Administration" ein Darlehen. Die hierfür ausgestellte Urkunde wurde durch die Gesellschafter indossiert. Die Gesellschafter stellten außerdem persönliche Sicherheiten. Kurz darauf gewährte ein Factoring-Unternehmen der Gesellschaft ein weiteres Darlehen. Dabei wurde ein Rangrücktritt aller Gesellschafteransprüche gegen die corporation gegenüber den Ansprüchen des Factoring-Unternehmens vereinbart. Später

Allerdings sind im Steuerrecht etliche Entscheidungen ergangen, denen eine Abtretung von Gesellschafterdarlehen zugrunde lag. Diese Rechtsprechung betrifft jedoch Fragestellungen, die auf das Konkursrecht nicht übertragbar sind. Insbesondere geht es dabei darum, ob der Zessionar die Forderung als echtes Investment übernahm oder ob er nur Verlustzuweisungen anstrebte[384]. Folglich ist die Konkursrechtsprechung zur Umgehung der einlagegleichen Behandlung von Gesellschafterdarlehen durch Forderungsabtretung im einzelnen nicht abzusehen[385].

dd) „Defenses"

Welche Einwendungen[386] ein Gesellschafter vorbringen kann, um die einlagegleiche Behandlung des der Gesellschaft von ihm gewährten Darlehens zu vermeiden, ist in der Rechtsprechung noch nicht völlig geklärt worden. Dies ist zunächst darauf zurückzuführen, daß es in vielen Fällen, in denen Einwendungen erheblich sein könnten, von vornherein nicht zu einer gerichtlichen Entscheidung kommt, weil vorab eine vergleichsweise Einigung über den Anspruch zwischen Konkursverwalter und Anspruchsteller getroffen wird[387]. Selbst, wenn Konkursgerichte aber einmal über die Behandlung von Ansprüchen zu befinden haben, bei denen Einwendungen einschlägig sind, so wägen sie in aller Regel nur ganz pauschal die jeweiligen Parteiinteressen und sonstigen Umstände ab, ohne dabei exakt zwischen den Voraussetzungen der einlagegleichen Behandlung des Darlehens und Einwendungen hiergegen zu unterscheiden. Allerdings können dem Entscheidungsmaterial immerhin gewisse Grundsätze entnommen werden, die im folgenden zu behandeln sind. Dabei soll sich die Untersuchung nur auf die für die Gesellschafterdarlehensproblematik spezifischen Einwendungen beschränken[388].

meldete die fragliche Gesellschaft den Konkurs an. Die beiden genannten Gesellschaftsgläubiger machten ihre Ansprüche geltend, die „Small Business Administration" aber trat ihren Anspruch kurz darauf an eine Bank ab. Der Anspruch der Bank wurde vom Referee nachgeordnet. Der Referee ging aus Gründen, die der Sachverhaltsschilderung nicht zu entnehmen sind, davon aus, daß es sich in Wahrheit um ein Darlehen der „Small Business Administration" an die Gesellschafter und ein Darlehen der Gesellschafter an die Gesellschaft handelte. Letzteres sei entsprechend der Vereinbarung mit dem Factoring-Unternehmen nachzuordnen.

384 Vgl. zu den steuerrechtlichen Fragen u. a. Plumb, 26 TaxL.Rev. 369, 499 ff. (1971).

385 Allerdings erscheint in Fällen, in denen z. B. Gesellschafterdarlehen an nahe Verwandte abgetreten werden oder sonst ein Scheingeschäft vorliegt, auf der Grundlage von equity-Grundsätzen eine Nachordnung dieser Ansprüche wahrscheinlich.

386 Der Terminus „Einwendung" ist im folgenden untechnisch zu verstehen.

387 Darauf wird auch hingewiesen in Note, 47 Col.L.Rev. 800, 810 (1947).

(a) Kenntnis bzw. fahrlässige Unkenntnis

In Fällen, die verbundene Unternehmen betrafen, hat die Tatsache, daß Außenstehende das normalerweise die Nachordnung der fraglichen Ansprüche auslösende Fehlverhalten kannten bzw. ohne Schwierigkeiten hätten entdecken können, eine Rolle gespielt[389]. Hierfür ist von den Gerichten allerdings — abgesehen allenfalls von Billigkeitserwägungen — keine Begründung angeführt worden.

Ähnlicher Natur sind Einwände, die dahin gehen, daß die Drittgläubiger nicht getäuscht oder übervorteilt wurden. Dies wurde z. B. von Judge Sibley in Arnold v. Phillips[390] hinsichtlich der zweiten Serie von Gesellschafterdarlehen nach vorangegangener zweijähriger Prosperität betont. Gleiches gilt für Hanson v. Bradley[391], wo es sich allerdings nicht um die Klage eines Außenstehenden, sondern die Klage des ehemaligen Managers des Unternehmens auf Aberkennung der für ein Gesellschafterdarlehen gewährten Sicherheit gegenüber seinem Vergütungsanspruch handelte. Das Gericht sagte[392]: "In the present case we have a corporation formed without substantial capital ... The plaintiff dealt with that corporation. There is nothing to show that he was deceived. The fair inference is that he knew the worthlessness of the corporation with which he contracted, and knew that his contract was of no value unless the corporation could borrow money. He must have known that lenders have a habit of demanding security."

Ähnlich war es im Fall Boyum v. Johnson[393], wo ebenfalls ein Interessenkonflikt zwischen insidern zu entscheiden war. In diesem Urteil lehnte das Gericht die Nachordnung bzw. Aberkennung der Ansprüche des Mehrheitsgesellschafters Boyum gegen die Gesellschaft ab. Zur Begründung wurde ausgeführt, daß der Kläger sowie weitere Minderheitsgesellschafter nicht den Nachweis erbracht hätten, daß sie diesen Ansprüchen nicht zugestimmt hätten. Vom Zeitpunkt der fraglichen Transaktionen bis zur Klagerhebung waren nämlich 15 bis 20 Jahre verstrichen. Der Kläger besuchte regelmäßig die jährlichen Gesellschafterversammlungen, wo die Finanzunterlagen der Gesellschaft zur Überprüfung vorgelegt wurden. Er ließ aber durchblicken, daß er diesen Versammlungen wenig Beachtung schenkte.

---

[388] Beispiele allgemeiner Einwendungen: „Laches": Middle West Corp., SEC Holding Company Act Release, No. 6606, Mai 1946, S. 35 f.; „Res Iudicata": Heiser v. Woodruff, 327 U.S. 726 (1946); „invalidity" und „illegality": General Gas & Electric Corp., SEC Holding Company Release No. 5950, 26. Juli 1945.

[389] Vgl. z. B. General Gas & Electric Corp., SEC Holding Company Release No. 5950, 26. Juli 1945.

[390] 117 F. 2d 497, 501 (5th Cir. 1941); vgl. D 2 a aa (b) (dd).

[391] 10 N.E. 2d 259, 264 f. (1937).

[392] oben Fn. 391, S. 264.

[393] 127 F. 2d 491 (8th Cir. 1942).

Man kann die Ergebnisse der dargestellten Entscheidungen dahingehend verallgemeinern, daß die Nachordnung bzw. Aberkennung von Gesellschafterdarlehen gegenüber solchen Gesellschaftsgläubigern ausgeschlossen ist, die die hierfür maßgeblichen Umstände tatsächlich kannten bzw. unschwer hätten erkennen können[394]. Dieser Grundsatz basiert letztlich auf Billigkeitserwägungen und dem Gedanken des Handelns auf eigene Gefahr. Die genannten Entscheidungen lassen jedoch erkennen, daß der fragliche Einwand gegen die Nachordnung oder Aberkennung von Gesellschafterdarlehen nur in Ausnahmefällen zum Tragen kommt. Dies wird bereits daran deutlich, daß es sich bei den Hanson v. Bradley[395] und Boyum v. Johnson[396] zugrunde liegenden Sachverhalten um extreme Konstellationen handelte und die fraglichen Gläubiger insider waren. Außerdem kommt dieser Einwand praktisch nur bei Unterkapitalisierung der fraglichen Gesellschaft in Betracht[397]. Dabei ist zudem zu bedenken, daß die Unterkapitalisierung sich nicht allein an der Höhe des stated bzw. legal capital ablesen läßt. Weiter besteht nach ganz überwiegender Auffassung in der Rechtsprechung keine Obliegenheit der Drittgläubiger, sich über die Kapitalverhältnisse der corporation zu informieren[398].

In einigen Entscheidungen des Court of Appeals des Staates Maryland im Rahmen von Insolvenzverfahren[399] ist die Nachordnung bzw. Aberkennung von Gesellschafteransprüchen allerdings bereits dann abgelehnt worden, wenn der fragliche Drittgläubiger sich durch Einsichtnahme in öffentliche Register über das Stammkapital informieren, Finanzunterlagen verlangen oder den Kredit der Gesellschaft über die üblichen Quellen in Erfahrung bringen konnte. So sagte das Gericht in Dollar Cleansers & Dyers v. McGregor[400]: "... those dealing with the corporation have only themselves to blame if they suffer from neglect to seek information obtainable from public records and other available sources.".

---

394 Siehe auch Immenga, S. 372. Ähnliche Erwägungen finden sich im deutschen Recht bei Westermann, S. 34, 35 f.; vgl. auch Geßler, BB 1971, 665, 667.

395 Vgl. 10 N.E. 2d 259, 264 f. (1937).

396 Vgl. 127 F. 2d 491 (8th Cir. 1942).

397 Unter Berücksichtigung des Grundgedankens des Handelns auf eigene Gefahr ließe sich z. B. ein Einwand gegen die Nachrangigkeit von Gesellschafterdarlehen nicht begründen, wenn der Drittgläubiger wußte, daß die Gesellschaft dem Gesellschafter gegenüber nicht zur Zinszahlung verpflichtet war, das Darlehen nicht zurückgezahlt wurde und der Gesellschafter seine Gläubigerrechte nicht wahrnahm.

398 Vgl. auch Immenga, S. 372.

399 Vgl. Obre v. Alban Tractor Co., 179 A. 2d 861 (1962); ferner Hock & Co. v. Strohm, 166 Md. 253, 170 A. 738 (1934); Dollar Cleansers & Dyers v. McGregor, 163 Md. 105, 161 A. 159 (1932).

400 163 Md. auf S. 109, 161 A. auf S. 161.

Diese Auffassung geht praktisch von einer Obliegenheit der Vertragspartner der corporation aus, sich über deren finanzielle Verhältnisse zu informieren. Damit wird der Gläubigerschutz drastisch eingeschränkt. Allerdings läßt insbesondere die jüngere Entscheidung Obre v. Alban Tractor Co.[401] erkennen, daß nach Meinung des Gerichts Nachrangigkeit von Gesellschafterdarlehen nur bei subjektivem Fehlverhalten seitens Gesellschaft oder Gesellschafter möglich ist[402]. Diese Ansicht trifft aber — wie oben dargestellt[403] — jedenfalls für das bundesstaatliche Konkursrecht nicht zu und ist selbst für die Insolvenzverfahren der meisten Einzelstaaten sehr zweifelhaft[404].

Aber auch darüber hinaus erscheint die Meinung des Court of Appeals von Maryland recht bedenklich. Einsichtnahme in öffentliche Register gibt nur Auskunft über die Höhe des stated oder legal capital bzw. die Einzahlungen hierauf. Das Verhältnis des stated bzw. legal capital zu Geschäftsumfang und -risiken läßt sich aus öffentlichen Registern nicht ersehen. Nach Betriebsaufnahme wird das Grundkapital zu einer bloßen bilanztechnischen Größe, die über die finanzielle Situation des Unternehmens nichts aussagt. Für die Gläubiger sind im Hinblick auf die Einhaltung der Bedingungen und der Rückzahlung von Verbindlichkeiten des Unternehmens nicht das formelle Grundkapital, sondern andere Faktoren, wie Gesamtfonds und Finanzierung, entscheidend[405].

Banken und Großunternehmen sind allerdings regelmäßig in der Lage, durch Einholen von Auskünften die finanzielle Situation einer Gesellschaft relativ umfassend in Erfahrung zu bringen. Auch wird diesen potentiellen Kreditgebern aufgrund ihrer wirtschaftlichen Machtstellung regelmäßig Einsicht in die Geschäftsunterlagen der kreditnachsuchenden Unternehmen gewährt. Mögliche Kredite werden dann meist entsprechend dem Risiko angemessen durch Einräumung von Sicherheiten abgedeckt werden können. Ganz anders dagegen die Mehrzahl der Klein- und Warengläubiger, denen diese Informationsmöglichkeiten nicht offenstehen und die, wie insbesondere kleine Produktions- und Zulieferbetriebe, auf raschen Absatz angewiesen sind. Dieser Kreditgeberkreis ist durchaus schutzbedürftig und schutzwürdig.

---

401 179 A 2d 861, 862 (1962).

402 Arguendo wird allerdings die Richtigkeit der vom Beklagten zitierten konkursrechtlichen Präjudizien (u. a. Costello v. Fazio, 256 F. 2d 903) unterstellt. Die Klage wurde dann mangels Unterkapitalisierung abgewiesen, vgl. S. 862 - 864.

403 Vgl. D 2 a aa.

404 Vgl. z. B. Albert Richards Co. v. The Mayfair, 191 N.E. 430 (S.Ct. Mass. 1934).

405 Insofern können Kredite an Gesellschaften mit geringem Stammkapital wirtschaftlich durchaus vernünftig sein.

Als Ergebnis ist festzuhalten, daß die Nachrangigkeit bzw. Aberkennung von Gesellschafterdarlehen nach überwiegender Rechtsprechungsansicht ausgeschlossen sein kann, wenn der fragliche Drittgläubiger das Risiko des Geschäfts, insbesondere den Grad der Unterkapitalisierung, tatsächlich kannte bzw. sich in einer besonderen Situation befand, aufgrund derer er dieses Risiko ohne weiteres hätte erkennen können.

(b) Erwartung zukünftiger Gewinne

In steuerrechtlichen Verfahren haben Gesellschafter häufig zur Entkräftung des Verdachtes der Unterkapitalisierung vorgebracht, daß zur Zeit der Kreditgewährung nach allen Umständen, insbesondere der Geschäftsentwicklung in der Vergangenheit, hohe Einkünfte und Gewinne erwartet werden durften[406].

Ältere Entscheidungen haben derartige Einlassungen meist als irrelevant erachtet, gleichgültig, ob die Gewinnerwartungen sich später erfüllten[407] oder nicht[408].

Die neuere Steuerrechtsprechung hat aber Gesellschafterdarlehen bei günstigen Gewinnaussichten im allgemeinen anerkannt[409], und zwar auch dann, wenn z. B. der Verschuldungsgrad relativ hoch lag[410]. Meist wird dabei allerdings nach der Wahrscheinlichkeit der Gewinnerwartungen differenziert[411].

Diese Rechtsprechung ist auch unter dem Aspekt des Gläubigerschutzes begründbar und sollte auf das Konkursrecht anwendbar sein. Soweit Gewinne sich tatsächlich einstellen und auch zum Zeitpunkt der Kreditgewährung sich bereits objektivierbar abzeichneten, kann von einer realen Gläubigergefährdung nicht gesprochen werden; die Zufuhr von Eigenkapital anstatt von Fremdmitteln erscheint nicht geboten. Dies gilt vor allem, wenn dem Konkurs eine Periode der Prosperität vorausging und der Konkurs mit den Umständen zum Zeitpunkt der Kreditgewährung in keinem Zusammenhang steht. Bloße Hoffnungen und

---

406 Vgl. u. a. Estate of Herbert B. Miller, 24 T.C. 923, 930, 932 (1955), rev'd, 239 F. 2d 729 (9th Cir. 1956); Sam Schnitzer. 13 T.C. 55, 61, 62 (1949), aff'd, 183 F. 2d 70 (9th Cir. 1950), cert.den., 340 U.S. 911 (1951); Pumi-Blok Co. Nr. 72,048 P-H MemoTC (1972).

407 Siehe z. B. Estate of Herbert B. Miller, oben Fn. 406.

408 Siehe z. B. Sam Schnitzer, Fn. 406.

409 Vgl. u. a. Estate of Miller v. Comm'r, 239 F. 2d 729, 731 (9th Cir. 1956); Jack Daniel Distillery v. United States, 379 F. 2d 569, 583 (Ct.Cl. 1967); Plastic Toys, Inc., 27 T.C.M. 707, 711 (1968).

410 Siehe u. a. Gyro Engineering Corp. v. United States, 417 F. 2d 437, 439 (9th Cir. 1969); Piedmont Corp. v. Comm'r, 388 F. 2d 886, 890 f. (4th Cir. 1968); insbesondere auch Baker Commodities, Inc., 48 T.C. 374, 396 - 398 (1967), aff'd on another issue, 415 F. 2d, 519 (9th Cir. 1969), cert.den. 397 U.S. 988 (1970).

411 Vgl. z. B. Jack Daniel Distillery v. United States, oben Fn. 409.

bislang völlig unrealisierte Chancen sollten dagegen bei der Beurteilung der Kapitalstruktur nicht berücksichtigt werden.

(c) Weitere Einwendungen

Eine letzte Gruppe von Einwendungen, die nur angedeutet werden kann, gründet sich auf die im Konkursverfahren besonders bedeutsamen allgemeinen Erwägungen der Praktikabilität und Billigkeit[412].

So wurde in General Gas & Electric Corporation[413] Nachrangigkeit von Gesellschafterforderungen unter dem praktischen Aspekt abgelehnt, daß die Geschädigten wegen der zwischenzeitlichen Veränderung der Situation aus der Nachrangigkeit keinen Nutzen mehr gezogen hätten.

In Spach v. Bryant[414] spielte der Gesichtspunkt der Billigkeit eine große Rolle. In diesem Fall hatten zwei Personen, Bryant und Lounsbury, eine corporation zum Zwecke des landwirtschaftlichen Anbaus gegründet. Das Stammkapital belief sich auf $ 146.000. Eine Zeitlang hatte die Gesellschaft außerordentliches Wachstum und große Gewinne zu verzeichnen. Die Gesellschafter gewährten dem Unternehmen von Zeit zu Zeit Darlehen. Schließlich führte schlechtes Wetter zu einer vollständigen Mißernte, wodurch letztendlich der Konkurs der Gesellschaft bedingt war.

Beide Gesellschafter machten im Konkursverfahren Ansprüche geltend, wobei sich Bryants Anspruch auf ca. $ 87.000, Lounsburys Anspruch auf ca. $ 140.000 belief. Der Referee gab beiden Ansprüchen bis auf eine Summe von jeweils $ 50.000 statt, die mit der Begründung nachgeordnet wurden, daß beide Gesellschafter sich jeweils $ 50.000 für Geschäftsführungstätigkeit ausgezahlt hatten, diese Summen dann aber sofort als Darlehen dem Unternehmen wieder zugeführt hätten. Zum Zeitpunkt der Kreditgewährung hätte aber kein Finanzierungsbedarf der Gesellschaft bestanden[415].

Der District Court hob diese Entscheidung auf und erkannte beide Ansprüche uneingeschränkt an. Der Court of Appeals bestätigte dieses Urteil und führte dabei folgendes aus[416]: "Viewed in its entirety the record reveals this to be the case of two hard working businessmen who took a small business and built it into a large farming organization.

---

412 Vgl. hierzu auch Loiseaux, 38 Ref.J. 4, 6 - 8 (1964).

413 SEC Holding Company Act Release No. 5950, 26. 7. 1945.

414 309 F. 2d 886 (5th Cir. 1962).

415 Die Darlehen wurden anscheinend aus Gründen der Steuerersparnis gewährt.

416 309 F. 2d 886, 889 (5th Cir. 1962).

By its very nature farming is a precarious and somewhat speculative business and is at the mercy of the elements."

In dieser Entscheidung zeigt sich auch, daß im Rahmen der Billigkeitserwägungen der Ursache des Konkurses besondere Bedeutung zukommt. Dies wird auch in der Entscheidung In re Lumber, Inc.[417] deutlich. Das Gericht betonte in diesem Urteil, daß Schadensersatzansprüche wegen Nichterfüllung seitens dritter Gläubiger den weitaus größten Teil der Gesellschaftsverbindlichkeiten ausmachten. Diese Ersatzansprüche seien auf die spekulative Geschäftsführung des Präsidenten der Gesellschaft zurückzuführen, von der der kreditgebende Gesellschafter keine Kenntnis gehabt hätte.

Schließlich ist an dieser Stelle noch kurz die Einwendung des „good faith" anzuschneiden[418]. An sich ist die Frage des „good faith" im Rahmen der typischen Problematik der Finanzierung mittels Gesellschafterdarlehen irrelevant[419]. Soweit sich ein Gesellschafter, insbesondere wenn er gleichzeitig Geschäftsführer war, allerdings nicht wie ein ordentlicher Kaufmann verhalten hat, wird dies die Wahrscheinlichkeit der Nachordnung bzw. Aberkennung der Forderung durch die Konkursgerichte auf der Grundlage von equity-Grundsätzen erhöhen.

ee) Der betroffene Gesellschafterkreis

Liegt betrügerisches oder sonstiges Fehlverhalten nicht vor, sind Gesellschafterdarlehen, soweit ersichtlich, nur nachgeordnet bzw. aberkannt worden, wenn es sich um Gesellschafter handelte, die die corporation beherrschten oder kontrollierten[420] bzw. an der Geschäftsführung beteiligt waren[421]. Dies ist darauf zurückzuführen, daß sich die Grundsätze zur Behandlung von Gesellschafterdarlehen im weiteren Rahmen der Fragen der Treuebeziehungen von Geschäftsführern und beherrschenden Gesellschaftern gegenüber der Gesellschaft[422] und in Anlehnung an die Prinzipien des Haftungsdurchgriffs entwickelt haben. Darüber hinaus wird sich schon rein praktisch die Kreditgewährung eines nur unwesentlich an der Gesellschaft beteiligten Gesellschafters nur selten im Tatsächlichen als Einlage darstellen.

---

[417] 124 F.Supp. 302, 310 (D.Ore. 1954).

[418] Vgl. hierzu Loiseaux, 38 Ref.J. 4, 7 f. (1964).

[419] Vgl. hierzu A, D 2 a aa (a).

[420] Vgl. z. B. Boyum v. Johnson, 127 F. 2d 491 (8th Cir. 1942); in re Banning Mills, 138 F. 2d 538 (5th Cir. 1943); Wages v. Weiner, 381 F. 2d 667 (5th Cir. 1967); Arnold v. Phillips, 117 F. 2d 497 Cir. 1941), cert.den., 313 U.S. 583 (1941); Pepper v. Litton, 308 U.S. 295 (1939); Im Steuerrecht wird „participation in management" meist als Indiz für den Eigenkapitalcharakter gewertet.

[421] Vgl. hierzu auch Annotation, 31 A.L.R. 2d 663 ff.

[422] Vgl. hierzu auch D 2 a ff.

Grundsätzlich werden als beherrschende bzw. kontrollierende Gesellschafter solche Mitglieder bezeichnet, die in der Lage sind, die Entscheidungen des Unternehmens bestimmend zu beeinflussen[423]. Kontrolle bzw. Beherrschung in diesem Sinne ist meist dann gegeben, wenn die Anteile des fraglichen Gesellschafters an der corporation 50 % übersteigen. Dies war im Großteil der konkurs- und steuerrechtlichen Entscheidungen, in denen Gesellschafterdarlehen wie Einlagen behandelt wurden, der Fall. Die Rechtsprechung zeigt jedoch, daß der Begriff der Kontrolle in diesem Zusammenhang nicht formell zu sehen ist. Vielmehr ist auf die tatsächliche Einflußnahme abzustellen. Dabei können insbesondere die Beziehungen zwischen den Gesellschaftern, Kenntnis von Produktionsverfahren, tatsächliche Beteiligung am Management und die Aufteilung aller Anteile eine Rolle spielen. So wurde In re Lumber, Inc.[424] das Darlehen eines Gesellschafters und vice president, der 50 % der Gesamtanteile der Gesellschaft besaß, nicht nachgeordnet, weil der Gesellschafter tatsächlich die Geschäftsführungstätigkeit nicht ausübte. Die Geschäftsleitung war zwei weiteren Gesellschaftern[425] anvertraut, die im Rahmen des Board of Directors die Mehrheit besaßen[426].

Andererseits kann Aktienbesitz von weniger als 50 % durchaus für die Kontrolle im genannten Sinne ausreichen. So wurden in Braddy v. Randolph[427] Gesellschafterdarlehen der vier Gründer des Unternehmens, die dessen Anteile zu gleichen Teilen besaßen, aberkannt. In re Lico Manufacturing Corporation[428] wurde die Kontrolle mittels eines sog. voting trust[429] ausgeübt.

Der Fall United States v. Weissman[430] deutet an[431], daß eine tatsächlich-wirtschaftliche Betrachtungsweise auch bei der Frage Anwen-

---

423 Vgl. auch die Definition der „practical or working control" im Rahmen des Paketverkaufs von Aktienmehrheiten in Gottesman v. General Motors Corp., 279 F.Supp. 361, 368 (S.D.N.Y. 1967), motion den. 401 F. 2d 510: "Power to control through the election of directors may exist where a large block of shares, even though a minority, is owned by one group and the remaining shares are widely scattered. This is called practical or working control."

424 124 F.Supp. 302, 306 f. (D.Ore. 1954).

425 Es handelt sich hierbei zudem um Eheleute.

426 Vgl. aber die Entscheidung In the Matter of Sterling House, Inc., 356 F.Supp. 1113, 1117 (M.D.Va. 1973), wo aus der Stellung des Gesellschafters, der gleichzeitig secretary-treasurer und director war, eine Pflicht zur Kenntnis der gesellschaftlichen Angelegenheiten abgeleitet wurde.

427 352 F. 2d 80 (4th Cir. 1965).

428 201 F.Supp. 899 (D.Conn. 1961).

429 Ein „voting trust" bezeichnet eine oder mehrere Vereinbarungen zwischen mehreren Gesellschaftern und einem Treuhänder („trustee"), wonach letzterer die Kontrollrechte der fraglichen Gesellschafter wahrnimmt; vgl. zu Einzelheiten u. a. Lattin, S. 379 ff.

430 219 F. 2d 837 (2d Cir. 1955); siehe aber McDonnell v. Sampson, 193 F. 2d 954 (9th Cir. 1952).

dung findet, ob der Darlehensgeber Gesellschafter ist. Weissman war formell nämlich weder Geschäftsführer noch Gesellschafter, jedoch finanziell einzig an einigen Unternehmen interessierte Person und beherrschte diese Gesellschaften völlig. Folglich wurde er als Alleingesellschafter behandelt.

Nicht völlig geklärt ist bislang die Frage, ob Darlehen eines Gesellschafters, der weder ausreichenden Einfluß im Unternehmen besitzt noch Verwaltungsaufgaben wahrnimmt, wie Eigenkapital behandelt bzw. nachgeordnet werden können, wenn die obigen Kriterien[432] eindeutig die Eigenkapitalfunktion der Mittel indizieren[433]. Hiergegen spricht, daß sich die Regeln zur Behandlung von Gesellschafterdarlehen im Rahmen der Grundsätze der Treubindungen zu Gesellschaft und Gläubigern entwickelt haben. Diesen Treubindungen unterliegen jedoch nur kontrollierende Gesellschafter bzw. Geschäftsführer[434]. Mit dieser Erwägung haben einige Entscheidungen die Nachordnung von Gesellschafteransprüchen mangels Machtstellung oder Verwaltungsbeteiligung abgelehnt[435]. Zudem läßt sich grundsätzlich — jedenfalls bei unterkapitalisierten Gesellschaften — gegen die einlagegleiche Behandlung von Darlehen von Gesellschaftern ohne Einfluß auf die Geschäftsführung anführen, daß diese Gesellschafter weder für die Kapitalstruktur noch für sonstige unternehmerische Entscheidungen verantwortlich sind[436].

ff) Beweislast

Die vorstehenden Ausführungen lassen die Schwierigkeiten deutlich werden, Eigenkapital- und Darlehenscharakter voneinander abzugrenzen. Wie dargestellt, beziehen sich diese Probleme nicht nur auf den gesamten Abwägungsprozeß, sondern auch auf die Anwendung der einzelnen Kriterien. Da vielfach gerade Grenzfälle die Gerichte beschäftigen, kommt der Beweislast besondere Bedeutung zu.

---

431 Allerdings ging es in dieser Entscheidung nicht um die Behandlung von Gesellschafterdarlehen, sondern um eine Verurteilung wegen Meineides im Konkursverfahren und wegen Verbergens von Gesellschaftseigentum gegenüber dem Konkursverwalter.

432 Siehe D 2 a aa u. bb.

433 Siehe hierzu auch Immenga, S. 371 f.

434 So auch Immenga; siehe aber Loiseaux, 38 Ref.J. 4, 6 (1964), der die Kontrolle nur als ein Merkmal der Abgrenzung von Einlage- und Eigenkapitalcharakter ansieht, insofern auch zur Nachordnung von Ansprüchen von Gesellschaftern kommen könnte, die keine Kontrolle besitzen und an der Verwaltung der Gesellschaft nicht beteiligt sind.

435 Vgl. u. a. Duffy v. Treide, 75 F. 2d 17, 20 (4th Cir. 1935); siehe auch In re Lumber, Inc., 124 F.Supp. 302 (D.Ore. 1954).

436 Im deutschen Recht im Ergebnis ebenso: Immenga, S. 424; § 48 a Abs. 3 des Gesetzentwurfs des Arbeitskreises GmbH-Reform (Haftung für anfängliche Unterkapitalisierung); weitgehend auch Erlinghagen, GmbHR 1962, 169, 175.

Die Frage der Beweislast wird in Literatur und Rechtsprechung im wesentlichen nur unter dem Aspekt der Fairness der Transaktion zwischen Gesellschaft und Gesellschafter behandelt[437]. Nach einhelliger Meinung ist directors, officers und controlling shareholders zwar nicht automatisch die Berufung auf ihre Gläubigerstellung gegenüber der Gesellschaft abgeschnitten[438]. Diese Personen werden jedoch als Treuhänder angesehen und unterliegen insofern entsprechenden Bindungen[439]. Transaktionen zwischen Gesellschaft und Treuhändern gelten in gewisser Weise als suspekt und unterliegen strenger gerichtlicher Prüfung im Hinblick darauf, ob das fragliche Geschäft gutgläubig, zum Nutzen von Gesellschaft und Drittgläubigern und nicht ausschließlich zum Nutzen des Treuhänders eingegangen wurde[440].

Trotz dieser besonderen Stellung von directors, officers und controlling shareholders war in einigen recht alten Entscheidungen zunächst die Auffassung vertreten worden, daß diese Treuhänder wie jede Dritten zu behandeln seien[441]. Später hat sich jedoch die heute ganz herrschende Meinung in Rechtsprechung und Literatur durchgesetzt, daß der Treuhänder die Beweislast trägt, bei Verträgen und Vereinbarungen zwischen ihm und der Gesellschaft die Billigkeit dieser Übereinkünfte im Hinblick auf das Unternehmen und die an ihm interessierten Personen darzutun, wenn diese Beziehungen in Zweifel gezogen werden[442]. So stellt Justice Douglas in Pepper v. Litton[443] fest: "Their (the fiduciaries') dealings with the corporation are subjected to rigorous scrutiny and where any of their contracts or engagements with the corporation is challenged the burden is on the director or stockholder not only to prove the good faith of the transaction but also to show its inherent fairness from the viewpoint of the corporation and those interested therein."

---

[437] Vgl. aber Loiseaux, 38 Ref.J. 4, 5 f. (1964), der ohne Begründung behauptet, ein Überblick über die Entscheidungen ergäbe, daß der Konkursverwalter in der Frage der Unterkapitalisierung die Beweislast trage. Siehe aber auch Loiseaux, S. 7 f.

[438] Vgl. oben D 2 a ee; vgl. auch Stuart v. Larson, 298 F. 223, 225 (8th Cir. 1924).

[439] Siehe für viele Southern Pac. Co. v. Bogert, 250 U.S. 483 (1919); Twin-Lick Oil Co. v. Marbury, 91 U.S. 587 (1875).

[440] Vgl. z. B. Richardson v. Green, 133 U.S. 30 (1889); Brown v. Freedman, 125 F. 2d 151, 156 (1st Cir. 1942); In re Burntside Lodge, Inc., 7 F.Supp. 785, 787 (D.Minn. 1934); Pepper v. Litton, 308 U.S. 295, 306 (1939).

[441] Harts v. Brown, 177 Ill. 226 (S.Ct.Ill. 1875); Villere v. New Orleans Pure Milk Co., 122 La. 717, 48 So. 162 (S.Ct.La. 1909); O'Rourke v. Grand Opera House Co., 47 Mont. 459, 133 P. 965 (S.Ct.Mont. 1913).

[442] Vgl. Pepper v. Litton, 308 U.S. 295, 306 (1939); Spach v. Bryant, 309 F. 2d 886, 888 f. (5th Cir. 1962); Wages v. Weiner, 381 F. 2d 667 (5th Cir. 1967); Geddes v. Anaconda Mining Co., 254 U.S. 590, 599 (1921); Boyum v. Johnson, 127 F. 2d 491, 495 (8th Cir. 1942).

[443] Vgl. oben Fn. 442.

In jüngerer Zeit ist nur einmal gegen die herrschende Ansicht eingewendet worden, daß eine Beweislastumkehr bei bloßen Behauptungen von Treuwidrigkeiten unbillig sei. Nur soweit der Nachweis von Treuwidrigkeiten bei Erwerb bzw. Entstehung des Gesellschafteranspruchs erbracht worden sei, sollte der Treuhänder die Beweislast tragen[444].

Die für die Behandlung von Gesellschafterdarlehen wesentliche Ausgangsfrage nach dem tatsächlichen Charakter der fraglichen Kapitalzuwendung stellt sich an sich unabhängig von Gesichtspunkten wie Gutgläubigkeit, Treupflichten und Fairness. Insofern könnte es zweifelhaft sein, ob Gesellschafter mit Kontrolle bzw. Verwaltungsbeteiligung auch in dieser Hinsicht die Beweislast tragen. Daß dies jedoch der Fall ist, zeigt sich bereits daran, daß Justice Douglas in Pepper v. Litton[445] in unmittelbarem Zusammenhang mit der soeben zitierten Äußerung zur Frage der Beweislast folgendes Beispiel für die Anwendung von equity-Grundsätzen im Konkurs nennt:

"And so-called loans or advances by the dominant or controlling stockholder will be subordinated to claims of other creditors and thus treated in effect as capital contributions by the stockholder not only in the foregoing types of situations but also where the paid-in capital ist purely nominal[446], the capital necessary for the scope and magnitude of the operations of the company being furnished by the stockholder as a loan[447]."

Trotz häufiger Bezugnahme auf Begriffe wie Gutgläubigkeit, Betrug und Treupflichten stellt die Rechtsprechung bei der Behandlung von Gesellschafterdarlehen letztlich nicht auf subjektives Fehlverhalten ab[448]. Dies gilt auch für die Frage der Beweislast. Insofern ist davon auszugehen, daß dem Treuhänder der Nachweis obliegt, daß die der Gesellschaft von ihm zugeführten Finanzmittel tatsächlich Darlehenscharakter aufweisen.

---

444 15 Vand.L.Rev. 83, 102 (1961).

445 308 U.S. 295, 309 f. (1939).

446 Daß heute allerdings bereits unzureichende, nicht erst nominelle Kapitalisierung für die Nachordnung ausreichen kann, wurde bereits unter D 2 a aa erwähnt.

447 Vgl. in diesem Zusammenhang auch Dix, 53 Nw.U.L.Rev. 478, 485 (1958), der aus den Treubindungen eine Verpflichtung der Treuhänder zu angemessener Kapitalausstattung ableitet.

448 Vgl. z. B. Costello v. Fazio, 256 F. 2d 903 (9th Cir. 1958); V. Loewer's Gambrinus Brewery Co., 167 F. 2d 318, 320 (2d Cir. 1948). Siehe zur Frage des „good faith" auch Loiseaux 38 Ref.J. 4, 7 f. (1964). Vgl. auch folgende Ausführungen bei Herzog & Zweibel, 15 Vand.L.Rev. 83, 98 f. (1961): "In this connection fraud is a term of broad import. There is no requirement, for example, that the factual pattern fit into the classic common law concept of fraud."

Die Gerichte begründen die Beweisregeln, wie bereits erwähnt, stets nur allgemein mit dem Hinweis auf die Treupflichten von kontrollierenden Gesellschaftern und Geschäftsführern. Letztendlich nehmen sie damit Bezug auf die Herrschaftsmacht dieser Personen. Hieran, insbesondere dabei aber an solche Entscheidungen, in denen betont wird, daß die Treuhänder aus ihrer beherrschenden Stellung keinen Sondervorteil ziehen dürfen[449], könnte man zur Begründung der Beweisregeln anknüpfen. Geschäftsführer und kontrollierende Gesellschafter[450] sind regelmäßig mit den Interna der Gesellschaft aufs engste vertraut. Insofern ist ihnen der Nachweis der Funktion der Kapitalzuwendung anhand der dargestellten Kriterien viel eher möglich als außenstehenden Dritten, die in dieser Hinsicht leicht in Beweisnotstand geraten können[451].

gg) Behandlung von Sicherheiten

Soweit die Gesellschaft dem Gesellschafter für dessen Darlehensgewährung eine Sicherheit eingeräumt hat, besteht die Frage, ob bzw. wie sich die Entscheidung des Gerichts hinsichtlich des tatsächlichen Charakters des Darlehens auf die Sicherheit auswirkt. Die Rechtsprechung unterscheidet hierbei — wie im folgenden zu zeigen sein wird — vor allem danach, ob die vorgeblichen Darlehen Eigenkapital- oder Darlehenscharakter aufweisen, ob die Sicherheit gleichzeitig mit der Darlehensgewährung bestellt wurde oder ob die Kreditgewährung zu einem früheren Zeitpunkt erfolgte und ob die Gesellschaft bei Sicherheitsbestellung solvent oder insolvent[452] war.

---

[449] Vgl. u. a. Albert Richards, Co. v. The Mayfair, Inc., 191 N.E. 430, 434 (S.Ct.Mass. 1934); In re Dean und Jean Fashions, Inc., 329 F.Supp. 663 (W.D. Okla. 1971).

[450] Kontrollierende Gesellschafter sind regelmäßig außerdem entweder selbst an der Geschäftsleitung beteiligt oder besitzen durch Vertrauenspersonen in der Geschäftsleitung Einfluß auf die Führung der Gesellschaft.

[451] Dies gilt um so mehr, als close corporations interne Daten nur selten veröffentlichen.

[452] Grundsätzlich ist zu beachten, daß der amerikanische Terminus „insolvency" zwei unterschiedliche Sinngehalte hat:

1. Ähnlich dem deutschen Begriff der Zahlungsunfähigkeit — „insolvency in the equity sense": Die mangelnde Fähigkeit, Verpflichtungen bei Fälligkeit bzw. im normalen Geschäftsgang nachzukommen; vgl. für alle z. B. Parker v. First Nat. Bank, 96 Okl. 70, 220 P. 39 (1923); Bushman v. Bushman, 311 Mo. 551, 279 S.W. 122, 126 (1925).
2. Ähnlich dem deutschen Begriff der Überschuldung — „insolvency in the bankruptcy sense": Vgl. § 1 (19) [11 U.S.C.A. § 1] sowie § 3 a (4) [11 U.S. C.A. § 44] des Bankruptcy Act: "A person shall be deemed insolvent within the provisions of this act whenever the aggregate of his property ... shall not at a fair valuation be sufficient to pay his debts."

Vgl. zum Ganzen auch Bonbright & Pickett, 29 Col.L.Rev. 582 (1929). Leider werden diese unterschiedlichen Inhalte des Begriffs „insolvency" in Entscheidungen außerhalb des Federal Bankruptcy Act meist nicht deutlich auseinandergehalten. Wenn im folgenden aus Gründen der Vereinfachung der

(a) Darlehen mit Eigenkapitalcharakter

Soweit die Gesellschafterdarlehen Eigenkapitalcharakter haben, wird die Bestellung der Sicherheit als unwirksam — möglicherweise aber nur im Verhältnis zu Drittgläubigern — angesehen. Dies zeigt z. B. folgende Äußerung von Judge Sibley in der bereits mehrfach erwähnten Entscheidung Arnold v. Phillips[453] im Hinblick auf die Darlehensgewährung im Laufe des ersten Jahres nach der Betriebsaufnahme: "The district court was justified in concluding as a matter of fact that the advances during the first year were capital and that as a matter of law these contributions could not, *as against outside creditors,* either precedent or subsequent, be turned into secured debts ... *There was no debt to be secured.*"

Man könnte aus dieser Äußerung schließen, daß („as against outside creditors") die Sicherungsbestellung an sich Bestand habe, aber im Verhältnis zu Drittgläubigern undurchsetzbar sei. Dies würde bedeuten, daß die Sicherheit zwar der Konkursmasse zufällt, der Gesellschafter aber nach Befriedigung aller Drittgläubiger auf die Sicherheit bzw. deren Erlös bei der Versilberung — soweit überhaupt noch Masse vorhanden ist — zurückgreifen darf. Allerdings könnte man daraus, daß das Gericht den Gesellschafteranspruch aberkannte (disallowance) und nicht nur nachordnete (subordination), den Schluß ziehen, daß die Sicherheitsvereinbarung gänzlich unwirksam sei[454].

Im Hinblick auf die oben dargestellten Besonderheiten der equity-Rechtsprechung[455] ist dieser Schluß allerdings keineswegs zwingend. Praktisch dürfte die genannte Auslegungsfrage aber allenfalls eine sehr geringe Rolle spielen, da das Gesellschaftsvermögen nach Befriedigung aller Drittgläubiger in der Regel vollständig verteilt ist.

Im Ergebnis ist festzuhalten, daß die Bestellung von Sicherheiten jedenfalls im Verhältnis zu Drittgläubigern unwirksam ist, soweit die Kapitalzuwendungen des Gesellschafters Eigenkapitalcharakter aufweisen. Dabei ist es gleichgültig, ob „Kredite" und Sicherheiten gleichzeitig gewährt wurden bzw. ob die Sicherheiten vor oder nach „Kreditgewährung" eingeräumt wurden.

---

deutsche Begriff der Insolvenz verwendet wird, so kann damit „insolvency" im Konkurs- wie im equity-Sinn gemeint sein, es sei denn, es handelt sich um Entscheidungen auf der Grundlage des Federal Bankruptcy Act.

453 117 F. 2d 497, 501 (5th Cir. 1941). Die mögliche Einschränkung „as against creditors" findet sich z. B. auch in Albert Richards Co. v. The Mayfair, 191 N.E. 430, 434 (S.Ct.Mass. 1934).

454 Siehe z. B. auch Braddy v. Randolph, 352 F. 2d 80, 81 (4th Cir. 1965), wo ebenfalls Gesellschafteransprüche aberkannt und die Sicherheitsbestellungen als unwirksam erachtet wurden.

455 Siehe D 1 b bb.

(b) Kapitalzuwendungen mit Darlehenscharakter

(aa) Nachträgliche Sicherheitsbestellung

Abgesehen von betrügerischem oder sonstigem Fehlverhalten, haben die Gerichte die Einräumung von Sicherheiten für Darlehen mit entsprechender Funktion unabhängig vom Zeitpunkt der Sicherheitsbestellung anerkannt, vorausgesetzt, die Gesellschaft war zum Zeitpunkt der Einräumung der Sicherheit solvent und ein „going concern“[456], d. h. das Unternehmen ging an sich gut oder hatte jedenfalls die Betriebstätigkeit nicht eingestellt und der Betrieb sollte auch in Zukunft fortgeführt werden.

Soweit die corporation jedoch insolvent ist, erachtet die ganz herrschende Meinung die Einräumung von Sicherheiten zugunsten von Gesellschaftern und Geschäftsführern, die der Gesellschaft zu einem früheren Zeitpunkt ungesicherte Darlehen gewährt hatten, auf der Grundlage von equity-Grundsätzen als unwirksam[457], wenn der Konkursverwalter oder ein Betroffener, insbesondere ein Drittgläubiger, dies geltend macht[458]. Begründet wird diese Meinung zum Teil damit, daß Geschäftsführer und Gesellschafter mit Kontrollmacht in gewissem Umfange Treuhänder des Gesellschaftsvermögens für die Gesellschaftsgläubiger sind. Insofern dürften sie ihre besondere Stellung und die Kenntnis der Unternehmensinterna nicht zum Nachteil von Drittgläubigern ausnutzen[459].

In diesem Zusammenhang ist weiter section 60 des Bankruptcy Act[460] einschlägig. Nach dieser Vorschrift kann der Konkursverwalter — vereinfacht dargestellt — jede Eigentumsübertragung, die der Gemeinschuldner im Hinblick auf ein zeitlich früheres (vertragliches) Schuldverhältnis vornimmt, bzw. jeden Eigentumswechsel, den der Gemeinschuldner zulassen muß, anfechten, soweit sämtliche nachstehend aufgeführten Voraussetzungen vorliegen:

1. Die Eigentumsübertragung erfolgte zum Zeitpunkt der Überschuldung der Gesellschaft und vier Monate vor Eröffnung des Konkursverfahrens.

---

456 Vgl. z. B. Stuart v. Larson, 298 F. 223, 228 (8th Cir. 1924).

457 Vgl. Albert Richards Co., Inc. v. The Mayfair, Inc., 191 N.E. 430, 434 (S.Ct.Mass. 1934); Stuart v. Larson, 298 F. 223, 228 (8th Cir. 1924); Jackman v. Newbold, 28 F. 2d 107 (8th Cir. 1928); Dunseath v. Tucson Golf & Country Club, 51 Ariz. 14, 74 P. 2d 43 (S.Ct.Ariz. 1937); Farmers Coop. Assoc. of Bertha v. Kotz, 222 Minn. 153, 23 N.W. 2d 576, 579 (S.Ct.Minn. 1946).

458 Eine Frist für die Geltendmachung der Unwirksamkeit besteht offenbar nicht. Vgl. die Nachweise oben Fn. 457.

459 Vgl. hierzu Albert Richards Co., Inc. v. The Mayfair, Inc., oben Fn. 457.

460 11 U.S.C. § 96.

2. Der Gläubiger würde bei Anerkennung der Eigentumsübertragung einen größeren Anteil an der Konkursmasse erlangen als Gläubiger gleicher Rechte.
3. Zum Zeitpunkt der Eigentumsübertragung bestand für den Gläubiger bzw. einen Vertreter ausreichender Anlaß zur Annahme, daß der Gemeinschuldner überschuldet sei.

Letztere Voraussetzung wird bei beherrschenden Gesellschaftern und Mitgliedern der Unternehmensleitung gerade bei einer close corporation regelmäßig erfüllt sein.

Die nachträgliche Sicherung eines Gesellschafterdarlehens durch eine insolvente Gesellschaft findet also in aller Regel keine Anerkennung.

(bb) Gleichzeitige Gewährung von Sicherheit und Darlehen[461]

(aaa) Darlehen von Gesellschaftern mit Verwaltungsbeteiligung

Ist die Gesellschaft zum Zeitpunkt von Darlehensgewährung und Sicherheitsbestellung solvent, findet die Einräumung der Sicherheit an einen Gesellschafter mit Managementfunktion grundsätzlich Anerkennung[462]. Zur Begründung wird meist angeführt[463], daß anderenfalls Aktivitäten und Wachstum des Unternehmens schwerwiegend beeinträchtigt würden. Die Gesellschaft werde möglicherweise der finanziellen Unterstützung gerade desjenigen Personenkreises beraubt, der das größte Interesse an der Erhaltung des Unternehmens habe und zur Einschätzung des Kreditbedarfs am besten in der Lage sei[464]. Außerdem wird vielfach betont, daß Darlehen von directors bzw. officers wegen der Geschäftskenntnisse dieser Personen sich für das Unternehmen und damit indirekt für die Drittgläubiger besonders positiv auswirken könnten. Diese potentiellen Darlehensgeber würden aber ohne Sicherheiten möglicherweise von einer Kreditgewährung absehen[465]. Dies sei besonders schwerwiegend, wenn Kredite für die weitere Existenz des Unter-

---

461 Bei bloßer Verzögerung der Erfüllung des Sicherungsvertrages wird die Sicherheitsbestellung noch als gleichzeitig erfolgt angesehen, vgl. Re Paul Delaney Co., 26 F. 2d 937 (W.D.N.Y. 1928), aff'd 30 F. 2d 1018 (2d Cir. 1929).

462 Vgl. u. a. Twin-Lick Oil Co. v. Marbury, 91 U.S. 587 (1875); Pierce v. Nat. Bank of Commerce, 13 F. 2d 40, 48 (8th Cir. 1926), cert.den., 273 U.S. 730 (1926); siehe ferner McLean v. Bradley, 299 F. 379 (6th Cir. 1924), cert.den. 266 U.S. 619 (1924); vgl. auch Annotation, Validity of security for contemporaneous loan to corporation by officer, director, or stockholder, 31 A.L.R. 2d 663, 666 (1953).

463 Aus diesen Überlegungen wird üblicherweise auch gefolgert, daß Gesellschaftern schon aus wirtschaftlichen Gründen grundsätzlich die üblichen Gläubigerrechte nicht abgeschnitten werden dürften.

464 Vgl. z. B. Powell Bros. v. McMullan Lumber Co., 68 S.E. 926 (S.Ct.N.C. 1910).

465 Vgl. z. B. Monroe v. Scofield, 135 F. 2d 725 (10th Cir. 1943); Illinois Steel Co. v. O'Donnell, 156 Ill. 624, 41 N.E. 185 (S.Ct.Ill. 1895).

nehmens dringend notwendig seien und sich der Kreditgeberkreis vielfach ohnehin auf Gesellschafter, Geschäftsführer und verbundene Personen beschränke[466].

Diese Argumente sind allerdings insoweit nicht stichhaltig, als die besonderen Kenntnisse von officers und directors bei jeder Kreditaufnahme, gleich von welcher Seite, von großer Bedeutung sind. In jedem Fall erfolgt nämlich die Kreditaufnahme aufgrund von Entscheidungen der Unternehmensleitung, die sich dabei naturgemäß auf ihre Kenntnisse des Unternehmens stützt.

Die grundsätzliche Anerkennung von Sicherheitsgewährungen durch solvente Unternehmen steht allerdings unter dem Vorbehalt der Billigkeitserwägungen der Konkursgerichte[467], die hier nicht näher spezifizierbar sind[468].

Ist die Gesellschaft insolvent, geht die herrschende Meinung dahin, die gutgläubige Einräumung von Sicherheiten für gleichzeitige Darlehensgewährungen anzuerkennen, vorausgesetzt, die Gesellschaft ist — wenn auch überschuldet oder zahlungsunfähig — so doch ein „going concern"[469].

Einige ältere Entscheidungen[470] haben demgegenüber die Einräumung von Sicherheiten für gleichzeitige Kreditgewährungen stets als unwirksam erachtet, wenn die Gesellschaft zum Zeitpunkt der Transaktion insolvent war. Allerdings betrafen letztere Urteile wohl eher Ausnahmefälle.

(bbb) Darlehen von Gesellschaftern ohne Verwaltungsbeteiligung

Nach einhelliger Meinung finden Sicherheiten, die dem Gesellschafter von einem solventen Unternehmen gewährt werden, Anerkennung[471]. Dabei ist es völlig unerheblich, ob und in welchem Maße der betreffende Gesellschafter die Geschicke des Unternehmens beeinflussen kann[472].

---

466 Vgl. Monroe v. Scofield, oben Fn. 465; Small v. Williams, 313 F. 2d 39, 42.

467 Vgl. oben D 1 b bb.

468 Vielfach wird gesagt, daß „good faith" und „honesty" vorliegen müssen; vgl. dazu Annotation, 31 A.L.R. 2d 663, 666 (1953).

469 Vgl. u. a. Sanford Fork & Tool Co. v. Howe, B. & Co., 157 U.S. 312 (1895); First Nat. Bank v. Huddleston, 242 Ala. 437, 6 So. 2d 893, 895 (S.Ct.Ala. 1943); Monroe v. Scofield, 135 F. 2d 725 (10th Cir. 1943); Leister v. Carroll County Nat. Bank, 86 A. 2d 393 (1952); siehe auch Illinois Steel Co. v. O'Donnell, 156 Ill. 624, 41 N.E. 185 (S.Ct.Ill. 1895).

470 Siehe Stratten v. Allen, 16 N.J.Eq. 229 (1893); McDonnell v. Sprouse, 13 Tenn.App. 291 (1931); Armstrong v. Ellerslie Planting Co., 146 La. 559, 53 So. 830 (1920).

471 Vgl. u. a. Stanford Lumber Co. v. Interstate Trust Co., 82 F. 2d 346 (5th Cir. 1936), cert.den. 299 U.S. 545 (1936); Bryan v. Western Pac.R. Corp., 28 Del.Ch. 13, 35 A. 2d 909 (Ct.Ch.Del. 1944).

472 Vgl. z. B. auch Arnold v. Phillips, 117 F. 2d 497 (5th Cir. 1941), cert.den. 313 U.S. 583 (1941).

Der vorstehende Grundsatz gilt bei Gesellschaftern ohne Verwaltungsbeteiligung auch, wenn die Gesellschaft insolvent ist[473], obwohl hier im Hinblick auf die Billigkeitserwägungen im Einzelfall ein größerer Unsicherheitsfaktor zu verzeichnen ist.

b) Zusammenfassende Analyse und Würdigung

aa) Die bei der Behandlung von Gesellschafterdarlehen herangezogenen Kriterien und ihre Anwendung in der Rechtsprechung

Die Anknüpfung der amerikanischen Gerichte bei der Behandlung von Gesellschafterdarlehen an die wirtschaftliche Substanz der der Gesellschaft zugeführten Mittel folgt schlüssig aus equity-Grundsätzen und leuchtet im Prinzip ein: Nicht die von den Parteien gewählte Form, sondern der „wahre“ Charakter der Transaktion ist für die Behandlung der Gesellschafterdarlehen entscheidend. Da der (kontrollierende) Gesellschafter auf beiden „Verhandlungsseiten“ beteiligt ist und bei der close corporation weitgehende Interessenidentität zwischen Gesellschaft und Gesellschaftern besteht, wird meist diejenige Form der Finanzierung gewählt, die für die Gesellschaft u. a. im Hinblick auf Besteuerung und Flexibilität der Finanzierung die größten Vorteile mit sich bringt. Hierbei wird es häufig vorkommen, daß die gewählte Vertragsform nicht mehr der realen Substanz der Vertragsbeziehung entspricht. Es wäre aber unbillig, wenn sich die Gesellschafter die Fiktion der juristischen Person dergestalt zunutze machen könnten, daß sie allein durch die von ihnen gewählte Form schutzwürdige Drittgläubigerinteressen schmälern.

Die im einzelnen von den Gerichten verwendeten Abgrenzungskriterien ergeben sich im wesentlichen aus den rechtlichen Merkmalen der Institute Darlehen und Einlage sowie dem typischen Gläubiger- bzw. Gesellschafterverhalten. Wie eingehend dargelegt wurde, haben die Kriterien im Grundsatz Berechtigung und können Aufschluß darüber geben, ob wirtschaftlich gesehen ein Darlehen vorliegt, wenn auch einzelne Kriterien, wie die Proportionalität von Einlagebeteiligung und Darlehensgewährung oder die Frage der Kontrollrechte der Darlehensgeber, praktisch recht selten von Bedeutung sind. Die Grenzziehung ist aber von vornherein insofern problematisch, als in der Praxis die Vertragspartner die grundsätzlich für Darlehen bzw. Einlagen typischen Merkmale häufig durch Vereinbarungen koppeln, um die Vertragsausgestaltung Lebenssachverhalt und Interessenlage anzupassen. So sind beispielsweise die für eine Einlage typischen Kontrollrechte beim Vor-

[473] Vgl. Havens v. Mohme Aero Engineering Corp., 39 A. 2d 108 (Ct.Ch. 1944); Belcher v. Webb, 29 P. 2d 702 (S.Ct.Wash. 1934).

zugsaktionär eingeschränkt. Drittgläubiger lassen sich dagegen häufig zum Schutz ihres Investments erhebliche Kontrollrechte einräumen. Die Grenzen von Darlehen und Einlage verschwimmen somit im Tatsächlichen, und die Abgrenzung wird zu einem subtilen Gewichtungsprozeß, bei dem vor allem auch die jeweiligen Vertragskonditionen (Zinssatz, Laufzeit usw.) und die vorhandenen Risiken (Finanzlage der Gesellschaft, Sicherheiten usw.) zu berücksichtigen sind.

Eine angemessene Abgrenzung setzt u. U. umfangreiche Ermittlungen und eine genaue Analyse der finanziellen und wirtschaftlichen Verhältnisse des Unternehmens sowie weitgehend auch der Situation der jeweiligen Branche voraus, wobei z. T. auch die allgemeine wirtschaftliche Lage zu berücksichtigen sein wird. Dies gilt insbesondere für die zur Beurteilung der Angemessenheit der Eigenkapitalisierung herangezogenen Kriterien der Kreditbereitschaft Dritter, der Branchenüblichkeit der Eigenkapitalausstattung und der Vertretbarkeit des Verschuldungsgrades. Zur Beantwortung der Frage, ob ein Unternehmen trotz seiner geringen Eigenkapitalausstattung im Hinblick auf seine günstigen Ertragsaussichten als angemessen kapitalisiert angesehen werden kann, sind sogar regelmäßig schwierige wirtschaftliche Prognosen notwendig. Insgesamt gesehen werden ganz erhebliche Anforderungen an die Gerichte[474] und auch an die Parteien gestellt, und es läßt sich vielfach nicht vermeiden, Sachverständige einzuschalten. Es liegen zwar keine Untersuchungen über die Dauer von Prozessen vor, in denen es um die Behandlung von Gesellschafterdarlehen ging, und auch aus den Entscheidungen läßt sich die Länge der Verfahren durchweg nicht entnehmen. Die Schwierigkeit der zu entscheidenden Probleme dürfte sich aber regelmäßig nachteilig auf die Prozeßdauer ausgewirkt haben.

Es ist aufgezeigt worden, daß die einzelnen Kriterien aufgrund der Vielgestaltigkeit der auftretenden Lebenssachverhalte nicht in jedem Fall brauchbar sind und ihr Gewicht vom Einzelfall abhängt. Die amerikanische Rechtsprechung mißt den Kriterien insofern zu Recht nur Indizfunktion bei und stellt letztlich entscheidend auf die Umstände des einzelnen Falles ab. Zwar ist die Vorhersehbarkeit der gerichtlichen Entscheidungen durch ihre Einzelfallbetontheit erheblich beeinträchtigt. Dies könnte man angesichts des im Grundsatz überzeugenden Ansatzpunktes aber als unvermeidlich hinnehmen, weil sich eben keine für

---

[474] Dabei ist daran zu erinnern, daß auch in den USA nur ein kleiner Teil der Richter eine wirtschaftswissenschaftliche Vorbildung besitzt; nach einer Umfrage der „Ralph Nader Study Group on Antitrust Enforcement" waren es nur 33,8 % gegenüber 66,2 % der Befragten, die keine wirtschaftswissenschaftliche Vorbildung aufwiesen. Interessant ist dabei, daß sich 42,9 % der befragten Richter angesichts der Komplexität der kartellrechtlichen Fälle zuweilen überfordert fühlten.
Vgl. Green-Moore-Wasserstein, S. 474.

jeden Fall passenden Regeln aufstellen lassen. Die Rechtsunsicherheit wird jedoch durch Probleme ganz entscheidend verschärft, die ihren Ursprung in den Besonderheiten der close corporation und der Einstellung der Gerichte haben:

Die typische finanzielle Situation und personelle Struktur der close corporation sowie die Motive, die die Gesellschafter üblicherweise dazu bewegen, ihrer Gesellschaft Darlehen zu gewähren[475], schließen von vornherein weitgehend aus, daß sich der Gesellschafter wie ein „wahrer" Gläubiger verhält. Die (kontrollierenden) Gesellschafter gewähren überwiegend Kredite, um ihre Einlage in der Gesellschaft, häufig ihre ständige Einkommens- und Unterhaltsquelle, zu sichern und um die Finanz- und Ertragslage des Unternehmens zu verbessern. Deshalb räumen sie der Gesellschaft günstigere Konditionen ein, als sie Dritte gewähren würden, und geben vielfach auch in einer Krise des Unternehmens noch Kredite, obwohl Außenstehende angesichts der Risiken nicht mehr kreditbereit wären. Auch werden Gesellschafter im Hinblick auf die Erhaltung ihrer Einlage und auf die vielfach engen persönlichen Beziehungen zwischen den Gesellschaftern durchweg nicht mit gleicher Nachdringlichkeit von ihren Gläubigerrechten Gebrauch machen wie außenstehende Dritte[476].

Würden sich die Gerichte bei der Behandlung von Gesellschafterdarlehen daher strikt an deren wirtschaftlicher Funktion orientieren, so könnten Gesellschafterdarlehen kaum noch Anerkennung finden[477], wobei sich die Abgrenzung von Darlehen und Einlage im übrigen praktisch auch weitgehend erledigt hätte. Diesen konsequenten, aber recht drastischen Schritt haben die amerikanischen Gerichte bisher nicht getan, sondern sie haben die Anforderungen an das Verhalten der Gesellschafter und die wirtschaftliche Funktion der fraglichen Mittel für eine Anerkennung abgeschwächt. Vermutlich sind die Gerichte davon ausgegangen, daß Gesellschafterdarlehen für die Finanzierung kleinerer Unternehmen, die typischerweise die Rechtsform der close corporation wählen, notwendig seien, weil diese Unternehmen nur beschränkt auf den Kapitalmarkt zurückgreifen könnten[478] und die einlagegleiche Behandlung von Gesellschafterdarlehen im Konkurs bzw. bei der Besteuerung die Finanzierung durch Gesellschafterdarlehen unangemessen erschwere[479]. Möglicherweise — man denke nur an die oben zitierte

---

475 Vgl. oben C.

476 Vgl. auch D 2 a bb (g).

477 Vgl. auch Bittker, 34 Taxes 830, 837, 840 (1956); Rabin, 34 Taxes 282, 284 (1956); Stone, 42 Tul.L.Rev. 251, 255 (1968); Plumb, 26 TaxL.Rev. 471 (1971).

478 Vgl. D 2 a aa (b) (bb).

479 Grundsätzlich bliebe die Finanzierung durch Gesellschafterdarlehen auch bei anderer Einstellung der Rechtsprechung möglich.

Äußerung des Gerichts in Spach v. Bryant[480] — spielt auch eine gewisse Sympathie mit kleineren und mittleren Unternehmen eine Rolle. Wie sich gezeigt hat[481], unterscheiden sich Konkurs- und Steuerrechtsprechung nicht wesentlich in diesem Punkt, obwohl man zunächst vermuten könnte, daß die Drittgläubigerinteressen regelmäßig stärker als die fiskalischen Interessen des Staates einer solchen Rechtsprechungstendenz entgegenwirken würden.

Sehr deutlich ist diese Einstellung der Gerichte zugunsten von close corporations bei Stützungs- oder Sanierungskrediten, den sog. „salvage loans", geworden, wenn also die Darlehen das Unternehmen aus einer existenzbedrohenden Krise befreien sollten. Wie dargestellt[482], hat die Rechtsprechung hier vielfach Gesellschafterdarlehen anerkannt, obwohl ein außenstehender Dritter zur Kreditgewährung nicht mehr bereit gewesen wäre, vorausgesetzt, die Hoffnungen der Gesellschafter auf Gesundung des Unternehmens waren nicht rein spekulativ. Als weiteres Beispiel sei an diejenigen Entscheidungen erinnert, in denen Gesellschafterdarlehen anerkannt wurden, obgleich Zinsen überhaupt nicht oder nur zu einem niedrigen Satz ausbedungen wurden[483]. Diese durchgängige Tendenz ist u. a. auch bei der Behandlung der für Gesellschafterdarlehen eingeräumten Sicherheiten sichtbar geworden: Bei gleichzeitiger Gewährung des anerkannten Darlehens und Einräumung der Sicherheit ist die Sicherheit selbst dann ganz überwiegend anerkannt worden, wenn die Gesellschaft insolvent, aber ein „going concern" war, und zwar auch dann, wenn das Darlehen nicht nur der Überbrückung kurzfristiger Zahlungsschwierigkeiten diente[484]. Denkbar ist auch, daß die vergleichsweise geringe Anzahl der Entscheidungen, in denen es um die Umgehung der einlagegleichen Behandlung von Gesellschafterdarlehen geht, sich auf diese für die Gesellschafter von close corporations günstige Einstellung zurückführen läßt.

Andererseits hat die Rechtsprechung die Drittgläubigerinteressen (bzw. die staatlichen Finanzbelange) nicht völlig außer Betracht gelassen, und die Abgrenzung von Darlehen und Einlage ist keineswegs auf eine einseitige Anerkennung von Gesellschafterdarlehen hinausgelaufen. So verlangen die Gerichte z. B., daß der Gesellschafter — wenn auch nicht mit gleicher Schärfe wie ein Drittgläubiger — seine Gläubigerrechte gegenüber der Gesellschaft grundsätzlich wahr-

---

[480] D 2 a dd (c).

[481] Zu erinnern ist beispielsweise an die Konkursentscheidung Arnold v. Phillips, in der sich die gleiche Tendenz bei „Salvage Loans" zeigt wie in der Steuerrechtsprechung. Vgl. im einzelnen D 2 a aa (b) (bb).

[482] Vgl. D 2 a aa (b) (bb).

[483] Vgl. D 2 a bb (e).

[484] Vgl. D 2 a bb gg (bb) (aaa).

nimmt[485]. Soweit die Gesellschafterdarlehen bei Betriebsaufnahme oder verhältnismäßig kurz danach eingeräumt wurden, haben die Gerichte die rein wirtschaftliche Betrachtungsweise sogar zugunsten der Drittgläubiger aufgegeben. Diese Kredite werden durchweg wie Eigenkapital behandelt[486]. Dies gilt zum Teil auch dann, wenn die Darlehen zur Finanzierung langfristig oder ständig im Unternehmen gebundener Werte dienten[487]. Die Drittgläubigerinteressen sind prozessual auch insofern berücksichtigt worden, als kontrollierende und geschäftsführende Gesellschafter für den Darlehenscharakter der fraglichen Mittel darlegungs- und beweispflichtig sind, soweit hieran Zweifel bestehen[488].

Die Rechtsprechungspraxis läßt sich somit wie folgt zusammenfassen: Die Gesellschafter müssen den Betriebsbeginn zu einem erheblichen Teil mit Eigenmitteln finanzieren und eine gewisse Haftungsgrundlage gelegt haben, anderenfalls finden Gesellschafterdarlehen keine Anerkennung. Bei Gesellschafterdarlehen, die dem Unternehmen nach Ablauf dieser Anfangsphase gewährt werden, neigen die Gerichte zur Anerkennung, es sei denn, der wirtschaftliche Charakter der Finanzierungsmittel weicht „zu stark" von einem „typischen" Darlehen ab.

Über die ohnehin schwierige Abgrenzung von Darlehen und Einlage im Tatsächlichen hinaus ergibt sich somit für die Gerichte folgende Frage: Welche Abweichungen von der idealen Sollgröße „Darlehen" sind zulässig? Die Rechtsprechung hat sich hierzu nicht ausdrücklich geäußert. Auch rein tatsächlich gesehen lassen sich den Entscheidungen einheitliche Maßstäbe nicht entnehmen. Vielmehr ist die zulässige Abweichung von der Idealnorm allein eine Frage des Einzelfalles und der subjektiven Einstellung der Gerichte[489], wobei die grundsätzliche Betonnung der Einzelfallgerechtigkeit im equity-Recht naturgemäß diese subjektive Tendenz fördert; die Gerichte können sich stets auf den allgemeinen equity-Grundsatz berufen, daß sie letztlich zu jeder Entscheidung befugt sind, die sie nach den Umständen des Einzelfalles als fair erachten[490]. Da die Abgrenzung von Darlehen und Einlage eine Tatsachenfeststellung des Gerichts darstellt, die nur revisibel, soweit „clearly erroneous" ist[491], beeinträchtigen diese subjektive Tendenz der

---

[485] Vgl. D 2 a bb (g).

[486] Vgl. D 2 a aa (b) (dd).

[487] Vgl. D 2 a aa (b) (ee).

[488] Vgl. D 2 a ee.

[489] Vgl. hierzu auch Plumb, 26 TaxL.Rev. 369, 408 (1971); Caplin, 117th N.Y.U.Inst. 771, 881 (1959); Waldemar J. Coliz, 22 T.C.M. 1775, 1785 (1963).

[490] Siehe D 1 b bb. Es ist ferner daran zu erinnern, daß sich die Konkursgerichte seltener und zurückhaltender in prinzipieller Weise äußern. Vgl. hierzu D 2, Fn. 2.

[491] Vgl. oben D 2, Fn. 5.

Rechtsprechung und das Fehlen festerer Grundsätze die Überprüfbarkeit der gerichtlichen Entscheidungen in ganz erheblichem Maße.

Die grundsätzlichen Probleme bei der Abgrenzung von Darlehen und Einlage, verbunden mit der subjektiven Einstellung der Gerichte, haben zu einer immensen Rechtsunsicherheit geführt. Zu jeder auch nur begründbaren Ansicht findet sich ein Präjudiz. Bei jeder sich aus der Vielzahl der Entscheidungen abzeichnenden Tendenz finden sich Ausnahmen. Wenn auch sachlich zwischen Konkurs- und Steuerrecht kein Unterschied besteht, so ist diese Rechtsunsicherheit wegen der größeren Anzahl der zu entscheidenden Fälle im Steuerrecht stärker als im Konkursrecht in Erscheinung getreten[492]. Das steuerrechtliche Schrifttum hat die Rechtsprechung — insbesondere wegen der aufgrund der Rechtsunsicherheit ganz erheblichen Schwierigkeiten für die Steuerplanung der Unternehmen — heftig kritisiert. Typisch sind dabei Äußerungen wie die folgende[493]:

"Courts are at liberty to arrive at opposite results on identical facts depending upon their own whims as to which factors they wish to stress."

Sehr bezeichnend dafür, wie wenig vorhersehbar die gerichtlichen Entscheidungen sind, ist auch das Urteil Sansberry v. United States[494], wo die Abgrenzung von Darlehen und Einlage mit folgendem Zitat aus einer berühmten concurring opinion des Supreme Court Richters Stewart zum Begriff Pornographie charakterisiert wurde:

"Perhaps I could never succeed in intelligibly doing so (defining pornography). But I know it when I see it[495]."

bb) Ergebnis

Obgleich die equity-Grundsätze ein hohes Maß an Einzelfallgerechtigkeit und Flexibilität bei der Behandlung von Gesellschafterdarlehen ermöglichen, ist die Lösung im amerikanischen Recht doch letztlich wenig befriedigend[496]:

Der zunächst einleuchtend erscheinende Ansatz, bei der Behandlung von Gesellschafterdarlehen nach dem wirtschaftlichen Charakter der

---

[492] Zudem werden steuerrechtliche Entscheidungen der Untergerichte durchweg veröffentlicht, während dies in Konkurssachen kaum der Fall ist.

[493] Weis, 40 Taxes 568, 589 (1962); auch Hickman, 44 Taxes 883, 885 (1966): "To look to the case law for guidance is to invite bewilderment ... you can find a case which supports almost any reasonable argument."

[494] 70 1 U.S.T.C. Nr. 9216 (1970).

[495] Jacobellis v. Ohio, 378 U.S. 184, 197 (1964).

[496] Kritisch auch Immenga, S. 377, soweit es die Bestimmung der Unterkapitalisierung betrifft, wobei er aber auch die am Gesellschafterverhalten orientierte Rechtsprechung bei der Frage der Unterkapitalisierung einordnet.

Finanzierungsmittel zu differenzieren, versagt bei der close corporation, die wie die GmbH am weitaus häufigsten mit Gesellschafterdarlehen finanziert wird, will man nicht von vornherein die meisten Gesellschafterdarlehen wie Eigenkapital behandeln. Einer so weitgehenden einlagegleichen Behandlung von Gesellschafterdarlehen scheinen aber wirtschaftspolitische Gründe entgegenzustehen, weil hierdurch möglicherweise die Finanzierungsmöglichkeiten kleinerer und mittlerer Unternehmen, die volkswirtschaftlich eine wichtige Funktion besitzen, eingeschränkt würden. Einzuräumen ist dabei allerdings, daß — soweit ersichtlich — keine eingehenden empirischen Erkenntnisse darüber vorliegen, welche Bedeutung die Finanzierung von Gesellschafterdarlehen für diese Unternehmen im einzelnen tatsächlich hat. Auch ist bislang nicht unter wirtschaftswissenschaftlichen Aspekten untersucht worden, wie sich die einlagegleiche Behandlung von Gesellschafterdarlehen im Konkurs (bzw. bei der Besteuerung) auswirkt.

Die amerikanische Rechtsprechung, die diesen Konflikt zu lösen versucht, indem sie zwar grundsätzlich auf den wirtschaftlichen Charakter der Gesellschafterdarlehen abstellt, dabei aber die Anerkennungsvoraussetzungen zugunsten des Gesellschafter-Gläubigers abschwächt, kann insbesondere aus praktischen Erwägungen nicht befriedigen. Die Verknüpfung des rein faktischen Maßstabes, d. h. der Frage nach der wirtschaftlichen Funktion der fraglichen Finanzierungsmittel, mit dem normativen Maßstab, d. h. der Frage nach der Zulässigkeit der jeweiligen Abweichung von der Sollgröße, führt letztlich zu einer subjektiv-hypothetischen Beurteilung. Dabei führt der subjektive Einschlag der Rechtsprechung in Verbindung mit der ohnehin sehr schwierigen Abgrenzung von Darlehen und Einlage im Tatsächlichen zu überaus großer Rechtsunsicherheit, belastet vielfach Gerichte und Parteien in ganz erheblichem Maße und beschränkt praktisch die Nachprüfbarkeit der gerichtlichen Entscheidungen. Diese Nachteile werden regelmäßig außer Verhältnis zum erreichten Erfolg stehen, da die einlagegleiche Behandlung der Gesellschafterdarlehen die Quote der Drittgläubiger vielfach nur unwesentlich erhöht.

3. Reformbestrebungen

Seit kurzem sind in den USA Bestrebungen im Gange, das Konkursrecht gänzlich zu reformieren und dabei auch die Behandlung von Gesellschafterdarlehen gesetzlich zu regeln. Daneben wird im amerikanischen Steuerrecht seit fast zwei Jahrzehnten eine lebhafte Diskussion darüber geführt, wie die Problematik von Gesellschafterdarlehen besser gelöst werden könnte. Hierbei liegen bereits eine ganze Reihe konkreter Vorschläge vor, die in der Literatur ausgiebig behandelt worden sind und über die an dieser Stelle wegen des Erkenntniswertes des Steuerrechts für das Konkursrecht ein kurzer Überblick gegeben werden soll[1].

a) Konkursrecht

Zum gegenwärtigen Zeitpunkt liegen zwei — bereits im Kongreß eingebrachte — Gesetzesentwürfe zur Konkursreform vor, die u. a. auch die Behandlung von Gesellschafterdarlehen betreffen[2]. Es handelt sich dabei zum einen um den Gesetzesentwurf, der auf Bericht und Vorschlag der „Commission on the Bankruptcy Laws" zurückgeht[3], zum anderen um die sog. „Judges' Bill"[4].

aa) Commission Report

Nach Section 4-406 (a) (2) des Gesetzesvorschlags der Commission sind u. a. folgende Ansprüche nachzuordnen[5]:

> "any claim, whether secured or unsecured, of any principal officer, director, or affiliate of a debtor, or of any member of the immediate family of such officer, director, or affiliate."

Diese Vorschrift betrifft Gesellschafterdarlehen zwar nicht ausdrücklich. Da aber bei der close corporation typischerweise ein Großteil der (kontrollierenden) Gesellschafter Management-Positionen innehat, sind nach diesem Vorschlag im Ergebnis Gesellschafterdarlehen weitgehend von vornherein nachzuordnen. In der Anmerkung zum Gesetzesvorschlag wird hierauf nicht näher eingegangen, sondern nur festgestellt, daß nach dieser Vorschrift insider-Ansprüche nachgeordnet würden[6].

Nach Section 4-406 (b) gehen Sicherheiten, die die gemäß Section 4-406 (a) (2) nachzuordnenden Forderungen sichern, auf den Konkursverwalter über, und zwar zugunsten der Befriedigung aller übrigen Gläubiger. Damit ist die Sicherheit für den Sicherungsgläubiger praktisch weitestgehend unbrauchbar. Im übrigen ist die oben erwähnte Unklarheit des gegenwärtigen Rechts[7] für Gesellschafter mit Verwaltungs-

---

1 Eine ausführliche Diskussion der Vorschläge findet sich bei Plumb, 26 TaxL.Rev. 369, 574 ff. (1971).

2 Vgl. zur Konkurs-Reform u. a. folgende Aufsätze: Cyr, 48 Am.B.L.J. 45 ff. (1974); Symposium, Bankruptcy reform 1973, 21 U.C.L.A. L.Rev. 381 ff. (1973), Twinem, 29 Bus.Law 353 ff. (1974); Note, 54 Boston U.L.Rev. 572 ff. (1974).

3 Vgl. Report of the Commission on the Bankruptcy Laws of the United States, Part II, Juli 1973.

4 S. 287, Administrator Director; 93 d Congress, 2d Session, S. 4046, 26. September 1974.

5 Vgl. Commission Report, Part II, S. 116.

6 Vgl. Fn. 5.

7 Vgl. D 2 a gg (a).

beteiligung dahin beseitigt, daß die Sicherheitsbestellung im Prinzip wirksam, aber gegenüber den Drittgläubigern undurchsetzbar ist.

Besonders naheliegende Umgehungen der Nachordnung mittels abhängiger Unternehmen bzw. Personen oder enger Familienangehöriger sollen nach Section 4-406 (a) dadurch ausgeschlossen werden, daß auch Ansprüche dieser Unternehmen bzw. Personen pauschal nachgeordnet werden.

In Section 1-102 (4) wird definiert, was unter einem abhängigen Unternehmen bzw. einer abhängigen Person — die Bezeichnung „Person" schließt hierbei auch corporations und partnerships ein[8] — zu verstehen ist[9]:

1. Der Konkursschuldner kontrolliert mindestens 20 % der Anteile der Gläubiger-corporation bzw. übt das Stimmrecht für mindestens 20 % der Anteile aus oder
2. eine Gläubiger-corporation wird zu mindestens 20 % von einer Person kontrolliert, die auch mindestens 20 % der Anteile des Konkursschuldners kontrolliert oder
3. eine Person hat dem Konkursschuldner im wesentlichen ihr gesamtes Eigentum zum Gebrauch überlassen bzw. der Konkursschuldner hat sein Eigentum dieser Person im wesentlichen zum Gebrauch überlassen.

Die Festsetzung des Kontrollanteils auf 20 % geht auf eine Empfehlung des „American Institute of Certified Public Accountants" zurück. Das Institut ist der Auffassung, daß bei einem solchen Anteil die Vermutung einer erheblichen Einflußnahmemöglichkeit besteht[10]. Der Gesetzesvorschlag berücksichtigt im übrigen zu Recht, daß auch bei Gebrauchsüberlassung von Sachen eine Abhängigkeit zwischen Unternehmen bzw. Personen gegeben sein kann.

Nach Section 1-102 (32) sind enge Familienangehörige: Ehegatten, Eltern, Schwiegereltern, Kinder, Schwiegersöhne bzw. -töchter, Geschwister, ferner Adoptiv- und Stiefeltern bzw. Adoptiv- und Stiefkinder.

Das besonders wichtige Problem der einlagegleichen Behandlung durch Abtretung der nachzuordnenden Ansprüche an Dritte ist dagegen bislang nicht geregelt. Laut Anmerkung zum Gesetzesvorschlag soll aber noch eine entsprechende prozessuale Regelung erfolgen[11].

In Section 4-406 (c) wird klargestellt, daß die Bestimmung die equity-Befugnisse der Konkursgerichte bezüglich der Nachordnung von An-

---

8 Section 1-102 (34) des Gesetzesvorschlags.

9 Die Regelung wird hier etwas vereinfacht dargestellt.

10 Vgl. Anmerkung zu Section 1-102, Commission Report, Part II, S. 5 f.

11 Commission Report, Part II, S. 116.

sprüchen im übrigen in keiner Weise beschränkt. Die zur Behandlung von Gesellschafterdarlehen entwickelten Grundsätze behalten also bei Gesellschaftern ohne Verwaltungsbeteiligung in vollem Umfang Gültigkeit[12].

Die vorgeschlagene Regelung hat gegenüber der gegenwärtigen Lösung den praktischen Vorteil, daß jedenfalls bei Darlehen von Gesellschaftern mit Verwaltungsbeteiligung, d. h. vermutlich bei einem Großteil von Gesellschafterdarlehen, die Schwierigkeiten der Abgrenzung von Einlage und Darlehen a priori entfallen. Auch die Probleme bei der Umgehung der Nachordnung von Gesellschafterdarlehen — abgesehen einmal von der noch fehlenden Regelung für den Fall der Abtretung der Ansprüche an Dritte[13] — würden sich durch die pauschale Nachordnung jeglicher Ansprüche enger Angehöriger und abhängiger Unternehmen stark vereinfachen. Diesem Gewinn an Rechtssicherheit steht bei einer pauschalen Lösung wie der der Commission naturgemäß gegenüber, daß im Einzelfall u. U. Ansprüche nachgeordnet werden, obwohl eine echte Gläubiger-Schuldner-Beziehung besteht. Insbesondere bei der Umgehungsregelung der Section 4-406 (a) (2) und dabei vor allem bei abhängigen Unternehmen wird sich dies häufig nicht vermeiden lassen, zumal einer aus Rechtssicherheitsgründen begrüßenswerten festen Anteilsgrenze notwendig eine gewisse Willkür anhaftet[14]. Angesichts der gegenwärtigen Probleme bei der Behandlung von Gesellschafterdarlehen erscheint eine pauschale Lösung aber dennoch grundsätzlich als Fortschritt, da in der weit überwiegenden Zahl der Fälle Gesellschafterdarlehen jedenfalls bei close corporations ohnehin Einlagecharakter haben dürften, eine pauschale Lösung wie die in Section 4-406 weitgehende Rechtssicherheit gewährleistet und auch die Gerichte entlastet.

---

[12] Bei close corporations erscheint es angesichts ihrer tyischen Struktur zweifelhaft, Ansprüche von Geschäftsführern pauschal, Ansprüche von Gesellschaftern mit Kontrollmacht, aber ohne Verwaltungsbeteiligung, nur im Einzelfall nach den gegenwärtigen equity-Grundsätzen nachzuordnen, zumal sich durch diese Differenzierung Umgehungsmöglichkeiten durch Strohmänner eröffnen. Da aber Section 4-406 nicht nur auf close corporations beschränkt ist, kann man die Anknüpfung an die Verwaltungsbeteiligung für vertretbar erachten.

[13] Die Regelung dieses Umgehungsfalles ist u. a. wegen der etwaigen Beeinträchtigung der Interessen von Zessionaren sehr problematisch. Vgl. insofern z. B. die Diskussion um die diesbezügliche Regelung im § 49 Abs. 3 RegE bzw. im gleichlautenden § 47 RefE in Deutschland: u. a. Kamprad, GmbHR 1969, 173.

[14] Dies unterstreicht ebenfalls Clark, 90 Harv.L.Rev. 505, 538 (1977). Es bliebe im übrigen abzuwarten, inwieweit die Rechtsprechung Section 4-406 (a) tatsächlich zwingenden Charakter beimißt. Es erscheint nicht ausgeschlossen, daß sich die Gerichte, um unbillige Ergebnisse im Einzelfall zu vermeiden, auf ihre allgemeinen equity-Befugnisse nach Section 4-406 (c) berufen und gemäß Section 4-406 (a) nachzuordnende Ansprüche gleichrangig anerkennen würden.

Fraglich ist allerdings, wie sich die generelle Nachordnung von Gesellschafter-Geschäftsführeransprüchen im Konkurs auf die Finanzierungsmöglichkeiten von kleineren und mittleren Unternehmen auswirken würde und welche Folgen dies gesamtwirtschaftlich haben könnte. Wie bereits angeführt, liegen keine wirtschaftswissenschaftlichen und empirischen Untersuchungen vor, die Aufschluß über diese Fragen geben[15]. Jedenfalls aber werden Gesellschafter-Geschäftsführer und deren Verwandte in Existenzkrisen des Unternehmens angesichts der drohenden Nachordnung ihrer Ansprüche gegen die Gesellschaft im Konkurs bei Stützungskrediten sehr viel zurückhaltender sein als dies bisher der Fall gewesen ist. Zu bedenken ist dabei, daß derartige Kredite eben auch zu einer Gesundung des Unternehmens führen können, was dann auch den Drittgläubigern zugute kommt.

Bei der Frage der Bedeutung von Gesellschafterdarlehen für die Finanzierung kleinerer und mittlerer Unternehmen zeigt sich somit letztlich die Schwäche einer Lösung, die sich ausschließlich auf das Konkursrecht beschränkt und die weiteren wirtschaftspolitischen Aspekte nicht berücksichtigt. Solange nicht abzuschätzen ist, welche wirtschaftlichen Folgen die generelle Nachordnung für Unternehmen und Gesamtwirtschaft hat und wie etwaige unerwünschte Folgen durch flankierende Maßnahmen (etwa besondere Steuervergünstigungen für kleinere und mittlere Unternehmen, staatliche Erleichterungen im Hinblick auf die Kreditaufnahme dieser Unternehmen) aufgefangen werden können, kann eine Lösung wie die der Commission, wo diese Aspekte anscheinend nicht in hinreichendem Maße Berücksichtigung gefunden haben[16], letztlich nicht gänzlich überzeugen.

bb) „Judges' Bill"

Dieser Gesetzesvorschlag lehnt sich insgesamt an den Gesetzesvorschlag der Commission an. Von einer speziellen Vorschrift für Darlehen von Gesellschaftern, Geschäftsführern oder abhängigen Unternehmen ist jedoch abgesehen worden. Section 4-406 (c) stellt lediglich — in wörtlicher Übereinstimmung mit dem Gesetzesvorschlag der Commission — klar, daß die equity-Befugnisse der Konkursgerichte unberührt bleiben. Hiernach würde sich also an der Rechtslage in bezug auf die Behandlung von Gesellschafterdarlehen nichts ändern.

---

[15] Hierauf weist auch Clark, S. 538 f., hin.

[16] Zu bedenken ist dabei, daß sich die Commission schließlich mit der Reformierung des gesamten Konkursrechts zu befassen hatte und angesichts des Umfangs dieser Aufgabe wohl einem Einzelproblem wie der Frage des Schicksals von Geschäftsführeransprüchen nicht solche Bedeutung schenken konnte, um auch noch Untersuchungen über den konkursrechtlichen Rahmen hinaus anzustellen.

b) Steuerrecht

Die wohl wichtigste Entwicklung für die steuerrechtliche Neuregelung der Gesellschafterdarlehensfrage stellt der durch den Tax Reform Act von 1969 eingefügte § 385 dar[17]. In dieser Vorschrift wird der obersten Steuerbehörde[18] die praktisch unbegrenzte Ermächtigung erteilt, Verordungen zwecks Definition von Einlage, Darlehen und ähnlichen Verhältnissen für alle Fälle, in denen die Abgrenzung im Steuerrecht von Bedeutung ist, zu erlassen. Das Gesetz führt dabei folgende Faktoren auf, die in der Verordnung Berücksichtigung finden können, aber nicht notwendig berücksichtigt werden müssen[19]:

1. Ein unbedingtes schriftliches Versprechen, auf Verlangen oder zu einem bestimmten Fälligkeitszeitpunkt einen bestimmten Geldbetrag bei festem Zinssatz für angemessenen Gegenwert zu zahlen,
2. vertraglicher Rangrücktritt oder Priorität im Hinblick auf andere Gläubiger,
3. Verschuldungsgrad,
4. vertraglich vorgesehene Umwandelbarkeit von Schuldverschreibung in Geschäftsanteil bzw. Aktie oder umgekehrt,
5. Verhältnis von Einlagebeteiligung zu den fraglichen Darlehen.

Bislang sind derartige Verordnungen nicht ergangen. Form und Inhalt sind zur Zeit auch noch nicht im einzelnen abzusehen. Jedoch liegen einige Vorschläge vor, die Aufschluß über das mögliche Aussehen der Verordnungen geben können.

Dabei sind zunächst die sog. „safe harbor"-Vorschläge zu nennen[20]. Es geht hierbei im wesentlichen darum, daß Darlehensverhältnisse notwendig als solche Anerkennung finden sollen, wenn gewisse objektive Voraussetzungen erfüllt sind. Darüber hinaus gelten allgemeine Grundsätze[21].

Der erste dieser Vorschläge — aus dem Jahre 1954 — stammt vom American Law Institute[22], dem sich wenig später mit geringen Modifizierungen die American Bar Association anschloß[23]. Danach ist die

---

[17] Von Bedeutung ist daneben noch § 279 des Tax Reform Act von 1969.

[18] Genauer gesagt handelt es sich um den Commissioner of Internal Revenue.

[19] Vgl. Senate Finance Committee Report, S.Rep. No. 91-552, 91st Congr., 1st Sess. 138 (1969).

[20] Vgl. hierzu auch Goldstein, 16 TaxL.Rev. 1, 63 - 73 (1960).

[21] Vgl. z. B. American Law Institute-Vorschläge von 1954, 2 ALI Fed. Income Tax Stat. § X 500 (g), S. 224, 225.

[22] American Law Institute-Vorschläge von 1954, 2 ALI Fed. Income Tax Stat. § X 500 (g), S. 224 - 233.

[23] 81 ABA Rep. 160 (1956).

Anerkennung von Darlehen obligatorisch, wenn die folgenden formellen Voraussetzungen erfüllt sind[24]:

1. Unbedingte Verpflichtung zur Zahlung eines bestimmten Geldbetrages bei bestimmter Fälligkeit und angemessener Gegenleistung,
2. kein allgemeiner Rangrücktritt,
3. keine Stimmrechte,
4. Zinszahlungen, die nicht von Einkünften abhängen und nicht später als bis zum Rückzahlungstermin fällig sein dürfen.

Der Vorschlag der American Bar Association sieht darüber hinaus noch vor, daß ein wichtiger Geschäftsgrund es rechtfertigen kann, daß eine oder mehrere der Regelvoraussetzungen nicht erfüllt sind.

Nach diesen Vorschlägen müßten Gesellschafterdarlehen Anerkennung finden, obwohl z. B. die fragliche Gesellschaft erheblich unterkapitalisiert ist, die Laufzeit des Darlehens extrem lang ist, Vertragsvereinbarungen nicht eingehalten und Gläubigerrechte nicht durchgesetzt werden[25]. Die Anforderungen für die Anerkennung von Gesellschafterdarlehen würden also praktisch auf ein formelles Minimum herabgeschraubt werden. Ziel ist dabei auch nicht so sehr, eine Grundlage für die Abgrenzung von Einlage und Darlehen mit wirtschaftlich-juristischer Fundierung aufzustellen. Es soll lediglich ein größeres Maß an Rechtssicherheit im Hinblick auf die Steuerplanung erreicht werden. Außerdem soll ein Steueranreiz für close corporations geboten werden[26].

Die Vorschläge der sog. „Advisory Group on Subchapter C"[27] lehnen sich im wesentlichen an die Vorstellungen des American Law Institute

---

[24] Der Vorschlag der ABA enthält darüber hinaus noch die Voraussetzung, daß der Verschuldungsgrad, berechnet nach der Gegenüberstellung von Verbindlichkeiten gegenüber Gesellschaftern auf der einen, Eigenkapital auf der anderen Seite, 10 : 1 nicht übersteigen dürfe. Diese Voraussetzung ist aber wegen der Höhe und der Berechnungsweise nur symbolischer Natur. Vgl. auch Plumb, 26 TaxL.Rev., 580 f. (1971).

[25] Vgl. auch Rockler, 39 Taxes 1078, 1093 (1961); Clary, 60 Col.L.Rev. 259, 276 (1960); Goldstein, 16 TaxL.Rev. 1, 63 - 73 (1960); Plumb, 26 TaxL.Rev., 581 f. (1971).

[26] Vgl. ALI, Income Tax Problems of Corporations and Shareholders 408 - 415 (Report of Working Views of Staff, (1958); ABA Section of Taxation, Program and Committee Reports 37 (1956). Vgl. hiergegen Plumb, 26 Tax L.Rev. 369, 581 (1971), der meint, daß diese Vorschläge Steuerplanern und Gesellschaftern einen Freibrief erteilen; siehe auch S. 584 f., wo er darauf hinweist, daß der Congress, der allein für eine solche Entscheidung zugunsten eines Steueranreizes für close corporations zuständig sei, eine derartige Entscheidung bislang nicht getroffen habe: "Such a policy change should not be allowed to slip into law by the back door in the form of a purely mechanical definition of debt."

[27] Dieses Gremium wurde im Jahre 1956 von einem Subcommittee des House Committee on Ways and Means ernannt und beauftragt. Der Bericht erging 1957.

an. Auch hier sind Darlehen notwendig anzuerkennen, wenn ähnliche formelle Voraussetzungen erfüllt sind, wie sie das American Law Institute vorsieht. Allerdings besteht die Einschränkung, daß die Laufzeit des Darlehens nicht unverhältnismäßig lang und der Zinssatz nicht unangemessen hoch sein darf. Auch dürfen bei Eingehung der Schuld keine Umstände vorliegen, die eine angemessene Rückzahlungserwartung ausschließen.

Zudem setzt nach den Vorschlägen der Advisory Group die Anerkennung einer Kapitalzuwendung als Darlehen einen Verschuldungsgrad von nicht mehr als 5 : 1 voraus. Das Verhältnis ergibt sich dabei aus der Gegenüberstellung von Eigenkapital zu Verbindlichkeiten gegenüber Gesellschaftern, einschließlich Darlehen Dritter, für die sich die Gesellschafter verbürgt haben[28].

Auch der Vorschlag der Advisory Group stellt keine allzu hohen Anforderungen an die Anerkennung von Gesellschafterdarlehen[29]. Dabei spielt auch hier ein Steueranreiz für close corporations eine Rolle[30]. Größere Rechtssicherheit wird jedoch nur begrenzt erreicht, da letztlich ein Großteil der jetzigen Abgrenzungskriterien im Rahmen der Einschränkungen der formellen Anerkennungsvoraussetzungen wieder zum Tragen kommt.

Weitere hier zu erwähnende Vorschläge laufen im wesentlichen darauf hinaus, daß sich der Konflikt zwischen Rechtssicherheit und funktionsgerechter Abgrenzung von Eigenkapital und Darlehen nicht gänzlich auflösen lasse. Insofern wird systematisch eine Staffelung der Anerkennungsvoraussetzungen nahegelegt[31]: z. B. automatische Anerkennung des Gesellschafterdarlehens selbst an eine unterkapitalisierte Gesellschaft, soweit das Darlehen nachweisbar zu kurzfristigen und vorübergehenden Zwecken aufgenommen und tatsächlich zurückgezahlt wird, ohne refinanziert oder durch neue Gesellschafterdarlehen aus-

---

[28] Die Berechnung des Verschuldungsgrades soll alternativ entweder auf der Grundlage des Marktwertes des Unternehmens oder des ursprünglichen Eigenkapitals erfolgen. Letzteres wohl, um die Anerkennung von Gesellschafterdarlehen an Gesellschaften zu ermöglichen, deren Vermögenswerte durch fortlaufende Verluste verbraucht sind; vgl. auch Plumb, 26 TaxL.Rev. 369, 584 (1971).

[29] Vgl. auch Bittker in Hearings before the House Committee on Ways and Means, 86th Congr., 1st Sess. 1034 (1959); die Advisory Group war allerdings der Auffassung, daß nur wenige eindeutige Fälle vom umfangreichen Abgrenzungsprozeß ausgenommen seien; vgl. Advisory Group Hearings, S. 502.

[30] Hearings before the House Committee on Ways and Means, 86th Congr., 1st Sess., S. 934 (1959).

[31] Vgl. z. B. Plumb, 26 TaxL.Rev. 585 ff. (1971); Bittker & Eustice, Fed. Income Tax, No. 4.05, 4 - 17 f.

geglichen zu werden[32]. Dann — abgestuft — sollen immer mehr, in der grauen Zone zwischen Eigenkapital und Darlehen, alle objektiven Umstände in den Abgrenzungsprozeß miteinbezogen werden. Inhaltlich detailliert sind diese Vorschläge im allgemeinen allerdings nicht[33].

Die hier angedeuteten Vorschläge — ausgenommen die aus anderen Gründen bedenklichen Entwürfe des American Law Institute und der American Bar Association — beinhalten im Grunde keine prinzipielle Abkehr von der bisherigen Rechtsprechung, sondern versuchen dadurch, daß klarere Fälle herausgestellt werden, Leitlinien für die Rechtsfindung zu geben und diese dadurch systematischer und — graduell — vorhersehbarer zu gestalten. Eine letztlich befriedigende Abgrenzungsformel erscheint hingegen nur in den ohnehin relativ eindeutigen Fällen möglich. Darüber hinaus aber vermögen etwaige Verordnungen befriedigende Lösungen nur begrenzt zu entwickeln[34]. Auch reicht es im Hinblick auf eine Erhöhung der Rechtssicherheit nicht aus, daß lediglich Indizien und Faktoren aufgeführt und Leitlinien für den Gewichtungsprozeß gesetzt werden, da die Bedeutung der einzelnen Faktoren von Fall zu Fall verschieden ist und sich einer schematischen Bewertung entzieht[35].

c) Gesamtwürdigung der Reformvorschläge

Die gegenwärtig vorliegenden konkurs- und steuerrechtlichen Vorschläge zur Lösung der Gesellschafterdarlehensfrage überzeugen letztlich nicht. Der Vorschlag der „Commission on the Bankruptcy Laws“ bringt zwar für den Konkursfall eine im Ansatz praktikable (und befriedigende) Lösung. Dabei sind aber die weiteren wirtschaftlichen Aspekte im wesentlichen außer Betracht geblieben. Der sog. „Judges' Bill“, in der ohne inhaltliche Änderung der gegenwärtigen Rechtslage

---

[32] Siehe 2 ALI Fed. Income Tax Stat. § X 500 (g), S. 231 (1954); Plumb, oben Fn. 31; Stone, 42 Tul.L.Rev. 251, 261 (1968); Cohen, Surrey, Tarleau & Warren, 52 Col.L.Rev. 1, 28 (1952).

[33] Siehe allerdings Bordman, 23 Tax Exec. 391, 408 (1970).

[34] Siehe auch Plumb, 26 TaxL.Rev. S. 588 ff. (1971), der aus diesem Grunde verschiedene Definitionen für unterschiedliche steuerrechtliche Bereiche empfiehlt. Vgl. unter diesem Aspekt auch die grundlegende Kritik an § 385 des Tax Reform Act bei Bittker & Eustice, Nr. 4.02, 4 - 8: "Congress may have thought that the courts were as unable to define 'debt' and 'equity' as Mr. Stewart said of himself about hardcore pornography ... If so, it is not clear why Congress thought the Treasury could supply a clearcut definition or why, if one is possible, Congress did not do the job itself." Siehe auch Note, 83 Harv.L.Rev. 1695, 1705 (1970). Der Autor empfiehlt, daß über die klaren „safe harbor“-Fälle nicht einmal die relevanten Faktoren in den Verordnungen aufgeführt werden sollten.

[35] Siehe auch Plumb, 26 TaxL.Rev. S. 587 ff., der daher vorschlägt, daß zu den einzelnen in der etwaigen Verordnung aufgeführten Kriterien in amtlichen Kurzkommentaren Anhaltspunkte für die Auslegung gegeben werden.

lediglich die equity-Befugnisse der Gerichte zur Nachordnung von Ansprüchen in einer Vorschrift ausdrücklich verankert werden sollen, stehen die dargestellten Einwände gegenüber der gegenwärtigen Behandlung von Gesellschafterdarlehen in gleichem Maße entgegen. Diese Kritik gilt weitgehend auch für die steuerrechtlichen Vorschläge, die an der Abgrenzung von Einlage und Darlehen als Voraussetzung für die Behandlung von Gesellschafterdarlehen festhalten und lediglich die Rechtssicherheit hierbei erhöhen wollen, indem sie entweder klarere Fälle fixieren oder aber — fragwürdige — Mindestvoraussetzungen für eine Anerkennung von Gesellschafterdarlehen festlegen. Keiner dieser Vorschläge ist somit als eventuelles Reformmodell für die Behandlung von Gesellschafterdarlehen im deutschen Recht geeignet.

E. Schlußbemerkung und Ausblick

Wenn das amerikanische Recht auch keine für das deutsche Recht übertragenswerte Lösung für eine insgesamt befriedigende Behandlung von Gesellschafterdarlehen aufweist, so lassen sich aus der vorstehenden Untersuchung doch einige grundsätzliche Erkenntnisse gewinnen.

Eine angemessene Lösung der Gesellschafterdarlehensproblematik muß einerseits dem Drittgläubigerschutz, andererseits den Bedürfnissen insbesondere von kleineren und mittleren Unternehmen Rechnung tragen, zugleich aber auch ausreichende Rechtssicherheit bei geringstmöglicher Belastung der Gerichte gewährleisten. Das amerikanische Recht deutet darauf hin, daß sich all diese Ziele nicht jeweils optimal verwirklichen lassen und daß eine interessengerechte Gesamtlösung nicht auf das Konkursrecht beschränkt sein kann.

Bei einer Neuregelung der Behandlung von Gesellschafterdarlehen sollte folgendes berücksichtigt werden:

1. Drittgläubiger sollten nicht dadurch benachteiligt werden, daß Gesellschafter von close corporations bzw. Gesellschaften mit beschränkter Haftung die Form der Finanzierung ihrer Gesellschaft weitgehend frei und unabhängig von der wahren wirtschaftlichen Natur der Transaktion wählen können.
2. Es besteht Anlaß zu der Vermutung, daß bei kleineren und mittleren Unternehmen die meisten Gesellschafterdarlehen Eigenschaften von Einlagen aufweisen.
3. Die auf der Abgrenzung von Darlehen und Einlage im Tatsächlichen basierende Behandlung von Gesellschafterdarlehen ist weitgehend nicht praktikabel und justiziabel.
4. Das rechtspolitische Interesse an einer angemessenen Finanzierung von close corporations bzw. Gesellschaften mit beschränkter Haftung läßt sich nicht zufriedenstellend in eine Abgrenzung der jeweiligen Finanzierungsmittel anhand ihrer wirtschaftlichen Substanz einbringen.

Diese Erwägungen legen es nahe, Gesellschafterdarlehen aus Praktikabilitätsgründen — ähnlich dem Vorschlag der „Commission“ — pauschal nachzuordnen, andererseits kleineren und mittleren Unternehmen besondere Vorteile, vor allem Steuervorteile, zu gewähren, um etwaige wirtschaftliche Nachteile dieser Unternehmen aufgrund der generellen Nachordnung auszugleichen. Bevor eine Lösung in diesem Sinne aber im einzelnen in Angriff genommen wird, sollte eine intensive Rechtstatsachenforschung u. a. zu folgenden Fragen betrieben werden:

Wie erfolgt üblicherweise die Finanzierung bei der close corporation bzw. bei der GmbH? Welche Rolle spielen Gesellschafterdarlehen dabei, und wie könnte sich die Erschwerung dieser Finanzierungsform auswirken? Wie gestaltet sich die Verteilung der Konkursmasse unter wirtschaftlichen und sozialen Aspekten, und wer wird von Konkursen letztlich wirtschaftlich betroffen[1]? Erst anhand dieser Daten, die im übrigen auch im Hinblick auf eine allgemeine Reform des GmbH- bzw. Konkursrechts erfaßt werden sollten, können die rechtspolitischen Ziele im einzelnen abgesteckt und in ein angemessenes Nutzen-Kosten-Verhältnis gesetzt werden.

1 Ein Anfang solcher Rechtstatsachenforschung ist in Deutschland mit den Untersuchungen zur Struktur der GmbH gemacht; vgl. A, Fn. 20. Anläßlich der sich anbahnenden Reform des deutschen Konkursrechts hat das Bundesjustizministerium nunmehr rechtstatsächliche Untersuchungen eingeleitet; u. a. hat eine Arbeitsgruppe am Max-Planck-Institut für Ausländisches und Internationales Privatrecht in Hamburg eine (noch unveröffentlichte) Untersuchung über die wirtschaftlichen Folgen von Konkursen durchgeführt.

Literaturverzeichnis

1. Amerikanische Literatur
2. Deutsche Literatur

In den Fußnoten wird nur mit dem Namen des Verfassers zitiert. Bei mehreren Arbeiten eines Verfassers wird ein Teil des Titels mit herangezogen.

1. Amerikanische Literatur

Aarons: Debt. v. Equity: Special Hazards in Setting up the Corporate Capital Structure, 23 J. Taxation 194 ff. (1965).

ABA: American Bar Association Proposals, in: Advisory Group Recommendations on Subchapters C, J, and K of the Internal Revenue Code, Hearings before the House Committee on Ways and Means, 86th Cong., 1st Session 933 - 35, 1959.

ALI: Proposals of the American Law Institute, 2 ALI Federal Income Tax Statutes § X 500 (g), Februar 1954.

— American Law Institute, Income Tax Problems of Corporations and Shareholders, Report of Working Views of Staff, 1958.

Ballentine: Corporations, 2. Aufl., Chicago 1946.

Berens: Foreign Ventures — A Legal Anatomy, 26 Bus.Law 1527 ff. (1971).

Berle & Means: The Modern Corporation and Private Property, (Revised Ed.) New York 1967.

Bittker: Thin Capitalization: Some Current Questions, 34 Taxes 830 (1956).

Bitter & Eustice: Federal Income Taxation of Corporations and Shareholders, 3. Aufl. Boston 1971; Supplement 1974.

Bonbright & Pickett: Valuation to Determine Solvency under the Bankruptcy Act, 29 Col.L.Rev. 582 (1929).

Bordman: Section 385: Classification of Certain Interests as Stock or Indebtedness — Proposed Regulations, 23 Tax Exec. 391 ff. (1970).

Bradley: Stock Transfer Restrictions and Buy-sell Agreements, in: Close Corporations: A Symposium, U.Ill.L.F. 139 ff. (1969).

Calligar: Purposes and Uses of Subordination Agreements, 23 Bus.Law. 33 ff. (1967).

— Subordination Agreements, 70 Yale L.J. 376 ff. (1961).

Caplin: The Caloric Count of Thin Incorporation, N.Y.U. 117th Inst. on Fed. Tax 771 ff. (1959).

Cataldo: Stock Transfer Restrictions and the Close Corporation, 37 Va.L.Rev. 229 (1951).

Clark: The Duties of the Corporate Debtor to its Creditors, 90 Harv.L.Rev. 505 ff. (1977).

Clary: Stockholder debt — a proposed solution, 47 Taxes 682 ff. (1969).

— Reflections upon the American Law Institute Tax Project and the Internal Revenue Code: A Plea for a Moratorium and Reappraisal, 60 Col.L.Rev. 259 (1960).

Cohen: Tax treatment of shareholder guarantees of third pary loans to corporations, 39 Geo.Wash.L.Rev. 321 ff. (1970).

Cohen, Surrey, Tarleau, Warren: A technical revision of the federal income tax treatment of corporate distributions to shareholders, 52 Col.L.Rev. 1 ff. (1952).

Collier: Collier on Bankruptcy, 14. Aufl., New York (Loseblatts.).

Commission Report: Report of the commission on the Bankruptcy Laws of the United States, Part II, Washington D.C. 1973.

Cyr: Bankruptcy Act of 1973 — Back to the Drafting Board, 40 Am.B.L.J. 45 ff. (1974).

De Stefano: Stock or debt that is the question, 18 Fordham L.Rev. 251 ff. (1949).

Dix: Adequate Risk Capital: The Considerations for the Benefits of Separate Incorporation, 53 N.W.U.L.Rev. 478 ff. (1958).

Ehrenzweig & Louisell: Jurisdiction in a Nutshell, St. Paul, Minn. 1964.

Ellis: Tax Problems in Sales to Controlled Corporations, 21 Vand.L.Rev. 196 ff. (1968).

Everett: Analysis of Particular Subordination Provisions, 23 Bus.Law. 41 ff. (1967).

Farnsworth: An Introduction to the Legal System of the United States, New York 1963.

Fuchs: Thin Incorporations — Debt or Stock, 5 Am.U.Inst. 141 ff. (1953).

Fuller: Tax Results of Stockholder Advances and Guaranty Payments, 29 Tul.L.Rev. 775 (1955).

Galbraith: The New Industrial State, 2. Aufl. New York — Scarborough, Ont. 1972.

Gerver: De-emphasis of Debt-Equity Test for Thin Corporations Requires New Defense Tactics, 23 J. Taxation 28 ff. (1968).

Gleick: Subordination of Claims in Bankruptcy under the Equitable Powers of the Bankruptcy Court, 16 Bus.Law. 611 ff. (1961).

Goldstein: Corporate Indebtedness to Shareholders: "Thin Capitalization" and Related Problems, 16 TaxL.Rev. 1 ff. (1960).

Green-Moore-Wasserstein: The Closed Enterprise System, New York 1972.

Haskell: The American Close Corporation and its West German Counterpart: A Comparative Study, 21 Ala.L.Rev. 287 ff. (1969).

Henn: Handbook of the Law of Corporations and Other Business Enterprises, 2. Aufl. 1970.

Herzog & Zweibel: The Equitable Subordination of Claims in Bankruptcy, 15 Vand.L.Rev. 83 ff. (1961).

Hickman: Incorporation and Capitalization: The Threat of the "Potential Income" Item and a Sensible Approach to Problems of Thinness, 40 Taxes 974 ff. (1962).

— The Thin Corporation: Another Look at an Old Disease, 44 Taxes 883 ff. (1966).

Holzmann: The Interest — Dividend Guidelines, 47 Taxes 4 ff. (1969).

Israels: The Sacred Cow of Corporate Existence: Problems of Deadlock and Dissolution, 19 U.Chi.L.Rev. 778 ff. (1952).

— The Close Corporation and the Law, 33 Cornell L.Q. 488 ff. (1948).

Judges Bill: Bankruptcy Act, Gesetzesentwurf, S. 287 Administrator Director, 93d Cong., 2d Session S. 4046, Washington D.C., 26. Sept. 1974.

Kessler, Robert A.: The Statutory Requirement of a Board of Directors: A Corporate Anachronism, 27 U.Chi.L.Rev. 696 ff. (1960).

— New York Close Corporations, Mundelein, Ill. (Loseblattsammlung).

Kramer: Tax Consequences of Inadequate Equity Capital: The Thin Corporation Problem 96 J.Accountancy 449 ff. (1953).

Krotinger: The "Deep Rock" Doctrine: A Realistic Approach to Parent-Subsidiary Law, 42 Col.L.Rev. 1124 (1942).

Lattin: The Law of Corporations, 2. Aufl., Mineola, New York 1971.

Lattin-Jennings-Buxbaum: Corporations. Cases and Materials, 4. Aufl. Mundelein, Ill. 1968, Supplement Chicago, 1972.

Latty: Subsidiaries and Affiliated Corporations, Chicago 1936.

Le Sourd: Tax Treatment of Shareholder Advances. (How Thick Must Be a Thin Corporation), 28 Wash.L.Rev. and State Bar J. 29 ff. (1953).

Loiseaux: Loans or Capital Contributions to the Close Corporation, 38 Ref.J. 4 ff. (1964).

Lutz: Capital Formation of Speculative Enterprises, 34 Taxes 282 ff. (1956).

Lyon: Corporation Finance, Boston—Chicago—New York 1916.

Mertens: Law of Federal Income Taxation, Chicago (Loseblattsammlung).

W. E. Moore: The Conduct of the Corporation, New York 1962.

Moore & Sorlien: Adventures in Subchapter S and Section 1244, 14 TaxL.Rev. 453 ff. (1959).

Note: The Deep Rock Doctrine; Inexorable Command or Equitable Remedy? 47 Col.L.Rev. 1054 ff. (1947).

— Role of Corporate Officers and Directors in Bankruptcy Proceedings, 54 Boston U.L.Rev. 572 ff. (1974).

— Toward New Modes of Tax Decisionmaking — The Debt-Equity Imbroglio and Dislocations in Tax Lawmaking Responsibility, 83 Harv.L. Rev. 1965 ff. (1970).

— Close Corporation — Comparing the Separate Statutory Treatments of Florida, Delaware and Maryland with Virgina's Version of the Model Act, 7 U.Richmond L.Rev. 511 ff. (1973).

— Limited Limited Liability: A Definitive Judicial Standard for the Inadequate Capitalization Problem, 47 Temple L.Q. 321 ff. (1974).

— Stockholder Loans and the Debt-Equity Distinction, 22 Stan.L.Rev. 847 ff. (1970).

— Bankruptcy: Power to Subordinate on Equitable Grounds Claims Valid under State Law, 67 Col.L.Rev. 583 (1967).

— Thin Capitalization and Tax Avoidance, 55 Col.L.Rev. 1054 ff. (1955).

Oleck: Modern Corporation Law, Indianapolis 1960.

O'Neal: Close Corporations, Bd 1 und 2, 2. Aufl., Mundelein, Ill. (Loseblattsammlung).

Pennell: Tax Planning at the Time of Incorporation, 35 Taxes 927 ff. (1957).

Plumb: The Federal Income Tax Significance of Corporate Debt: A Critical Analysis and a Proposal, 26 TaxL.Rev. 369 ff. (1971).

Rabin: The "Clifford Case" of the Thin Corporation, 34 Taxes 282 (1956).

Rembar: Claims Against Affiliated Companies in Reorganization, 39 Col.L. Rev. 907 ff. (1939).

Rheinstein: Teaching Comparative Law, 5 U.Chi.L.Rev. 617 f. (1937/38).

Riemer: Claims Against Bankrupt Corporations Based on Advances by Controlling Stockholders or Parent Corporations, 73 Com.L.J. 273 (1968).

Rockler: Transfers to Controlled Corporations: Considerations of Thinness and Multiplicity, 39 Taxes 1078 (1961).

Rohrlich: Organizing Corporate and other Business Enterprises, 4. Aufl. 1967, Supplement 1969, Albany, N.Y.

Rothenberg: Stockholder Loans to Insolvent Corporations, 38 Brooklyn L.Rev. 95 ff. (1971).

Schlesinger: Acceptable Capital Structures: How Thin is Too Thin? 5 U.Fla.L. Rev. 355 ff. (1952).

— Thin Incorporations: Tax Advantages and Pitfalls, 61 Harv.L.Rev. 50 ff. (1947).

Semmel: Tax Consequences of Inadequate Capitalization, 48 Col.L.Rev. 202 ff. (1948).

Stanford: What is Adequate Capitalization? 31 Taxes 231 ff. (1953).

Stapleton: Tax Problems of Intercompany Indebtedness, 20 Tax Executive 6 ff. (1967).

Stone: Debt-Equity Distinctions in the Tax Treatment of the Corporation and its Shareholders, 42 Tul.L.Rev. 251 (1968).

Symposium: Symposium on the Close Corporation, 52 Nw.U.L.Rev. 345 (1957).

— Bankruptcy Reform 1973, 21 U.C.L.A.L.Rev. 381 ff. (1973).

Twinem: Bankruptcy Report: Some Limitations on Creditors' Rights, 29 Bus. Law. 353 ff. (1974).

Weis: The Labyrinth of the Thin Corporation, 40 Taxes 568 ff. (1962).

Winer: Proposing a New York "Close Corporation Law" 28 Cornell L.Q. 313 (1943).

2. Deutsche Literatur

Arbeitskreis GmbH-Reform: Bd. 2, Thesen und Vorschläge zur GmbH-Reform, Heidelberg 1972.

Ballerstedt: Die Rechtsstellung des Auftraggebers eines Strohmannes nach GmbH-Recht, JZ 1960, 513 ff.

Baumbach-Hueck: Gesetz betreffend die Gesellschaften mit beschränkter Haftung, 13. Aufl. 1970.

Dempewolf: Kapitalersetzende Gesellschafterdarlehen bei Personengesellschaften im Konkurse der Gesellschaft, Teil I und II, DB 1961, S. 969 ff., 1011 ff.

Deutler: Novellierung des GmbH-Gesetzes, GmbHR 1977, 73 ff.

Drobnig: Methodenfragen der Rechtsvergleichung im Lichte der „International Encyclopedia of Comparative Law", in Ius Gentium, Festschrift für Rheinstein, Bd. 1, Tübingen 1969, S. 221 ff.

— Haftungsdurchgriff bei Kapitalgesellschaften, Frankfurt 1959.

Eder: Rechtsvergleichende Gedanken zur GmbH-Reform, GmbHR 1966, 135 ff.

Erlinghagen: Haftungsfragen bei einer unterkapitalisierten GmbH, GmbHR 1962, S. 169 ff.

— Gesellschafter-Darlehen im Regierungsentwurf eines neuen GmbH-Gesetzes, Festschrift für Kaufmann, Köln 1972, S. 139 ff.

Erman: Zur Frage der Haftung der Hintermänner überschuldeter Gesellschaften, KTS 1959, S. 129 ff.

Fessler: Die Behandlung der Gesellschafterdarlehen in den GmbH-Rechten der Europäischen Gemeinschaften, Diss. Bonn 1970.

Fettel: Unterkapitalisiert — weil das Kalkül nicht aufging, Der Volkswirt 1969, Heft Nr. 2, S. 29.

Fischer, C.: Die Gesellschaft mit beschränkter Haftung. Eine gesellschaftsrechtliche und wirtschaftshistorische Studie, Berlin—Göttingen-Heidelberg 1948.

Friedrich, U.-J.: Die Finanzierung der GmbH durch Gesellschafterdarlehen. Zugleich ein Beitrag zur Reform des GmbH-Rechts, Diss. Hamburg 1973.

Geßler: Probleme der GmbH-Reform, GmbHR 1966, 102 ff.

— Grundfragen der GmbH-Reform, BB 1971, 665 ff.

Gutenberg: Grundlagen der Betriebswirtschaftslehre, Bd. 3, Die Finanzen, 2. Aufl., Berlin—Heidelberg—New York 1969.

Hachenburg: Gesetz betreffend die Gesellschaft mit beschränkter Haftung (GmbHG), 7. Aufl., Berlin—New York 1975.

Hofmann: Zum „Durchgriffs"-Problem bei der unterkapitalisierten GmbH, NJW 1966, 1941 ff.

Immenga: Die personalistische Kapitalgesellschaft. Eine rechtsvergleichende Untersuchung nach deutschem GmbH-Recht und dem Recht der corporations in den Vereinigten Staaten, Bad Homburg v. d. H. 1970.

Jaeger-Weber: Konkursordnung, 2. Bd., 2. Halbbd., §§ 208 - 244, bearbeitet von Friedrich Weber, 8. Aufl., Berlin—New York 1973.

Kamm: Gesellschafterdarlehen an Kapitalgesellschaften nach deutschem Recht, unter Berücksichtigung des schweizerischen und französischen Rechts, Düsseldorf 1970.

Kamprad: Die Behandlung von Gesellschafterdarlehen in dem Referenten-Entwurf eines GmbH-Gesetzes, GmbHR 1969, 168 ff.

— Kapitalersetzende Gesellschafterdarlehen im Konkurs und Vergleich der GmbH in der rechtspolitischen Diskussion, GmbHR 1975, 54 ff.

— Gesellschafterdarlehen an die GmbH als verdeckte Stammeinlagen, Heft 18 der Schriftenreihe Rechtsfragen der Handelsgesellschaften, Köln 1968.

— Die neue Rechtsprechung des Bundesfinanzhofs zur Bestimmung kapitalersetzender Gesellschafterdarlehen im Kapitalverkehrsteuerrecht, FR 1970, 446 ff.

Klausing: Die Neuordnung der Gesellschaft mit beschränkter Haftung. Erster Arbeitsbericht zur „Reform" der GmbH, Arbeitsberichte der Akademie für Deutsches Recht, Heft 5, Frankfurt a. M. 1938.

Kronstein: Probleme des amerikanischen „corporation"-Rechtes, RabelsZ, Bd. 21, S. 456 ff. (1956).

Kühn: Die Konkursantragspflicht bei Überschuldung einer GmbH, die schuldhafte Verletzung dieser Pflicht und der sich daraus ergebende Schadensersatzanspruch gegen die Geschäftsführer, Gesellschafter und Dritte. Zugleich ein Beitrag zum Problem der unterkapitalisierten GmbH, Diss. Münster 1969.

Limbach: Theorie und Wirklichkeit der GmbH. Die empirischen Normaltypen der GmbH und ihr Verhältnis zum Postulat von Herrschaft und Haftung. Schriftenreihe des Instituts für Rechtssoziologie und Rechtstatsachenforschung an der Freien Universität Berlin, Bd. 2, 1966.

Lohmann: Zur Problematik der goldenen Bilanzregel. Zugleich ein Beitrag zur Anwendung des § 3 Abs. 1 des Kapitalverkehrssteuergesetzes, Wpg. 1959, 141 ff.

Lutter: Rechtsverhältnisse zwischen den Gesellschaftern und der Gesellschaft, in Probleme der GmbH-Reform, S. 63 ff., Köln 1970.

Maul: Die durch die Sachlage gebotene Kapitalzuführung, BB 1969, 307 ff.

Messmer: Die durch die Sachlage gebotene Kapitalzuführung im Recht der Gesellschaftsteuer und in dem Entwurf eines GmbH-Gesetzes. Zugleich ein Überblick über die bisherige Rechtsprechung zu § 3 des Kapitalverkehrsteuergesetzes, BB 1970, 1057 ff.

Nölting: Die vorsätzliche, sittenwidrige Schädigung der Gläubiger einer GmbH durch die Gewährung von Darlehen durch einen Gesellschafter und ihre Rechtsfolgen, Diss. München 1968.

Palandt: Bürgerliches Gesetzbuch, 36. Aufl., München 1977.

Reinhardt: Gedanken zum Identitätsproblem bei der Einmanngesellschaft, Festschrift für Heinrich Lehmann, Bd. II, S. 576 ff., Berlin—Frankfurt—Tübingen 1956.

Schmidt, O.: Die G.m.b.H. in der Steuerpolitik, Köln 1934.

Schönle: Nochmals: Zur Haftung bei einer Strohmann-GmbH, GmbHR 1960, 63 ff.

Schupp: Eine zügigere Erneuerung unseres Gesellschaftsrechts tut not, JR 1964, 405 ff.

Sellien: Finanzierung und Finanzplanung, Wiesbaden 1953.

Sonnenberger: Das Darlehen des GmbH-Gesellschafters als Mittel der Gesellschaftsfinanzierung, NJW 1969, 2033 ff.

Stauder: Gesellschafterdarlehen an Kapitalgesellschaften. Zugleich eine Besprechung der gleichnamigen Dissertation von Dr. Christoph Kamm, GmbHR 1968, 72 ff.

Steffen: Eigenkapitalzuführung durch Gesellschafterdarlehen bei einer GmbH. — unter besonderer Berücksichtigung des § 49 Regierungsentwurf eines GmbH-Gesetzes, Diss. Hamburg 1974.

Westermann, H. P.: Gläubigerschutz bei der Neuordnung der GmbH, Tübingen 1971.

Wiedemann: Haftungsbeschränkung und Kapitaleinsatz in der GmbH, unter Berücksichtigung des amerikanischen, deutschen und französischen Gesellschaftsrechts, in: Die Haftung des Gesellschafters in der GmbH. Arbeiten zur Rechtsvergleichung, Bd. 36, Frankfurt—Berlin 1968, S. 5 ff.

Winkler: Die Haftung der Gesellschafter einer unterkapitalisierten GmbH, BB 1969, 1202 ff.

Winter, G.: Die Haftung der Gesellschafter im Konkurs der unterkapitalisierten GmbH. Maßstab und dogmatische Konzeption der Haftung de lege lata und de lege ferenda unter besonderer Berücksichtigung des Regierungsentwurfs für ein neues GmbH-Gesetz, Frankfurt 1973.

Winter, H.: Übersicht über die Egebnisse der Umfrage zur rechtstatsächlichen Struktur der GmbH, Teil I und II, GmbHR 1969, 119 ff. und 145 ff.

Woeste: Gesellschafterdarlehen und gesellschaftsverbürgte Darlehen an die GmbH in deren Konkurs, GmbHR 1959, 131 ff.

Wolany: Rechte und Pflichten des Gesellschafters einer GmbH, Heft 10 der Schriftenreihe Rechtsfragen der Handelsgesellschaften, Köln 1964.

Wüst: Gläubigerschutz bei der GmbH, Schriftenreihe der Wirtschaftshochschule Mannheim, Reihe 2, Heft 13, Stuttgart 1966.

Stichwortverzeichnis

FSC
www.fsc.org
MIX
Papier | Fördert gute Waldnutzung
FSC® C083411

Kolibri 360 GmbH
Ferdinand-Jühlke-Straße 7
99095 Erfurt, Deutschland
produktsicherheit@kolibri360.de

Druck:
CPI Druckdienstleistungen GmbH
im Auftrag der
Kolibri 360 GmbH
Ferdinand-Jühlke-Str. 7
99095 Erfurt